车联网
Vehicular Networking
——汽车应用及其他应用
——Automotive Applications and Beyond

[德] 马克·埃梅尔曼（Marc Emmelmann）
[德] 贝恩德·博霍夫（Bernd Bochow） 主编
[美] C. 克里斯托弗·凯勒姆（C. Christopher Kellum）

樊秀梅 等 译

北京理工大学出版社
BEIJING INSTITUTE OF TECHNOLOGY PRESS

版权专有　侵权必究

图书在版编目（CIP）数据

车联网：汽车应用及其他应用/（德）马克·埃梅尔曼，（德）贝恩德·博霍夫，（美）C. 克里斯托弗·凯勒姆主编；樊秀梅等译. —北京：北京理工大学出版社，2018.1
书名原文：Vehicular Networking：Automotive Applications and Beyond
ISBN 978-7-5682-4998-0

Ⅰ. ①车… Ⅱ. ①马…②贝…③C…④樊… Ⅲ. ①互联网络－应用－汽车②智能技术－应用－汽车　Ⅳ. ①U469-39

中国版本图书馆 CIP 数据核字（2017）第 286949 号

北京市版权局著作权合同登记号　图字：01-2013-2378 号
Translation from English language edition：Vehicular Networking：Automotive Applications and Beyond（ISBN：9780470741542）by Marc Emmelmann, Bernd Bochow, C. Christopher Kellum. Copyright © 2010 by John Wiley & Sons, Ltd. All Rights Reserved. This translation published under license.
All rights reserved. Authorised translation from the English Language edition published by John Wiley & Sons, Ltd." Responsibility for the accuracy of the translation rests solely with Beijing Institute of Technology Press Co., LTD and is not the responsibility of John Wiley & Sons Limited. No Part of this book may be reproduced in any form without the written permission of the original holder, John Wiley & Sons Limited.

出版发行 /	北京理工大学出版社有限责任公司
社　　址 /	北京市海淀区中关村南大街5号
邮　　编 /	100081
电　　话 /	(010) 68914775（总编室）
	(010) 82562903（教材售后服务热线）
	(010) 68948351（其他图书服务热线）
网　　址 /	http：//www.bitpress.com.cn
经　　销 /	全国各地新华书店
印　　刷 /	保定市中画美凯印刷有限公司
开　　本 /	710 毫米 × 1000 毫米　1/16
印　　张 /	20.5
字　　数 /	325 千字
版　　次 /	2018 年 1 月第 1 版　2018 年 1 月第 1 次印刷
定　　价 /	116.00 元

责任编辑 / 封　雪
文案编辑 / 封　雪
责任校对 / 周瑞红
责任印制 / 王美丽

图书出现印装质量问题，请拨打售后服务热线，本社负责调换

前　言

　　从深层次的角度来看，车联网（也称为车辆网络）就是车辆与车辆之间或是车辆与基础设施之间的信息通信网。不过这个观点显然已经过时了。以前的车辆通信应用仅是诸如军用车辆之间及其与军事基地之间的音频通信、利用汽车向公众广播 AM/FM 电台等。而现今的车辆通信应用已经超出音频的范畴步入数字数据领域，用户只需配置应用（或采用预配置的版本）并利用其基本输出来输出任意数据信息，小到娱乐用的情景喜剧视频，大到时序要求严格的列车控制。所以在本书中，我们认为车联网是无线通信技术在汽车和列车控制领域的新应用。

　　当今世界，交通运输对于社会经济具有非常重要的意义，所以人们希望智能交通系统（Intelligent Transport Systems，ITS）能在将来发挥重要作用，使交通更加安全并更加有效。通过对现有的有限固定资源的优化利用可以实现更高的效率，如高速公路和铁路。为了更好地利用这些资源，首先必须了解它们目前为什么没有被充分利用，然后才能决定如何来进行改善。交通阻塞就是一个简单的例子。通常来说，交通阻塞是由道路事故引发的后果，有时也可能是因为道路资源的过度使用引发的后果。也就是说，交通阻塞是因为在同一时间有太多的车辆行驶在同一条道路上。车联网通过新的收集、传播信息方式可以帮助人们更好地利用资源。车联网可以把交通阻塞和交通事故协同来处理，而对于道路的过度使用，车联网可以提前为车辆规划路线，在交通阻塞发生前就绕过相关地段。

车联网是一个复杂的课题，很容易忽视最终目标和已经完成工作的目的。为了明确工作的动机，第 1 章和第 2 章概括地讲述了研究和开发人员正在积极探索的应用。在这里，作者对这些应用进行了整理分类，并从市场的角度解释了这些应用的重要性。阅读完这两章就会逐渐明确，无论是商用、公共安全还是军事用途，不同的场景其实是极其相似的，而公共安全和军事用途对通信系统的可用性和安全性有更高的要求。除此之外，还提出为了使应用运行成功，通信系统所必须满足的条件。

从市场的角度来看，本书前两章描述的应用非常好。每个用户都希望随时能够通过最佳方式来获取最佳信息。而从无线通信的角度来看，是否有可能达到这种程度仍未可知。接下来的第 3 章和第 4 章就探讨了一些具体的技术限制和迄今已完成的工作。例如，不能假设遗留系统是不存在的。任何新系统都必须向后兼容。同样地，通信损耗也会存在。如果某种应用的开发者对使用场景的通信信道特性不熟悉，用户就有可能因为有通信损耗而产生不满。毫无疑问，已经有很多发表的技术论文对各种情况下的无线通信进行了讨论。第 3 章和第 4 章将介绍与信道传播、协议以及移动互联网协议（IP）解决方案相关的一些最重要的技术细节。

与所有的通信系统一样，安全性、隐私性和可靠性是车辆应用中需要考虑的重要方面。第 5 章详细阐述了一些潜在的安全威胁以及检测和应对对车辆通信完整性的攻击，特别是在车载自组织网络（Vehicular Ad hoc Network，VANET）的环境中。第 5 章详细阐述了发放/吊销车载网络节点证书和检测基于卫星导航系统的感知输入定位的攻击。由于讨论的重点是商业和公共使用的通信，本章密切关注安全和隐私的威胁。第 6 章继续讨论关于铁路应用的安全性，如避免碰撞的自动列车停止装置（Automatic Train Stop，ATS）。本章详细介绍了潜在的安全威胁和攻击类型，并分析了关于当前和即将到来的列车自动控制（Automatic Train Control，ATC）系统的安全性要求。考虑到列车自动控制系统的集中特性，本章还调查了关于性能、配置和安全的管理问题。

到这里读者应该清楚地认识到，用于车辆通信的技术是非常复杂的，但整个挑战尚未说明。除了已经解决的问题，如协作技术的部署等都需要多方之间进行一定程度的协调。在车载通信的情况下，该协作的方法是通过大量的标准和监管机构监管从（规模的一端）通信频率到（另一端）直接与用户交互的问题。第 7 章和第 8 章提出议题以及介绍监管和规范化的发展。诚然，这两个章节之间有重叠，但第 7 章的重点关注车载移动节点之间的网络，而第 8 章特别关注的是互联网工程任务组（The Internet Engineering Task Force，IETF）在移动 IP 车辆应用中的活动，以及基于自组织网络（Ad hoc Network）原理的相关活动，如移动自组织网络（Mobile Ad-hoc Network，MANET）。

除了关于标准的活动和努力，许多研究组正在组合模拟和概念，以帮助更好地理解这些复杂的系统。前面的章节主要关注基于部分信息的理论思想，这些信息来源于大量测试、调查和研究。相比之下，第 9 章和第 10 章专注于从想法变成现实的应用，并说明在部署之前剩余的步骤。第 9 章介绍了用于模拟系统的相关信息，以便在主要资本投资开始之前确认他们的操作和衡量其收益。第 10 章深入阐述了下一步的部署，为了获得理论上的更多信心和评估现实世界产生的问题，在小规模系统使用了原型设备。在这两个章节中描述以外的下一步部署包括在市场上生产销售配件。然而，一旦这个过程开始，目前专注于这一代汽车通信的许多研究人员和工程师将开始探寻下一代系统，这样便引出了本书的最后一章。第 11 章展望了未来十年可以塑造我们世界的技术和理念，并提出了一些深入的讨论和未来几年可能继续发展的雏形，形成了未来的研究项目。

利用适当的深度和专业知识来涉及这样一个广泛的话题，对于任何一个小组来说都将是困难的。对于这本书，作者依靠同事发现那些在每个领域备受推崇的专家。可以看到，每章的作者列表已经发展得相当大，其中包括学者、顾问和那些在私营企业工作的人。我们认为，这种现象说明了车辆通信的复杂性以及话题的广泛性。我们非常感谢此书作者们的贡献，我们赞赏他们的努力，并希望他们的工作继续下去，以便我们在日常生活里可以很快地体验到这里所提出的杰出技术！

克里斯托弗·凯勒姆
锡达福尔斯市，爱荷华州，美国

马克·埃梅尔曼
贝恩德·博霍夫
柏林，德国

目　　录

1　商业应用与公共应用 …………………………………………… 1
　1.1　引言 ……………………………………………………………… 2
　1.2　从用户利益出发的 V2X 应用 ………………………………… 5
　1.3　应用特征和网络属性 …………………………………………… 8
　1.4　应用分类 ………………………………………………………… 13
　1.5　市场前景和部署挑战 …………………………………………… 22
　1.6　结论及总结 ……………………………………………………… 27
2　政务应用和军事应用 …………………………………………… 29
　2.1　引言 ……………………………………………………………… 29
　2.2　基于急救人员的车联网 ………………………………………… 30
　2.3　公共安全车联网的需要 ………………………………………… 33
　2.4　车联网技术的现状 ……………………………………………… 35
　2.5　车联网军事应用 ………………………………………………… 42
　2.6　结论 ……………………………………………………………… 44
3　基于 CAR-2-X 网络的通信系统 …………………………………… 45
　3.1　V2V/V2I 环境概述 ……………………………………………… 46
　3.2　V2V/V2I 信道模型 ……………………………………………… 48
　3.3　V2V/V2I 信道属性 ……………………………………………… 51
　3.4　802.11p 协议在 V2V/V2I 信道中的性能 ……………………… 60

   3.5　车载自组网络多信道运行 …………………………………… 63
   3.6　车载自组网单跳广播及其可靠性强化方案 ………………… 69
   3.7　车载自组网多跳信息传播协议的设计 ………………………… 74
   3.8　VANET 中的移动 IP 解决方案 ………………………………… 78
   3.9　未来的研究方向和挑战 ………………………………………… 80
   参考文献 ……………………………………………………………… 82

4　铁路设施中的通信系统 …………………………………………… 85
   4.1　嵌入式计算机及通信网络在铁路应用中的发展 ……………… 85
   4.2　全球通信框架下的列车一体化 ………………………………… 86
   4.3　通信类型和相关通信需求 ……………………………………… 87
   4.4　铁路通信系统和相关需求的预期服务 ………………………… 91
   4.5　无线链路容量估算的定性方法和定量方法 …………………… 94
   4.6　适用于铁路通信系统的现有无线系统 ………………………… 96
   4.7　列车通信系统及相关路旁设施 ………………………………… 103
   4.8　基于全球通信框架的未来列车现有一体化技术的整合 ……… 106
   4.9　总结 ……………………………………………………………… 108

5　车载网络的安全和隐私机制 ……………………………………… 111
   5.1　引言 ……………………………………………………………… 111
   5.2　面临的威胁 ……………………………………………………… 113
   5.3　安全需求 ………………………………………………………… 114
   5.4　安全车载通信构架的基本元素 ………………………………… 116
   5.5　车载通信的安全和隐私优化 …………………………………… 119
   5.6　吊销 ……………………………………………………………… 125
   5.7　数据可信度 ……………………………………………………… 127
   5.8　车载通信的安全和隐私增强技术的部署 ……………………… 131
   5.9　结论 ……………………………………………………………… 135

6　列车控制系统的安全可靠性 ……………………………………… 137
   6.1　引言 ……………………………………………………………… 138
   6.2　传统列车控制和轨道运行方法 ………………………………… 139
   6.3　现代列车控制技术的局限性 …………………………………… 141
   6.4　精确列车控制系统 ……………………………………………… 141
   6.5　系统安全 ………………………………………………………… 147
   6.6　补充要求 ………………………………………………………… 154

  6.7 总结 ……………………………………………………………… 156
  参考文献 ……………………………………………………………… 157

7 车载网络的汽车标准 ………………………………………………… 161
  7.1 基本概念 ……………………………………………………… 161
  7.2 互操作性 ……………………………………………………… 163
  7.3 无线协议和标准化活动 ……………………………………… 166
  7.4 区域标准开发进程 …………………………………………… 169
  7.5 全球标准化 …………………………………………………… 176
  参考文献 ……………………………………………………………… 181

8 车辆与基础设施通信的标准化 …………………………………… 185
  8.1 引言 …………………………………………………………… 186
  8.2 标准的概述以及工业提供的车辆与基础设施通信的
    解决方案 ……………………………………………………… 187
  8.3 车辆与基础设施通信的无线接入标准 ……………………… 192
  8.4 V2I 通信网络标准 …………………………………………… 201
  8.5 总结 …………………………………………………………… 215
  参考文献 ……………………………………………………………… 215

9 车辆与基础设施协同仿真系统：多方面的评估工具集 ………… 223
  9.1 协同系统设计与评估简介 …………………………………… 223
  9.2 协同系统的设计问题 ………………………………………… 224
  9.3 SUMMITS 工具集以及多层面评估 ………………………… 225
  9.4 综合全方位速度助理 ………………………………………… 228
  9.5 系统鲁棒性——多代理实时仿真 …………………………… 233
  9.6 交通流量的影响——ITS 模型仿真 ………………………… 240
  9.7 结论 …………………………………………………………… 247
  参考文献 ……………………………………………………………… 248

10 基于通信的列车控制系统中无缝切换技术的设计与概念
  验证实现 …………………………………………………………… 251
  10.1 引言 ………………………………………………………… 251
  10.2 基于 Wi-Fi 的 CBTC 系统快速切换技术 ………………… 253
  10.3 系统概念和设计 …………………………………………… 264
  10.4 实施 ………………………………………………………… 268
  10.5 性能评估 …………………………………………………… 271

  10.6 结论 ·· 278
  参考文献 ·· 279
11 新的技术范式 ·· 285
  11.1 车载网络的演进与融合 ·· 286
  11.2 未来的挑战 ·· 288
  11.3 新的范式 ··· 291
  11.4 展望：车载网络在未来的互联网中所扮演的角色 ··················· 294
  参考文献 ·· 296
首字母缩写词和缩略语 ·· 303

1 商业应用与公共应用

Dr. Hariharan Krishnan & Dr. Fan Bai
通用汽车公司

Dr. Gavin Holland
休斯研究实验室

专用短程通信（Dedicated Short Range Communications，DSRC）和车载自组网（Vehicular Ad hoc Network，VANET）技术共同为基于通信的车辆应用提供了难得的发展机遇。本章主要关注以下四个重要方面：

（1）介绍基于通信的车辆应用；
（2）研究车辆应用的特点和网络属性；
（3）对车辆应用进行分类；
（4）分析车辆应用的市场前景及其部署面临的挑战。

迄今为止，车辆研究组织已经确认了许多车辆应用。从价值或客户收益角度，车辆应用主要分为三种主要类型：面向安全性的应用、面向便利性的应用以及面向商业性的应用，这三类车辆应用在应用特性方面有较大差异。

首先我们介绍了车与车（Vehicle-to-Vehicle，V2V）和车与基础设施（Vehicle-to-Infrastructure，V2I）模式下的车载通信应用。对于此类应用，我们通过描述和分类两个主要步骤进行了系统化的分类。我们根据相关的应用和网络属性对代表性应用进行了描述。在此过程中，揭示许多应用所具有的共同特性，这不仅加强了我们对应用的理解，也为分类奠定了基础。为了权衡究竟是开发尽可能多的相似应用，还是保持应用之间的差异性这两个问题，我们通常将这些应用划分为多个类型。这种划分对缩小汽车行业和无线网络开发机构之间的代沟起到了关键作用。我们也试图定义每种代表性应用的市场前景以及部署中面临的挑战。

1.1 引言

随着公路拥堵和交通事故的频发，人们对减少此类问题的需求也随之激增，该问题是全世界范围内都面临的严峻挑战（Chen 和 Cai，2005；Reumerman 等，2005）。为了应对这些挑战，昂贵的传感器、雷达、摄像头以及其他最先进的设备和技术都已经集成到车辆中，提高了驾驶过程中车辆的安全性和驾驶者的舒适性。最近，由于车辆与车辆及基础设施之间（V2X）的通信应用能够以较低的运营成本解决车辆安全性和交通拥堵带来的挑战，已经吸引了来自美国、欧洲、日本和澳大利亚的诸多企业和政府的关注（Sengupta 等，2007；VSCC 2006）。除了面向安全性和交通效率的车辆应用外，人们也可通过商业应用和车载资讯娱乐等应用来共享无线通信，以提高使用者的驾驶体验。因此，无线通信不仅可以提高交通安全水平（ElBatt 等，2006；Torrent-Moreno 等，2004；Xu 等，2004；Yin 等，2004）和交通效率（Anda 等，2005），而且可以通过提供信息娱乐应用为车主和车辆原始设备制造商（Original Equipment Manufacturers，OEMs）创造商业价值（Das 等，2004；Nandan 等，2005）。

美国交通运输部（The United States Department of Transportation，DOT）已经意识到通过分配专用无线频谱来提高车辆安全性和交通效率的重要性。因此，在美国，联邦通信委员会（the Federal Communications Commission，FCC）专门为智能交通系统（Intelligent Transportation System，ITS）在5.9 GHz 许可频谱中分配了 75 MHz 的许可频带，作为 DSRC 的通信波段（FCC 2003）。北美其他地区也可以使用。在欧洲，欧洲经济共同体委员会统一指定 5 875～5 905 MHz 频段作为 ITS 安全相关应用的无线电频谱。在日本，电子不停车收费系统（Electronic Toll Collection，ETC）使用 5.8 GHz 的通信频段，且未来计划对于 V2I 通信应用扩展到 5.8 GHz 频段，而对于 V2V 通信应用则是扩展到 700 MHz 频段。澳大利亚政府正在考虑为 ITS 分配类似 5.9 GHz 的无线电频谱。ITS 及其 V2V 和 V2I 的运营由美国交通运输部计划支持（CICAS，2009；VII，2009）。目前 IEEE 802.11p 任务组（IEEE 802.11，1999；IEEE 802.11p/D6.0，2009）正在制定 DSRC 的物理（Physical，PHY）层和媒体访问控制（Medium Access Control，MAC）层的标准，此举被广泛认为是基于通信技术的车辆应用的前沿技术。主要汽车 OEM、无线设备制造商、研究机构、公共机构和私人企业都开展了各种针对 V2X 通信的研究，如无线信道建模（Taliwal 等，2004；Yin 等，2006）、移动性建模（Bai 等，2003；Lin 等，2004）、路由协议（Chennikara-Varghese 等，2006；Korkmaz 等，2004；LeBrun 等，2005；Lochert 等，2005）、安全（Picconi 等，2006；Raya 等，2006）和市场渗透与缓解策略（Kosch，2005；Shladover 和 Tan，2006）。在 VANET 技术领域，还有一小部分研究集中于更好地理解、建模以及分析基于通信的车辆应用，此类研究是该领域发展的主要驱动力。

1.1.1 动机

从网络观点看，对通信车辆应用进行系统而全面的分析是本书的主要动机。作为初步的研究，我们不仅要提高人们对车联网的性能要求的意识，同时也要引起网络研究界的足够重视。

车辆安全通信项目（VSCC，2006）已经支持了很多涉及用户潜在利益的一系列应用（VSCC，2005）。从安全/警告应用到面向娱乐的内容下载/流媒体应用，再到面向提供公路交通效率和驾驶便利性的自由移动支付应用，这些大家感兴趣的应用从它们的特性、要求和局限性方面都存在很大的差异。对这种具有大量不同应用的无线网络，为其分析和制定详尽的解决方案，工作量是极其庞大且效率极低的。显然，发展基于通信的车辆应用（车联网的重点内容）和发展 VANET 协议（无线网络社区的重点内容）之间存在差距。为了弥补这个空白，我们在对基于通信的车辆应用进行分类时，不仅仅考虑其应用特性，更重要的是要考虑其无线网络方面的特性。

1.1.2 主要贡献和效益

本章是从无线网络设计角度对基于通信的车辆应用进行分类的首次研究。基于此目标，本章节主要回答下列问题。

（1）什么是车辆应用开发的关键应用特性和网络属性？
（2）从网络设计者的角度来看，这些应用怎样进行分类？
（3）什么是每类应用的市场前景和部署挑战？

为了在系统和方法设计方面捕捉 V2X 的应用空间，如何创造一套丰富的应用特性和网络属性是研究中所面临的挑战。在深入了解应用空间的设计思想后，基于这些应用的共性将其分成如下几个主要类别，我们主要关注以下三个方面：

（1）研究应用特性和网络属性；
（2）将应用进行分类；
（3）理解每类应用的市场前景和部署挑战。

这项研究的目标不仅简化了大规模的仿真工作，对理解 VANET 的性能在真实场景中的限制起到了重要作用，同时也阐明了为不同应用所设计的网络协议栈和系统集成。例如，使用这些分析，网络设计人员可以只关注几个抽象的 V2X 应用，而不是详尽地设计单个应用。此外，使用相同的机制和工具评估一般类型的应用的性能趋势，不仅缩减了任务量，而且可以通过合理的成本发现有价值的见解。必要时，单个应用程序可以作为所提出的通用类型的应用程序的扩展来做进一步研究和分析。最后，应该指出，一般并不意味着它是全面的，但它们在未来车辆应用的出现、主导或消退中构成了至关重要的第一步，还可以细化和扩展。

分类服务作为开发车载自组网 VANET 技术的潜在路线图需要支持不同的应用。因为类似的应用特点和性能要求往往隐含执行相同的技术解决方案，所以一般类型的应用在网络协议栈可能有一系列相似的协议和机制。因此，网络设计者应该最大限度地发挥具有相似应用特性和属性要求的特殊类应用通用模块的可重用性。

1.1.3 本章的结构

本章的结构如下。1.2 节介绍了车联网中具有代表性的一系列 V2X 应用。1.3 节介绍了表征这些应用的属性。在 1.4 节中，根据介绍的属性描述每种应用程序，这构成了确定几种一般应用类型的基础。1.5 节介绍了每种典型应用类型的市场前景和部署挑战。最后，在 1.6 节，我们对本章进行了总结，并展示规划了未来研究的潜在方向。

1.2 从用户利益出发的 V2X 应用

车载自组网（VANET）的研究主要受到为应用开发提供网络支持的需求的驱动。到目前为止，DSRC 技术研究团体已经开发了大量潜在的有待部署的 V2X 应用，从安全/警告应用、高速公路交通管理到商业应用。因为分析大量应用是很困难的，基于用户价值、近期部署可行性、技术创新和支持技术多样性等标准，我们选择了其中 16 个典型代表。选择的这些应用构成了我们研究的基础（表 1.1、表 1.2 和表 1.3）。

从价值和用户利益角度来看，这些应用大致可以分为以下三个类型：面向安全性应用、面向便利性的应用和面向商业性的应用。这些类型划分依据源于应用的特性和用户利益。需要注意的是，其中面向安全性的应用受到了特别的关注，因为它们能够减少因交通事故造成的死亡人数和经济损失。

- 面向安全性的 V2X 应用（表 1.1）通过车辆之间的信息交换来积极监督附近的环境（其他车辆或道路情况），因此它们能够帮助驾驶员处理即将来临的事件或隐患。一些应用可能自动地采取合适的行动（如自动刹车）来避免隐患，而另外一些应用可能仅提供公告或警告信息由驾驶员来配置。后一种应用类型与前一种类似，但其系统要求（如可靠性、延迟等）不太严格。但是，两种应用类型的目的都是提高车辆的安全水平。

表 1.1　面向安全性的 V2X 应用

缩略词	名称	描述
SVA	停车或减速车辆报告	停车或减速时，停车或减速的车辆广播警告信息给附近的车辆，通知驾驶员要停车或减速
EEBL	紧急情况电子刹车灯	刹车困难时，刹车困难车辆广播警告信息给附近的车辆。附近的车辆通知它们的驾驶员有车存在刹车困难情况

续表

缩略词	名称	描述
PCN	V2V 事故后通告	事故车辆广播警告信息给附近的车辆,直到事故现场被清理完。附近的车辆通知它们的驾驶员有事故情况
RHCN	道路危险情况通知	车辆检测到道路危险(如坑或结冰)广播警告信息给处在影响区域的车辆,通知驾驶员危险情况
RFN	道路特征通知	车辆检测到道路特征公告(如急转弯、陡峭台阶)广播警告信息给附近的车辆,通知驾驶员道路特征
CCW	协同冲突警告	车辆从其邻近车辆广播得到监视的运动状态信息来警告驾驶员可能的冲突
CVW	协同违规警告	通过路侧单元主动广播同步信号、定时和相关信息给近的车辆,警告驾驶员可能违规

- 面向便利性的 V2X(交通管理)应用(表 1.2)在道路基础设施、路上的车辆、集中交通控制系统之间共享交通信息,实现更高效的交通流控制和道路上车辆的最大吞吐量。这些应用程序不仅提高了交通效率,而且增加了驾驶员的舒适度。

表 1.2 面向便利性的 V2X 应用

缩略词	名称	描述
CRN	道路拥堵通知	车辆检测公路拥堵情况并广播信息给该区域范围内的其他车辆,以便其他车辆能使用该信息来选择合理路线和行程计划
TP	交通调查	车辆从其邻近车辆广播得到监视的运动状态,获得交通流量交通调查信息,通过路边单元发送到交通管理中心
TOLL	自由流动收费	车辆进入高速收费口时收到路边单元发射的信号。车辆建立与收费站路边单元的单播通道通过电子支付交易完成路费支付,这样不停车收费避免了拥塞
PAN	停车可用性通知	寻找可停车的驾驶员将车开在路边设置的停车可用性通知设施的通信范围内。车辆发送请求给路边设施获取附近停车场列表。路边单元回应一张可用的停车场列表。车辆根据距目前位置的距离进行整理,并给驾驶员显示出一定地理区域内的可用停车位置场清单
PSL	停车地址定位器	车辆进入停车场并发送请求给路边单元的停车地址定位器,请求获得公开的停车地址清单。路边单元发送公开地址和可选地图清单给驾驶员,车辆通知驾驶员它们的位置

- 面向商业性的 V2X 应用（表 1.3）给驾驶员提供了不同类型的通信服务来提高驾驶员的工作效率、娱乐和满意度，如 Web 访问、流媒体音频和视频。

表 1.3 面向商业性的 V2X 应用

缩略词	名称	描述
RVP/D	远程车辆个性化/诊断	车辆在驾驶员家的通信范围内时，驾驶员可以建立车辆到家里网络的无线连接来下载或上传最新个性化车辆设置。允许驾驶员远程设置个性化车辆。同时，当车辆在代理商的服务区域时，驾驶员可以建立车辆和代理商服务网络的无线连接，上传最新的车辆诊断信息和下载一些最新的更新
SA	服务通告	商家（例如快餐店）可以使用路边基础设施给进入通信范围内的车辆提供无线通知服务。车辆可以通知驾驶员订阅此类的服务信息
CMDD	内容、地图、数据库下载	车辆接近家里或热点场所时，驾驶员可以建立与家里网络或热点的无线连接以便于车辆从网络下载内容（如地图、多媒体或网页）到车辆的收音机/导航系统
RTVR	实时视频转播	车辆可以发起实时视频传输，这有时候对该地区其他驾驶员是有利的（如堵车场景）。其他车辆可以显示这个信息给它们的驾驶员，也可以通过多跳中继广播将实时视频信息扩展到其他车辆或路边单元

1.2.1 应用价值

驾驶员辅助设备和安全功能可以给驾驶员提供关于周围环境的综合信息。例如，这些功能可以很好地提前通知驾驶员建筑物区域、速度限制、转弯和故障车辆。与传统传感器的性能相比，通信安全功能利用 DSRC 提供的相对长的通信范围检测到发生在传统传感器感觉范围之外的遥远事件，可以提前提醒驾驶员，以便驾驶员有足够的时间在妨碍物到来之前改变策略或者路线。VSCC（2005）已经描述了一些基于通信功能方面的安全价值。完全依赖于安全通信的系统价值受到了功能实现、撞车统计和市场普及率的限制。例如，及时的冲突警告应用有利于减少美国每年 30% 的追尾撞车车祸。车辆通信也使许多类型的新应用成为可能。例如，雷达传感器看不穿物体，没有办法获得车辆前面小车已经紧急刹车的指示。通过提供有用的预报信息来帮助驾驶员，同时尽可能地减少交通冲击及连环相撞事故。

目前还没有研究关于便利性和交通效率特性价值的许多细节问题。传输效率特性通过高效的道路和组织间接提高了顾客体验。这些特性可以提供许多个性化服务，每个都需要不同的价值模型。与人工收取通行费相比，不停车电子收费（ETC）系统已经显示大幅度提高了每个车道的吞吐量。日本发现30%的道路拥堵是由于通行收费站口耽误引起的。减轻道路拥堵对社会最直接的好处是降低了燃料消耗和二氧化碳排放，另外的好处是增加了生产力和私人时间，尽管这可能在一定程度上对顾客还不明显。

因为商业特性涉及顾客日常生活的很多方面，所以它可以为顾客创造大量的需求。不过，商业特性一般需要一个强大的可提供必要的基础设施来支持这些服务的非 OEM 供应商。商业特性的服务和活动包括新闻、交通和天气更新、因特网和电子邮件访问、音乐下载和代驾，目前进行的工作很少可以展示出这类应用的价值。还有一系列特性提供很多个性化服务，每个都需要不同的价值模式。商业应用肯定有机会在许多方面提高顾客的便利。在日本，基于 DSRC 的 ETC 系统已经用于停车场收费。就像 ETC 系统一样，电子驱动收费系统（electronic drive-through payment systems）也可以大幅度提高车辆吞吐量。许多应用可以通过减少快餐店、洗车店或停车场等候的时间来帮助顾客节省时间。同样，也有很多类型的信息访问服务可以提供给顾客一些目前传统的广播服务提供不了的个性化方式。例如，晨驾之前，根据顾客喜好从家里下载定制版本的新闻到车辆上，以此代替传统的广播消息。

1.3 应用特征和网络属性

在这部分，我们定义了分类中使用的应用和网络标准。仔细选择这些标准对充分获取不同应用程序是至关重要的，更重要的是要了解各种应用程序和它们不同的网络需求之间的差异。因此，我们的方法是，首先在表1.1、表1.2 和表1.3 系统全面地列举各种应用的特性，以便我们能对这些应用获得重要了解，然后用这些了解来探索网络设计需要这些应用的地方，再列举它们共同的网络管理属性。我们把这些标准主要分成应用相关特性和网络相关属性,并在下节对此进行讨论。

1.3.1 应用特征

这节我们介绍应用相关特性,这是我们提出的分类基础。表1.4总结了这些特性,直接描述与应用自身相关的性质,如用户利益和受影响地理区域。像先前提到的,本节的目标是发展涵盖一系列我们已经开发应用的各种设计方面的关键特性。虽然我们试图让特性尽可能通用和全面,但我们也明白未来更广泛的分析可能发现其他重要特性。事实上,我们希望这里展现的工作鼓舞其他人研究和扩展未来探索与发展的应用列表。这个列表涵盖了相当广泛的范围,对应用和网络设计师是个有用的参考工具。在本节的其余部分,将更详细地讨论这些特性。

表1.4 特性和分类应用的候选标准(应用特性)

应用的特性	描述	选择
应用的用户利益	应用给用户带来什么利益?	安全,便利,商业
应用的参与者	应用有什么实体参与?	V2V,V2I
应用的范围	影响的大小?	大,中等,小
应用的启动条件	应用何时、如何启动?	定期,事件驱动,用户发动
应用信息接收模式	应用信息的接收模式?	一对一,一对多,一对一个区域,多对一
事件生命周期	事件持续多久?	长,短
事件相互关系	兴趣范围内的事件相关程度?	强,弱,无
事件检测器	多少主机可以检测/发生事件?	单机,多机

(1) 像许多研究(VSCC 2005)的定义(和1.2节中讨论的),用户利益描述了应用提供给终端顾客的利益或价值的类型。总体来说,广泛认可的有以下三种类型:安全应用、便利应用和商业应用。

(2) 应用的参与者指定应用可能用到的实体。有些应用需要在通行车辆之间进行,而有些则需要车辆和路边基础设施之间的协调。因此,基于通信车辆的应用可被归类为 V2V 或 V2I 应用。

（3）应用程序的范围（ROI）是指这些实体参与应用所覆盖的地理区域的大小。不同的应用中的 ROI 大小不同。例如，在安全应用方面，车辆需要感知到它们周围（100m 左右）其他车辆的运动位置，然而在其他安全应用中，车辆需要知道前方路面的危险情况（直到 1 000m）。同样地，对便利应用，车辆购买者在旅行计划中也许想知道远方（几千米）道路的拥堵状况。定性地讲，应用程序的 ROI 能被分为三种：短范围、中范围和长范围。在许多应用里，ROI 的形状和尺寸的定量表征，是需要跨学科研究的一个重要课题。此研究包括系统可靠性、驾驶员行为和交通/道路动态等。

（4）应用启动条件指定应用如何启动。一般是定期驱动、事件驱动或者用户发动。毫无疑问，它也指定应用使用的通信方法的类型。例如，用于碰撞检测的车辆运动状态消息通常周期性地广播，而警告消息如恐慌制动事件等通常是事件驱动的，车辆乘员按需便利的服务请求消息通常是用户发起的。

（5）应用信息的接收模式是根据应用的不同来指定事件可能的信息接收模式。例如，对安全应用，像协同冲突警告（CCW）和协同违规警告（CVW），邻近车辆听到广播安全警告信息来避免可能的冲突（一对多模式）是至关重要的；然而对安全应用，如紧急电子刹车灯（EEBL）、停车或减速通告（SVA）和标杆撞车报告（PCN），只有受到影响的范围内的车辆（事件发起的车辆）才需要听到安全警报信息（一对一个区域模式）。同样地，许多便利和商业应用中经常用到点对点的通信模式，多对一模式有时也用到。因此，事件信息接收模式可分为四类：一对多、一对一个区域、一对一和多对一。

（6）事件生命周期表明了一个应用事件（比如交通事故或道路拥堵）持续的时间。在至今所讨论的标准中，事件持续时间是一个可能直接影响网络系统设计的应用特性。在所有的应用中，事件生命周期可能会明显不同。例如，有些事件持续的时间相对较短（比如 EEBL 事件可能持续仅仅几秒），而有些事件可能持续的时间相对较长（比如 PCN 事件可能花费数小时从道路上清理碰撞的车辆）。我们了解到这些应用大多数分成两种类别：几秒的短时间生命周期，几分到几个小时的长时间生命周期。

（7）事件相关性指的是指定地理区域内实体事件发生的关联程度。例如，车辆上的 EEBL 事件的发生可能与前面其他车辆发生的 EEBL 事件有高度的关联性。另外一个例子是道路危险情况通告（RHCN），附近车辆发生 RHCN 事件的地点可能有高度的关联性，因为它们是由相同道路危险情况引起的。定性地说，应用分为三类：强事件关联、弱事件关联和无关联。

（8）事件检测器指的是有多少车辆产生事件信息来反映同样的事件。例如，对于 SVA 或 PCN 应用，这里车辆报告它的运动状态，车辆是唯一的事件检测器（关于它的运动状态）和事件信息主机（发起者）。然而对于道路危险状况通知（RHCN）和道路特征通告（RFN），车辆报告道路危险时，许多车辆可以检测相同事件（如同样的道路危险）和服务。因此，我们将应用事件检测分为单机或多机。

这正如前面提到的，在我们研究的 16 种应用中，我们相信这些是与网络设计关联最大的关键典型特征。然而，我们知道进一步的应用分析可以揭示其他特性并添加到列表中，我们希望它可以激发其他人继续做这项工作。然而，为了研究的目的，这些是我们分类工作中应用特征的基础部分。下一节我们提出了关键的网络关联属性以及它们与以上应用属性的相关性。

1.3.2 网络属性

本节我们介绍分类中用到的关键的网络关联属性，来描绘基于通信车辆应用的网络设计的基础方面。表 1.5 总结这些属性，下文将表述其与前面章节讨论的应用特性的一些关联。本节其余部分，将详细地讨论这些网络属性以及与相关应用特性的联系。

表 1.5 特性和分类应用（网络属性）候选标准

应用属性	描述	选择
信道频率	应用使用哪个信道？	DSCR - CCH，DSCR - SCH，WI - FI
基础设施	要求基础设施？	是，否
信息生存时间	信息传播多远？	单跳，多跳
信息分组格式	使用的信息类型？	WSMP，IP
路由协议	信息如何分布？	单播，播放，地域群播，聚集

续表

应用属性	描述	选择
网络协议启动模式	网络协议如何触发?	信号,要求,事件触发
传输协议	端到端通信形式?	无连接,导向连接
安全	需要安全的类型?	V2V 安全,V2I 安全,网络安全

(1) 信道频率指定可能支持通信车辆应用的物理层信道的类型。美国 FCC 条例,以安全为导向的应用通常假定使用单 DSRC 控制频道(CCH),然而以便利为导向的应用使用了 6 个 DSCR 服务频道之一。另外,以商业为导向的应用占用 DSRC-SCH 频道或其他没有限制的工业、科学和医学(ISM)波段(如 Wi-Fi 的 2.4 和 5.8GHz)的信道频率。换句话说,频道的选择大部分取决于用户利益应用特性的价值。尽管有许多其他频道可以使用(如移动电话或 WIMAX),事实上频道的选择一般是 DSRC-CCH、DSRC-SCH 或 Wi-Fi 之一。在世界的其他领域,为了有效地应用也需要做出相似的选择。

(2) 基础设施指定应用的操作是否需要基础设施(如路边单元)。如果应用的参与者需要路边单元,那么显然需要基础设施,否则可能不需要。

(3) 信息生存时间(TTL)指定通过网络的信息可以传播多远,以及网络层需要什么类型的分组转发/路由功能(如单跳或多跳)。这个属性在一定程度上决定于应用区域的特性。单跳通信对短程应用有效,延伸到的中长途应用要求多跳分组转发/路由功能。因此,设计选择包括单跳和多跳路由。

(4) 信息分组格式描述了用于封装应用信息的网络分组的格式。这个属性在一定程度上受到用户利益应用特性的影响。通常,车辆工业(VSCC 2005)和 IEEE 标准(IEEE 802.11 1999)已经提出了想法,即安全和便利应用更可能用于变化的和大型的分组。美国 DSRC 标准,为了安全和便利使用,提出了 WAVE 短程信息协议(WSMP),它本质上是 IP 协议的简化版本,以较小的分组报头减少每包的开销,来提高网络效率。假设在商业应用中使用传统的 IP 分组的分组。因此,我们把分组格式分为两种:WSMP 格式或 IP 格式。

(5) 路由协议是一种展示了不同的应用使用不同的网络路由协议的设

计选择。显而易见，网络属性与应用信息的接收模式特征紧密相连。例如，大多数安全应用使用广播路由（一对一）或地域群播路由（一对一个区域），便利和商业应用一般使用单播路由（一对一）或聚合路由（多对一）。

（6）网络协议启动模式描述了网络协议是如何触发的。安全应用的任务是定期广播"信标"状态信息，如协同冲突警告（CCW）和协同违规警告（CVW）（等信标模式），然而其他的安全应用，如紧急电子刹车灯 EEBL 和相撞后通告 PCN，只有当检测到关键事件（事件触发模式）时才发送信息。对便利和商业应用的部分，车辆拥有者启动信息报告和服务要求（用户发起的按需模式）。

（7）传输协议是一种指示是否需要可靠的端对端连接支持应用的设计选择。正如我们发现，安全和便利应用通常使用无连接传输模式（如 WSMP，UDP），商业应用经常使用传统的面向连接的传输模式（如 TCP）。

（8）安全考虑应用需要的安全方案的种类。选择包括 V2V 安全、V2I 安全和网络安全。安全应用要求能够防止车辆受到恶意攻击的高水平 V2V 安全。由于路边单元涉及金融交易，因此便利应用也要求严格的 V2I 安全方案。大多数的商业应用需要 V2X 安全解决方案与现有的互联网安全解决方案之间的高效协作。

正如前面所指出的，这些网络属性都与特殊应用特性有紧密关联。直观地看，给定的应用特点和性能要求通常也要求给定的网络机制或能力。在下一节，我们讲述相似特性和要求的系列应用如何产生相同的网络方案，获得一个有用和直观的通用类。

1.4 应用分类

本节将展示 1.2 节介绍的 16 种应用特征和分类的结果。然后比较和对比这些应用，首先考虑 1.3.1 节给出的应用特性，然后考虑 1.3.2 节给出的网络属性。随后，我们通过综合有相似特性和网络功能的应用，将这些应用分成七个通用类（从网络设计的角度）。

1.4.1 基于应用特性的描述

应用特征描述的过程分为两步：应用属性的描述和网络属性的描述（如网络设计），具体描述如表 1.6 和表 1.7 所示。首先研究所有相关应用的每个特性，全面了解这些应用的基础性质和功能要求。随后，我们将展示如何从网络设计的角度得到应用特性。

表 1.6 展示了 1.3.2 节总结的基于选择的应用相关属性的每个应用的主要特性。考虑到有限的空间，我们不讨论全部 16 种应用的特性，我们仅强调一些重要的特性，说明这些标准如何帮助区分不同应用的微小差异。

表1.6　基于应用特性的应用描述

缩略词	用户利益	应用参与者	应用兴趣区域	应用触发状态	接收模式	事件生命周期	事件关联	事件检测器
SVA	安全	V2V	中	事件	一对一个区域	长	无	一
EEBL	安全	V2V	中	事件	一对一个区域	短	弱	多
PCN	安全	V2V	中	事件	一对一个区域	长	无	一
RHCN	安全	V2V	中	事件	一对一个区域	长	强	多
RFN	安全	V2V	中	事件	一对一个区域	长	强	多
CCW	安全	V2V	短	定期	一对多			
CVW	安全	V2I	短	定期	一对多			
CRN	便利	V2V	长	事件	一对一个区域	长	强	多
TP	便利	V2I	长	事件	一对一	短	无	多
TOLL	便利	V2I	短	事件	一对一	短	无	一
PAN	便利	V2I	长	用户触发	一对一			
PSL	便利	V2I	短	用户触发	一对一			
RVP/D	商业	V2I	短	用户触发	一对一			
SA	商业	V2I	长	用户触发	一对一个区域			
CMDD	商业	V2I	长	用户触发	一对一			
RTVR	商业	V2I	长	用户触发	一对一			

(1) 注意到大多数安全应用都有中等大小的有效应用范围（如几百米到 1 000 m），因为安全信息，如车辆运动状态或道路情况，仅仅与中等地理区域范围内的其他车辆有关。合作碰撞预警（CCW）和合作违规警告（CVW）应用是个例外，它们的有效范围很小，因为它们要求附近车辆的近距离监控（200 m 以内）。相反地，便利应用一般要求中到大的有效范围（到几千米），因为了解这个范围内拥堵情况或交通情况对驾驶员及时做出有效的绕道或旅行的计划决定是至关重要的。同样地，商业应用为了获得远距离商业服务供应趋于需求大的有效范围。例如，快餐店很乐意提供服务给距离很远的车辆。

(2) 大多数安全应用（如 EEBL, RHCN 和 SVA）和少量便利应用（如 CRN, TP 和 TOLL）通过路上事件的发生触发启动，如车辆冲突、道路危险检测（如冰或油）、突然刹车或交通拥堵检测。如果没有这类事件发生，这些应用便不会启动。在安全应用中，CCW 和 CVW 是有独特特性的，因为它们依赖于定期信息更新来监督邻近车辆的驾驶状态，而不是安全事件。另一方面，大多数便利和商业应用通过车辆拥有者的要求启动，而不是通过道路或车辆本身的安全事件来启动。

(3) 在大部分安全应用（如 SVA 和 EEBL）中，应用信息的潜在受益者是特定区域（在车辆后面可以检测到事件和发送安全信息）的车辆，因此，安全应用能被总结为有一对一个区域的接收模式。此外，CCW 和 CVW 不遵循这个一般趋势。在这两个应用中，为了避免其他方向的撞车，所有邻近的车辆假定接收定期更新。因此这两个应用是一对多的接收模式。同时，便利和商业应用之间也有不同：一些便利应用（如 TOLL）和商业应用（如远程车辆个性化/诊断或 RVP/D，内容、地图、数据库下载或 CMDD，实时视频转播或 RTVR）属于点对点（一对一）通信范例，其他便利和商业应用（如服务报告或 Sas）基本是一对一个区域的性质。

(4) "事件"是安全应用和便利应用中一个重要的概念，因为它是启动应用操作的事件。在研究中，我们也通过一些性质来描述安全应用，包括事件持续时间、事件关联性和事件检测器。与我们的推测一样，我们发现安全事件中不同应用是完全不同的。例如，道路危险/特征事件（RHCN 或 RFN）是持续事件，而突然刹车（EEBL）是一次性事件。此外，与完全独立的 PCN 事件相比，由相同道路危险/特征引起的 RHCN 或 RFN 事件的不同例子更可能彼此相关联。即使事件特征的研究没有直接使用 1.4.2 节的网络设计，我们相信这些分析能更好地帮助未来设计者捕捉由驱动事件安全应用诱发的数据交通模式。

从应用利益观点的角度来看，不同应用有不同功能，可以给顾客提供不同的用处。很有趣的是，除了一些细微的区别，我们了解到许多应用展示了高度相似的应用特征。为了验证从网络设计角度的观察是否合理，我们在1.4.2节研究基于相关网络属性的应用特性。

1.4.2 基于网络属性的描述

在1.3.2节中提到的，我们发现的每种应用，它的特性都在网络协议栈中趋向于进行一个确定的设计。例如，一对多接收模式应用更可能使用广播路由协议，而单播路由协议适合一对一接收模式的应用程序。同样地，单跳分组传播机制足够支持小的ROI应用（如几百米）。相反地，对中或大范围的ROI应用则需要多跳路由协议。相应地，对网络协议栈的各部分，我们通过查询它们的应用特性和要求，完全可以决定其可能的设计选择。同时，我们也注意到，一些网络属性是网络设计者的单纯选择，因为不同的技术方法能实现相同的目标。

表1.7列出了1.3.2节总结的基于选择网络属性的每个应用的主要网络属性，从底层的物理层到高层的传输层。网络属性涉及了设计的问题，如物理层的通道频率、基础设施的使用、TTL消息、网络层的路由协议和网络协议触发器、传输层设计和安全方案。此外，我们仅仅强调一些重要的网络属性，讨论了应用特性在这些网络设计问题中的潜在影响。

表1.7 基于网络属性的应用描述

缩略词	通道频率	基础设施	信息TTL	分组格式	路由协议	网络触发物	传输协议	安全方案
SVA	DSRC-CCH	否	多跳	WSMP	地域群播	事件触发	无连接	V2V安全
EEBL	DSRC-CCH	否	多跳	WSMP	地域群播	事件触发	无连接	V2V安全
PCN	DSRC-CCH	否	多跳	WSMP	地域群播	事件触发	无连接	V2V安全
RHCN	DSRC-CCH	否	多跳	WSMP	地域群播	事件触发	无连接	V2V安全

续表

缩略词	通道频率	基础设施	信息TTL	分组格式	路由协议	网络触发物	传输协议	安全方案
RFN	DSRC-CCH	否	多跳	WSMP	地域群播	事件触发	无连接	V2V 安全
CCW	DSRC-CCH	否	单跳	WSMP	广播	信号	无连接	V2V 安全
CVW	DSRC-CCH	是	单跳	WSMP	广播	信号	无连接	V2V 安全
CRN	DSRC-CCH	否	多跳	WSMP	地域群播	事件触发	无连接	V2V 安全
TP	DSRC-CCH	是	多跳	WSMP	单播	事件触发	面向连接	V2V 安全
TOLL	DSRC-CCH	是	单跳	WSMP	单播	事件触发	面向连接	网络安全
PAN	DSRC-CCH	是	多跳	WSMP	单播	按需	面向连接	V2V 安全
PSL	DSRC-CCH	是	单跳	WSMP	单播	按需	面向连接	V2V 安全
RVP/D	DSRC-CCH, Wi-Fi	是	单跳	IP	单播	按需	面向连接	V2V 安全
SA	DSRC-CCH, Wi-Fi	是	多跳	IP	地域群播	按需	无连接	网络安全
CMDD	DSRC-CCH, Wi-Fi	是	单跳	IP	单播	按需	面向连接	网络安全
RTVR	DSRC-CCH, Wi-Fi	是	多跳	IP	单播	按需	面向连接	网络安全

（1）信息分组格式由应用的类型（从用户利益角度）决定。通常，安全和便利使用 WSMP 格式的轻量级信息来提高网络资源效率。另外，商业应用通常更喜欢传统的重量级 IP 格式与现有的互联网业务相融合。

（2）网络层路由协议是网络协议栈方面的重要组成部分，可以区分不同应用的能达性和接收模式。因为一对多通信性质，大多数安全应用利用多跳地域群播路由协议。地域群播路由将分组分散在给定的区域或地区。因此，地域群播路由协议能被认为是广播路由的特殊情况。反而，CCW 和

CVW 应用使用单跳广播方案来通知它们近邻的定时更新。便利和商业应用或者使用地域群播/广播协议在区域内（宣传服务如 Sas，或交通拥堵通告如 CRN）通知信息，或者开发单播路由协议运送分组到给定的目标（财政处理如 TOLL，或基础设施数据下载如 CMDD）。

（3）研究中，网络路由协议如何检测启动是另一个有趣的设计选择。事件驱动安全应用（如 SVA，EEBL 和 CRN）网络协议要求事件驱动机制，定期安全应用（如 CCW 和 CVW）要求定期信号机制，用户驱动便利和商业应用（如 Sas，或 RVP/D，和停车地点定位，或 PSL）在要求使用时启动。

（4）网络设计和应用发展的基础设施是另一个要考虑的关键问题。请注意本章提到的"基础设施"仅仅是沿着道路的路边单元，而不是移动基站。基础设施和车辆之间存在两个细微差异：①车辆运动时，基础设施是静止的；②基础设施可能与网络有直接关联，但车辆没有。面向基础设施的方法和无基础设施的方法（或其至两种方法组合）用于实现支持上面讨论的应用或服务的目标。面向基础设施部署的服务取决于如基础设施的可用性、成本和技术。基础设施的可用性促进了便利应用的设计和发展。基础设施可以给网络提供一个可以完成商业应用的设计和部署网关。还要注意的是，基础设施的参与也使安全方案的设计变得更复杂。我们相信 V2V 应用的安全方案与 V2I 应用不同。同时，网络的网关要求 V2X 安全解决方案与现有的网络安全方案可以兼容。

我们通过研究发现，表 1.6 和表 1.7 展示了许多有趣的观察结果，一般来说，许多应用显示出高度相似的应用特性，使得网络协议栈各层具有相似的协议设计。例如：①RHCN 和 RFN 几乎是相同的，除了安全警告信息不同——RHCN 是关于道路危险的，而 RFN 是关于道路特征的；②PCN 和 RHCN 也很相似，除了事件起因数量不同——PCN 有单独的消息主机，而 RHCN 有多个消息主机——尽管从事件起因来讲，这个区别引起不同级别的事件产生的数据流量具有突发性，但这两个应用的网络协议栈仍然彼此相似；③尽管 CCW 是 V2V 应用，而 CVW 是 V2I 应用，但它们仍可以归为相同类型。

总之，前七个安全应用（SVA，EEBL，PCN，RHCN，RFN，CCW 和 CVW）都以 WSMP 格式，利用广播/地域群播路由协议来发布安全/警告信息。另一方面，一些便利应用采用用户触发的单播路由协议使用 WSMP 格式来发送非安全信息，同时一些商业应用使用 IP 协议来提高功能，如服务保障（QoS）路由。接下来，本节建议的研究应用自然而然地提供给它们较小数目的通用/抽象类，这也是下一节的主题内容。

1.4.3 应用分类

通过深刻了解所有研究应用的应用特性和网络属性，我们能将其分成许多通用类。应用分类可以在不同等级进行管理，这取决于设计粒度。例如，简单分类和少量的抽象分类都适合车辆通信应用的高标准概念设计。另外，原型系统的经验设计通常要求竭尽全力，获得复杂的多层应用类别。

在新兴研究领域的初始阶段，高标准的分类足以解决在各种应用中提取主要概念和鉴定协同作用的目的，而不用将复杂问题简单化。随后，基于本次研究的精练和强化的版本来设计和实施经验原型标准系统。这里我们展现一种从网络设计角度来分类上述应用的方法（图1.1）。一般来说，V2X应用能被分为两个显著的通用类，也就是短消息通信和大量内容下载/流媒体。大多数安全和便利应用属于第一类，因为这些应用的信息是WSMP格式的轻量信息。考虑到IP信息格式适合大容量数据（如网页访问或视频/音频传送），大多数商业应用分到了第二类。

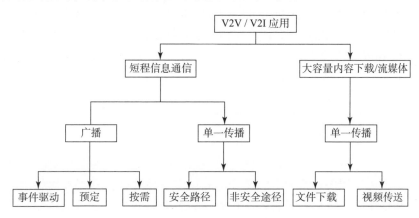

图1.1 网络属性角度的分类

1.4.3.1 短消息通信

首先我们讨论短信息的分类，它使用了轻量WSMP分组。这些分类按照接收模式和路由协议分成广播/地域群播或单播应用。毫无疑问，大多数安全应用需要很多节点（一对多或一对一个区域）发送信息通告，因此它们被分为广播/地域群播类型。另外,许多便利应用(包括支付类型应用)将被分到单播类型。

按照网络协议触发状况,面向广播/地域群播的应用能根据驱动事件、预定的(定期的)和按需的方法进行更深层次的分类。驱动事件分类用于模拟聚焦于危险生活事件的安全应用,预定类适合于要求定期信息更新的安全应用,按需类适合于像停车地点定位的便利应用。另一方面来说,高标准 V2V 安全方案要求保护安全应用不受恶意黑客的侵害。广播/地域群播应用的三个子类如下所示:

- 事件驱动广播/地域群播类:SVA,EEBL,PCN,RHCN 和 RFN 应用,还有 CRN 应用属于这类(类 1)。
- 预定(定期)广播/地域群播类:CCW 和 CVW 应用属于这类(类 2)。
- 按需广播/地域群播类:一些便利和商业应用,例如 SA,属于这类(类 3)。

安全应用中,金融交易的安全路由也在面向单播的应用中有很重要的作用,因此,这些单播应用可以被分成涉及严格的金融交易安全路由的和不涉及安全路由的。我们列出面向单播应用的两个子类:

- 安全单播类:这种方法的一个例子是 TOLL 应用(如支付驾驶和自由流动收费)。因为 RVP/D 可能与车辆控制部分有关,也分到了这类(类 4)。
- 非安全单播类:TP、可停车通告(PAN)和 PSL 应用属于这类。一些商业应用(如 V2V 在线聊天或社会网络应用)也属于此类(类 5)。

1.4.3.2 大容量内容下载/流媒体

接下来重点研究第 2 类应用,也就是大容量内容下载/流媒体,它通常实现 IP 格式的兼容性。因为一对一的通信性质,这些应用经常利用单播协议。从更深一层的内容分类:文件下载或多媒体传送。前者在网络服务上允许短期中断,因此它具有迟滞延时。后者要求相当平稳的流量传送,因此它具有灵敏延迟。很明确注意到一些大容量内容下载/流媒体应用的类型:

- 文件下载:CMDD 应用(如地图数据库下载或网页访问/浏览)是这种方法的例子(类 6)。
- 视频连续传送:RTVR(如通过车辆传送视频/MP3 或从路边单元下载娱乐信息)属于这类(类 7)。

V2X 的 7 个应用和它们网络设计的关键内容在表 1.8 进行了总结。从以上讨论中，我们总结出给定的系列应用可以分为七类。因为这些仔细选择的应用展示许多其他的东西，相信我们的分类方法和结果也能应用到许多 V2X 应用。

表 1.8 七类属性的网络设计注意事项

应用类型	通道频率	信息包格式	路由协议	网络	传输协议	安全
事件驱动广播/地域群播	DSCR-CCH	WSMP	事件驱动多跳广播/地域群播	否	无连接	V2V 安全
安排广播/地域群播	DSCR-CCH	WSMP	预定多跳广播/地域群播	否	无连接	V2V/V2I 安全
要求广播/地域群播	DSCR-SCH/Wi-Fi	WSMP 或 IP	用户按需触发多跳广播/地域群播	否	无连接	严格 V2V/V2I 安全
安全的单播	DSCR-SCH	WSMP	多跳用安全路由来单播	否	面向连接	V2V/V2I 安全
标准单播	DSCR-SCH	WSMP	多跳单播	否	面向连接	V2V/V2I 安全
文件下载	DSCR-SCH/Wi-Fi	IP	多跳单播	是	面向连接	V2V/V2I 安全
多媒体流动	DSCR-SCH/Wi-Fi	IP	QoS 路由的单跳单播	是	面向连接	V2V/V2I 安全

应用分类的潜在好处：

（1）分类结果不仅有助于获取应用的共同特征和技术要求，而且有助于发展常用网络协议栈的鉴定的通用类。不久的未来，拥有对这些通用类和抽象类的深刻了解，对于给定系列相似特性应用程序，我们将能提高其无线网络方案的模块可重用性。

（2）分类结果有利于鉴定各个应用类相关的共同要求和性能指标。它也简化了针对大量应用性能评估的仿真研究的应用建模。通过适当地隔离不同应用实例中通用网络设计，我们认为在没有以详尽的方式利用它们显著的共性的情况下，7 个通用类的模型比所有 16 个应用的模型更有效。因此，通用模型应该满足为定义为特定类的性能指标收集统计数据的需要。为了详细分析，收集特定应用的性能结果，可以通过从通用的模型获取相关的应用作为简单的延伸来实现。

1.5 市场前景和部署挑战

1.5.1 快速普及率

依据 DOT 和联邦道路行政机构数据，2004 年美国有 2.37 亿辆注册车辆。由于基于通信应用的有效性需要一定程度的市场普及率，在短时间内部署大量的装备车辆将是一项挑战。使用车辆制造商的生产信息，可以预测获得饱和程度的市场普及率的持续时间。利用 2.37 亿辆注册车辆和 2005 年选择的汽车制造商生产车辆的总数可以完成推测。假设注册车辆和选择的车辆制造商随着时间保持恒定，推测也假设选择制造者生产的每辆车辆装备 V2X 系统。

如图 1.2 所示，车辆制造商之间的合作战略导致短时内的市场普及率增长。部署刚开始时，即使有些技术对消费者没有直接价值，制造商也给

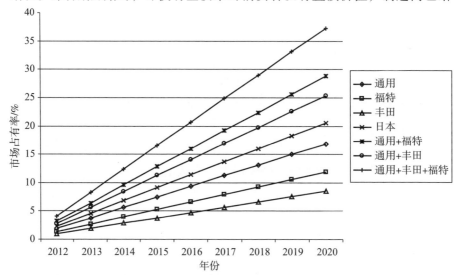

图 1.2 美国装备车辆的市场普及率预测（最好情况）

车辆增加这些技术。因为这个原因，为了 V2X 启用的功能尽快变得更有效，很可能出现一些合作战略。

1.5.2 系统部署选择

V2X 系统部署的各种选择。

（1）单机系统方案：车载 V2X 系统单机实现中，我们预想将一个执行 V2X 功能的额外嵌入式模块加入车辆。这需要充分计算资源的处理器、GPS 接收器和无线收发器、车载网络访问和随意的人机界面。因为完整的车载系统基础设施已被加入到 V2X 功能的执行中，所以这是最昂贵的方法。平均花费将取决于车辆制造商。然而，这个选择很昂贵是显而易见的。

（2）导航系统方案：由于车辆装备了大量存储器、车载网络访问和 GPS，导航系统必须提供充分的计算能力。硬件上，必须增加无线广播装置和天线；软件上，必须增加应用和激活的通信协议（包括安全）。然而，V2X 的发展和导航系统的发展相互促进和制约。2006 年北美期望 150 万～200 万辆车辆配备车载导航系统。到 2011 年，期望这个数据急剧攀升，保守估计总数达到 650 万左右，但是到 2011 年，车载导航系统的容量可能达到大约 900 万（ABI 研究所，2009）。这符合少于 4% 的整个急速普及率。

（3）远程信息处理系统方案：这个选择与导航系统方案相似，V2X 已经拥有所需的大部分系统构架。在硬件方面，必须增加无线电设备和天线；在软件方面，必须增加应用和包括激活的安全通信协议。远程信息处理系统方案的优点是安装的远程信息处理装置的数量远远大于导航系统。远程信息处理服务提供商 OnStar 目前拥有 400 万订购人，2008 年的模型中，通用汽车生产的 50/54 的车辆会有标准化的 OnStar 系统。OnStar 服务也适合 Acura 和 Lexus 车辆。目前独立的远程信息处理服务提供商 ATX 有 700 000 订购人。ATX 目前的顾客包括 Mercedes（Tele Aid）和 BMW（Assist）。

（4）售后市场收发器：这个选择是售后市场方案，它能使旧车辆像通信车辆一样运行。售后市场收发器方案有两个具体化的潜在类型：一个消极版本和一个能连接车辆系统给顾客提供完整扩展方案的整合版本。在消极方案中，报告 GPS 信息给监听车辆的设备提供支持 V2X 通信所需的一切。然而，除了其他装备车辆可以看见单机接收器的顾客的车辆，由于没有信息回馈给顾客，他们从设备收不到任何直接利益。在整合方案下，设备提供给顾客功能齐全的 V2X 系统。这种类型的实现，连接到车辆车载诊断连接器的装置，可以与车辆 GPS 系统和激活的车辆显示器或可听见的铃声相连接。整合的售后市场收发器的一个例子是小装置，它可以插入车载诊断系统（OBDII）连接器，通过驾驶员信息中心（DIC）提供报告信息给驾驶员。

1.5.3 市场普及率分析

目前，随着合适市场推广策略克服了许多应用要求的初期市场普及率的问题，关于如何经济地部署通信技术没有共同观点。基于通信系统直接受到网络的影响（如这个技术对顾客的价值将随着市场普及率的增加而增加）。对于 V2V 系统，一旦最小市场普及率提供充足的 QoS，顾客将会感知到其价值。不同的应用特征需要不同的临界值来使这个技术变得对顾客有用。基于市场普及率的所有情况下的部署确保顾客可以从部署应用收到量化的利益。所有情况下，顾客可感知的利益将随着市场普及率标准的增长而增长。出于这种考虑，部署的最初特征将会是非常低的市场普及率标准要求的简单应用。这个部署策略也允许我们在系统应用上获得有价值的学习经验和帮助构建客户信息。现在讨论的是 1.2 节定义的不同的广泛的应用家庭的预估最小市场普及率标准。这些预估基于该领域的初步研究和对顾客有用的普及率标准的工业判断。

1.5.3.1 便利（交通管理）和商业应用

这类应用要求的最小要求市场普及率估计是很低的。这些应用将通信基础设施当作催化剂，因此，即使在低市场普及率下，也可以看得见车辆用户的利益。虽然这些可能表明，这些应用第一次出现，也必须有可利用的道路基础设施给车辆提供服务。假设这样的基础设施存在，由于车辆和基础设施能够通信，一些特性可以提供给顾客直接利益。在装备车辆的有效收集数据进行可行的交通管理功能之前，某些便利（交通效率）功能可能需要最小普及率。在不影响功能的可靠性情况下，车辆收发信息的等待时间相对较长。

1.5.3.2 安全应用

对于安全应用提供报告信息，它期望驾驶员能从较低的市场普及率标准开始认识技术的价值。这些数目看起来很有前景，我们需要研究这些类型的利益特征来决定它们给消费者在安全和便利上的实际价值。由于事故减少，仿真研究可用于估量事故减少和交通效率提高的类型应用的利益。这些报告特征类型的最小市场普及率最初是以非常低成本的通信技术和驾驶经验附加值的形式激活。然而，当驾驶员收到他们本来不想要的信息时，他们会质疑功能较少系统的可靠性或实用性。为使这些特征拥有价值，需要最小系统普及率，以便由装备车辆生成的报告信息不间断地转播给其他车辆，让顾客得到利益。如果大范围内发布应用信息，可能需要智能存储器和多条信息转发方案。

为了安全应用，可以提供警告信息，需要更高地预估最低市场普及率标准。通信技术不是这些特征的促成者，因为自动目标检测传感器可以实现这个目标，同时提供给驾驶员重要的可靠性。然而，提供警告特征的大量自动目标检测传感器非常昂贵（因为需要多样传感器），因此自主传感器不能广泛部署在每个车辆。趋势显示了目标检测传感器的市场普及率非常低，它们仅仅用于奢华的车辆。V2X 技术能够提供基于单个传感器的明显较低成本的特性。明确的市场普及率标准特性会让大多数驾驶员都受益，而随着市场普及率的增加，系统将会提供更多的可靠性，因此这些都是有争议的。即使在合适的普及率标准下，传输安全的社会利益也会非常重要。因为目前的趋势显示，基于自动感应的报警系统的市场普及率标准非常低，社会要求减少每年重大车辆事故发生的情况下，V2X 可能会提供低成本的技术选择。

对安全特征而言，当驾驶员开始认识到系统提供给他们有用警告时，定义市场普及率标准将会是一个很大的挑战。然而，在社会利益方面，对于已装备设施的车辆组来说，车辆事故、财产损失和个人伤害都需要有很大程度的减少。当系统高度可靠时，碰撞避免控制特性会自然被引入，这将暗示着非常大的市场普及率。由于快速普及率的要求极度高，如果政府强制实施这些技术和系统，这些类型的应用可能只在近期有效，同时也会加速装备所有未装备的车辆。

1.5.4 系统应用

基于成熟的无线技术、先进的定位技术和积极的市场普及率预报,期望 2012 年第一批 V2X 应用能够进入市场。在快速普及率标准方面,V2X 技术的深入发展甚至进一步增长将使 V2X 的事故警告特征成为可能。关于技术进步和快速普及率方面,V2X 特征部署的进展如图 1.3 所示。

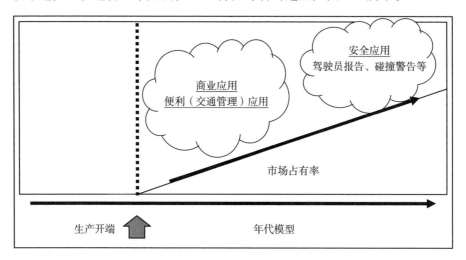

图 1.3　V2X 特征部署的进展

1.5.5 基础设施任务

如感知的交叉口或路边单元,与这些基础设施部分相连接的应用,将随着这些有用的结构被部署。考虑到基础设施硬件的实用性,由于顾客可以直接得到好处,基础设施特性对车辆制造商非常有吸引力。因此,在 V2I 特征的部署中,需要解决唯一的市场普及率问题是基础设施硬件本身的部署。考虑到硬件装置要求的支持 V2I 特征的数量远远少于通信车辆要求的支持 V2V 特征的数量,这个提议似乎相当有利。然而,依据政府官方或车辆制造商和私人实体建立的协议,基础设施硬件的部署和保持需要自主权。这些交叉口的性质使预估这些服务的实用性变得困难。这与 V2V 特征的部署形成对比,车辆制造商控制了部署系统的实用性和时间选择。

车辆基础设施集合（VII）是美国政府赞助的活动，它面向全国部署DSRC通信基础设施。这个结果主要是对方案论证的演示以及最终进入现场操作的测验。当所有车辆制造商积极支持 VII 时，一些人表达了对于政府部署和维护大量基础设施的担忧。到现在为止，这个不确定性使得车辆制造商利用通信基础设施的特性建立一个商业案例已经变得困难。

针对高风险区域（例如高事件交叉定位或有很多道路出发的曲线定位），一个不那么高远的（更容易实现）选择可能更加切实可行。高风险区域的基础设施给早期采用者提供直接的安全利益。为了能够在恶劣环境中支持全国性的安全方案和提供定位辅助，部署任何国家的基础设施都是非常可取的。

1.6 结论及总结

本章我们系统地分析了各种通信车辆应用的特性，并将它们分成几个主要的通用类。这些应用特性和分类工作促进了应用网络协议栈的设计和实现。为了更好地获得各种应用的性质，我们首先提出应用的一系列特性，包括应用特性和网络属性。然后，我们仔细研究和分析了 16 种 V2X 应用的属性，并展示了应用的三个主要类：短消息广播类（安全应用）、按需短消息单播类型（便利应用）和大容量内容下载/流媒体（商业应用）。最后，应该清楚每种类型应用已经发展的性能指标和 QoS 需求的列表。这些都可以用来评估应用的性能趋势和网络协议。

应用特性和网络属性的分析、各种通信车辆应用的分类和对本章出现的每种应用的关键性能指标的需求，给我们未来发展各种通信车辆网络协议堆的任务带来一些启发。进一步考虑到网络协议模块的可重用性（或建立宏块），当前应该继续进行与车辆有关的通信应用的 7 种通用类的可能网络解决方案工作。具体地说，分解不同类型应用中一组机械基础模块的网络协议栈，我们应该进行调查设计，以便最大化各种应用的公用基础模块的可重用性。

发展和部署基于通信的 V2X 系统，将要克服许多其他的挑战。其中一些挑战首先与通信技术、定位和应用的规范和发展的演变相关联，最早部署在下一个十年的少量驾驶员辅助应用，利用增长的市场普及率和通信基础设施可用性，将促进附加应用的发展。

2

政务应用和军事应用

Anthony Maida
EF Johnson Technologies

无线技术自 20 世纪 90 年代引入以来,已经成为迅速增长的消费行业。但是这项技术一直未受到关注,直到最近随着新一代消费者眼界的不断开放,公共安全部门和军事部门才开始专项发展该项技术。本章介绍了 Wi-Fi 应用的历史背景及其发展前景。

2.1 引言

由于面向商业和家用的 Wi-Fi 产品被越来越多的集成运用在诸如车载环境等应用中,Wi-Fi 行业的市场发展趋向于平缓。由于汽车企业的目光不会局限于单一的车辆市场,且车联网这个纵向型市场还未被完全开发,仍具有较大的发展空间。无论该应用的市场前景如何,通过无线通信来提高数据资源的传输效率,都是市场发展的最终目标。

本节深入介绍了车联网在公共安全和军事应用方面的发展,按照车联网的发展历程,介绍了其发展中的历史事件以及业界对于提供市场新需求的反应,探索当前使用的不同网络结构以及当前设计或处于原型发展阶段的应用前景。如未特别指出,以下描述的全部应用场景,都是基于作者在 3eTI/EF Johnson 的工作经验。

2.2 基于急救人员的车联网

2.2.1 公共安全通信

当我们想到公共安全,首先映入脑海的通常是警车或救护车。这些车辆通常作为急救人员的移动办公室,且这些办公室必须满足一些基本要求。对于任何移动办公室,实现双向通信是最关键的需求,这可以通过多种不同的方式来实现。直到 1995 年,我们还只能通过车载的无线电设备建立上述的双向通信链路。无线电设备为应急人员建立连接,将信息及时反馈给中央指挥中心和附近的其他办公人员。但无线电通信系统的缺点是不能保证无线电对急救人员车辆的覆盖率达到 100%。

此时,个人电脑很快成为其他很多办公室的主流。车辆办公室里笔记本电脑的成本高到让人望而止步的程度。但到 1995 年,人们利用蜂窝数字分组传输技术为警车上配备了第一台笔记本电脑。虽然这项技术在今日看来比较简单,且传输速率只为 19.2 Kb/s,但是由于协议开销和信道拥塞等原因,实际传输速率只有 10 Kb/s。另一种方法是采用公共双向广域分组数据网络,传输速率范围从 4.8 Kb/s 到 19.2 Kb/s,这种网络更适用于基于短脉冲的数据包来传递快速消息。现在还出现了一些其他的技术,但是对于当地和州政府机构来说这些技术的费用高,一般为国家政府所使用。这些系统包括各种卫星网络,如铱卫星 IRIDIUM、低轨卫星移动通信系统 Teledesic。

对于许多办公室来说,更多需要的是一种实时在线的互联网通信信道,但是急救人员的移动办公室仍需要通过蜂窝网络拨号连接来建立通信信道。拨号连接耗时较长,因此建立实时在线的互联网连接是非常必要的。虽然通信公司正在大力研发针对企业客户的车载调制解调器,但最初他们的目标却是急救人员。调制解调器将会作为当前车辆设备和迅速发展的蜂窝网络的媒介。车载无线电设备能够通过 RS-232 提供的串行接口转换单元来为调制解调器选择发送路径,尽管无线电设备还不具备 IP 语音能力，它的固件仍可以通过核心控制办公室进行无线更新。车载电脑可以通过调制解调器获取传输路径，改变了每台电脑需要单独配备手机卡的情况。当车载调制解调器可以提供实时在线的因特网连接时，它的第一代设备连接速率只有 14.4 Kb/s。虽然它的连接速度低于当时的其他互联网，但这样一个强大的网络在车辆上总比没有要好得多。

在忽略网络带宽较小的情形下，公共安全部门可以实时访问基于文本查询的车辆巡逻的报告。这种技术使得应急人员在犯罪现场的通信更有效，日常通信站点的通信越快，可以捕获更多被通缉的逃犯，更快地解决犯罪活动。此外，自从基本的报告可以通过电子文本的形式输入报告里，在管辖区内便不再需要工作人员填写手工文件。通信问题似乎已经解决，然而，不能仅仅只满足于通信需要，我们可以增加更多的功能来突破通信要求。这仅仅是一块垫脚石，它将会为采用车辆无线网络的很多不同场合做好准备。

近 7 年来，通信系统的性能没有发生改变。2001 年 9 月 11 日发生的事件使政府向世界技术部门发出号召，要求提高当前的响应、救援和防止恐怖袭击的基础设施能力。企业变得更加敏感，同时意识到为保护公共安全而奋斗在第一线的应急人员的困境。为了保证新产品的开发，许多销售工程师被派遣去司法办公室以确定场景和需求。由于频率变化及车辆没有安装正确的天线，导致美国大多数代理机构没有能力通过州政府线路进行通信，其他代理机构也是如此。针对此种情况，3eTI 公司开发了满足产品需求的无线视频服务器 AirGuard^{TM} 3E-528Q。

即使在这之前，公共无线设备通信的需要已经被确认：同一年，已引入新移动电话概念和按键通话系统（Nortel，2006）。在全国范围内，体验过移动电话的手机用户都喜欢这种同类型的通信技术。通信是一种即时的电话会谈，还可以保存电话记录。因此需要以某种方法对车辆通信系统和移动网络进行整合。

2.2.2 车辆通信

由于大多数美国应急人员的车辆所配备的车载调制解调器系统比较老化，需要升级，其解决方案是利用中央集群系统的 IP 语音包传递声音，充分地整合车载通信系统和车载无线电设备。把这些处理的数据发送到其他中继系统，反过来可以无线传回模拟信号的信息，通过没有码分多址

(CDMA)网络的车辆系统接收这些信息。当应急人员在车辆外面的时候,车辆作为媒介,安装模拟的 CDMA 转换器。所以如果现场需要办公人员处于车辆外面,无线电设备首先通过车辆传递,然后同步跟随。与此同时,需要一个支持移动和持续链接的网络。最新集成的车载调制解调器,利用 IEEE 802.11b 和 IEEE 802.11g 网络(Miller,2009)创造了移动热点,现在应急人员能够连接他们车辆的访问接入点,犹如他们在家或者在办公室。这些车辆从作为简单的办公室,逐步成为无线电设备通信的移动路径中心。

随着新兴技术的发展,对车辆现有技术进行了补充以提高响应时间效率。2003 年,紧急服务中的配置电话呼叫,可以避免陷于危难中的人们将宝贵时间浪费在试图定位和部署距离现场最近的急救者上。电话呼叫中心没有洞察应急人员的实时位置的能力,没有优先提出全呼叫。车载 GPS 和 Wi-Fi 定位服务器的到来,在解决这些问题上取得了很大的进步。用一个综合的方法,每台车辆配备一个更新的调制解调器来充分利用基于 Wi-Fi 三角定位算法和基于 GPS 定位服务器的方法。每台车辆的位置会被实时地传回电话呼叫中心,同时清晰地显示在屏幕上,来完成各区域的地图。当求救电话打过来时,增强的电话响应系统会自动输入地址,最近车辆的实时位置会显示在屏幕上。通过无线电设备通知最近的急救者,信息会发送到他们的车载电脑上,急救者会在 1 分钟内赶到现场。如果没有路由中心和定位服务,这一步将不会实现。

然而,路由中心的想法是需要另外一个步骤,而不仅仅是无线电设备通信。每辆车都是一个被隔离的办公室,通信需要选择路由到达中央枢纽,然后经过同样的距离返回,这可能只有仅仅两英尺[①]远。计划的延迟不是应急人员最感兴趣的,而与邻近车辆的互相联络是一个要解决的新问题。

第一个可靠的计划,现场的第一个工作人员安装车载通信系统作为访问接入点,所有随后的急救者可以连接到一个路由器使得顾客间通信变为可能(Miller,2009)。然而这些都只是理论上可行的,如果有危及生命的情况正在发生,那么每秒都非常宝贵,此时让应急人员记得安装车载网络是不切实际的。这些都会导致对问题的可能性和可行性方案需要进行更多调查。

与此同时,2004 年在研究网络互连的解决方案时,IEEE 引入关键的新标准。IEEE Std 802.1D(2004)提出了在无线网状网络中节点间的生成

---

① 1 英尺 = 0.304 8 米。

树协议。新成员通过有线接口接入网状网络，没有必要每次都重新配置；网状网络可以每次进行自我重新配置。这里不需要手动创建或者重新配置一个中央集线器（也有的称为根节点）。

自从办公室里配备上网状网络，现在的任务就是把这些网络带入车辆环境中。由于有线连接和无线连接有相似之处，生成树协议没有区分网络节点的连接类型（IEEE Std 802.1D，2004；IEEE Std 802.1Q，2006）。有一点需要注意：车内路由器同时需要无线客户端和无线桥接器。客户端连接主网络，允许通信返回到中央指挥中心。无线桥接器需要创造 Ad Hoc 局部网络，让在范围内的其他车辆来进行车与车（V2V）之间的通信。只有应急人员车辆装备了新的调制解调器，才可以实现创建网状网络的能力。

Mesh 网络让应急人员能在他们期望的速度下进行无抖动或延迟的信息分享。装有监控摄像机的车辆可以对同事进行现场直播，当车辆通过 IP 语音会议保持通信时，无线电设备维持静默。除此之外，为了应急人员的无线访问，城市摄像机会被不断更新。通过在大都市周围策略性地放置的摄像机的使用来获得对实时情况的认识，将视频传到舒适和安全的车辆上。在不会发生额外风险的情况下，做出救生的决定。车辆现在成为应急人员的移动办公堡垒，任何事都在他们掌控之中，从车辆上就可以解除任何状况。

2.3 公共安全车联网的需要

公共安全的无线通信很大程度上取决于通信系统的鲁棒性、可靠性和有效性。过去的几十年里，为了获得这样的系统付出了非常高的系统成本，并经常基于专用解决方案，缺乏互通性。面对严格的成本约束，需要保证不同机构的互操作性，并且希望包含现有的可利用基础设施，通过利用现有技术结合专业和商业通信系统的机会，越来越多地吸引公共安全团体。

公共安全团体最基本通信需求是基于无线电的语音通信。这种类型的通信允许调度员指挥全体人员到达事件发生的地区。在发生大规模灾难的情况下，市场开始出现跨机构通信的发展趋势。2011 年 9 月 11 日，当许多机构对纽约恐怖事件做出了反应时，出现了最值得关注的大规模的应对措施。最基本无线电技术的状态不能满足在那一天出现的无线电通信的日益增长的需求。无线电通信的干扰淹没了频段,并在可以拯救更多生命的重要信息传递方面造成了重大的失败,由于没有办法向处于世界贸易中心北楼的人传递关于南楼倒塌的信息,导致很多应急人员的死亡。更引人注意的问题是1993年也出现过和现在技术同样失败的情形,但是没有得到任何的解决。为了争取效益更高的消费者市场,更多的焦点放在发展更快、更可靠的通信上,然而此区域已被遗忘。

这种失败背后的原因不能归因于一个根源。很多机构的车辆仍然使用不可靠的没有备份系统的模拟无线电设备。在袭击中,蜂窝塔被破坏,导致选择通信的失败。烟雾和混凝土的灰尘增强了空气的衰减,产生了地面通信的暂时中断。纽约消防局继续利用单一的通信频道,导致频宽的过载。救援医疗服务(EMS)工作者很大程度上依赖于全市的频道,频段的拥塞引发了相似的过载和通信失败。无线电频段的问题如表2.1所示。

表2.1 美国甚高频和超高频的分配与问题

频段	频率	问题
甚高频	25~50 MHz	很多商业应用在此频段,但过度拥挤 目前没有生产公共安全质量的无线电
甚高频	150~174 MHz	容量不足 配置效率低下
超高频	450~512 MHz	都市区域极度拥挤 其他区域大量占用
超高频	700 MHz	电视台封锁 加拿大/墨西哥边境问题 商业装备引起干扰 成本过高
超高频	800 MHz	非常有限的容量 商业用户的有害干扰 成本过高

数据来源于FCC网站(2009)和FCC:工程技术办公室政策和法规部门(2009)

甚高频频段的每个频道大概使用12 MHz,表中范围表明,在25~50 MHz有两个频道,150~174 MHz有两个以上的频道,这些都是确定的。特高频范围的频道使用翻了两倍多,每个频道大概需要26 MHz。在450~512 MHz范围内,总计有其他两个可利用的频道可用于公共安全方面。由于信号接收问题，城市区域不能使用 700MHz 和 800MHz 频段（Homeland Security，US Dept. of 2009）。事实上，灾难事件现场中有数以百计的应急人员，6 个通信频道用于让他们了解生死状况远远不够。

无线电设备是传递语音通信的主要媒介。随后发展成为允许通过相同无线电频段进行语音和数据的传递。问题在于有能力接收传递信息的人员是同一部门的其他应急人员。在灾难中，不能通过不同部门或者机构协调通信。常见的无线电系统有 3 个分离频道：车对站、站对车和车对车。它的缺点是通道一次只能有一个通话者，全体人员必须等待前面的信息完成传递，然后发送他们自己的信息。车联网的网络可以用额外的通道资源进行语音通信。而且，可以根据实时状况的认识建立连接车辆摄像机的视频通道。在事件中，如果没有可利用的语音通道，短信息服务可利用私人信息进行网络传送，这样可以立刻传递重要的消息，而不用再等待传送机会。

为了减缓频率不足和提高无线电频段效率，开发集群系统是一种可行的解决方案。这是通过计算机控制系统来使许多机构可以使用共同的无线电设备通信的第一步，当一个人试图通话时，该计算机控制系统将所有可用频率保持在池中并分配开放频率。创建通话组以实现一种一对多的类型的传输，其中可以进行通过无线电的电话会议。尽管这些集群系统的整体效率有所提高，但也带来了不合理的价格标签。这是由于人们对基础设施需求的改变完全取代了中继系统在城市中的位置，新的集群系统可以兼容无线电设备更新的需求。有些部门很幸运地拥有兼容的设备，只需要支付更换无线中继系统的费用；有些部门就不那么幸运，他们可能收不回成本。由于没有经济有效的替代可供选择，许多机构被迫使用常规无线电。这种情况一直持续着，直到无线网络进入市场，开发出利用这些设备实现车联网的能力。车联网为弥合通信差距、提高通信效率和最终在以前被限制访问数据的车辆上产生办公室的感觉铺平了道路。

2.4 车联网技术的现状

车对车（V2V）通信连接的建立，有助于在需要的时候获得一个安全和更有效的应急响应，同时也使车联网正在变成一个越来越受欢迎的探索领域。目前在应急人员车辆应对使用的技术所面临的公共安全机构面临以下挑战：

(1) 缺乏机构间语音通信协同工作的能力；

(2) 频带宽度受限，限制专有的窄带网络的流量；

(3) 在响应中，无法访问犯罪记录或者医学记录；

(4) 办公室资源完成现场报道的必要性；

(5) 缺乏对事故情形的全面认识；

(6) 需要稳定和彼此协作的符合标准的网络。

企业设计了面向应用的环境，并考虑了以上缺陷。目前出现的技术是由 SAFECOM（2009 年美国国土安全部）在 2004 年提出的要求声明（SoR）驱动的。这些需求的主要愿望是创建能够无缝地进行数据传输和接收的网络。

公共安全车辆环境主要利用以下三种网络架构：事件区域网络（IAN）、管辖区域网络（JAN）和扩展区域网络（EAN）（Miller, 2009）。

2.4.1 事件区域网络

当需要对现场做出反应时，事件区域网络允许创造临时的网络基础设备。这些网络使用现有的 IEEE 802.11 无线局域网和最初为用户设计的无线 Ad Hoc 网络技术。事件区域网络被设计为有能力适应任何给定事件的物理环境。这些网络最初的目的是创建具有连通可以进入和离开事故现场的公共安全通信设备的体系结构。通过利用基于演进标准的 IEEE 802.11 集合的无线局域网设备，可以容易地实现这些网络。Ad Hoc 网络模型激发了事件区域网络应用的很多兴趣，就像更多的公共安全人员寻找网状网络体系，这些设备能够有效地创建出事件局域网络（Miller, 2009）。应急人员面对的典型情节是活跃的射手、人质、路障、贩卖毒品、危险材料泄露和其他特殊事件。

建立的事件区域网络是一个隔绝或者隐藏的主干网络，所以这种网络的多功能性证明了其在紧急响应情况下的价值。事件区域网具有使用多种标准的灵活性，例如用于桥接的 IEEE 802.11a 和用于通信的 IEEE 802.11g。当要获得主干网包含物时，网络中简单的适用事件区域网络设备通过以太网连接到另一个提供互联网连接的基础设施设备上，这是形成管辖区域网络的前提，将在本章后面解释（见 2.4.2 节）。理想的事件区域网络是自成型的，需要很少或者不需要设备以便操作。一些车联网设备具有其他设备没有的自形成网状能力。自形成网状能力的车辆可以创建零点设置的事件区域网络，为响应者提供视频、定位、信息、电话、视频会议、紧急消息传递、数据库翻译、分页、文件传输和网页浏览等服务。事件区域网络将传统的家庭网关和 Ad Hoc 网络桥接架构结合起来，创建了用于不同国家大型语音和数据系统无缝连接的共享网络。其他情节有可部署的快速工具包，它有操作模式、信号和安全密钥的预配置。这些工具包包括移动访问点、储存能量的电池和一个或者两个放在三脚架上的摄像机。需要的所有设置是为了定位工具包、对准摄像机和轻击电源开关。几分钟内，这些工具包直接提供视频和音频流给应急人员的车联网。

事件区域网络使用的技术正在缓慢地改变。目前状态使用的是工具包的双重无线网卡访问点和车辆的双重无线网卡路由器。在双重的无线网卡设计中，第一个无线网卡提供主干网络、外界网络和信息保持连接的链接，第二个无线网卡提供 Ad Hoc 网络桥接能力。创建的网状网络协议仍然是不标准的，每个供应商使用不同的创建和维护网状网络的方法，因此，每个车辆必须配备有相同供应商的设备来组建网状网络。这种技术正在走向标准化，它将会允许事件区域网络使用多供应商网络。此步骤的关键在于 IEEE 802.11s（IEEE 802.11s-D0.3 2006），其认可和采用是促进网状网络标准化的需要。其他供应商在利用单个无线电平台实现网络连接和桥接能力。这通过使用单个的无线电的同时实现虚拟连接。目前正在解决的这种网络类型的缺点是带宽能力的降低和在高流量负荷下引起的数据丢失（Camp 和 Knightly，2009）。

2.4.2 管辖区域网络

管辖区域网络为车载无线系统的语音数据传输提供永久的网络基础设备。它的网络基础设施类型利用 IEEE 802.16e（注册在 IEEE Std 802.19 2009）的移动宽带无线网络和网状网络技术，作为众多供应商之间互通性的标准方法（IEEE 802.11s-D0.3 2006）。这种网络体系结构补充了现有的扩展区域网络，本章后面将对此进行讨论（参见 2.4.3 节）。事件区域网络结构的目的是成为临时的网络基础设备，它的设计是利用现有的永久扩展局域网络或者管辖局域网络的设备维持与互联网资源的网络连接。因此，根据定义，事件区域网络保持与管辖区域网络之间的连接。管辖区域网络基础设备历来具有模拟语音功能，这种功能的创建是为了可以利用地面移动无线电（LMR）覆盖特殊地理区域。近年来，出现集中宽带服务的蜂窝通信以补充管辖区域网络的范围和性能的这种需求不断增长。

当前存在的系统利用了未经授权 2.4 GHz 和 5.8 GHz 频段的 802.11 技术提供管辖区域网络的网络性能。例如，和华盛顿特区的美国特勤处一样，EF Johnson 为加拿大、多伦多、美国巴吞鲁日和洛杉矶建立这样的系统。这种方法因为在偏远地区存在连通性的问题，所以那里无线基础设备访问点无法联系到提供互联网连接的管辖区域网络。故提供 700 MHz 和 4.9 GHz 频谱中的公共安全特定频率，这些频率不与商业或消费者市场共享。4.9 GHz 频谱与当前 2.4 GHz 无线设备的频谱完全不同，除了需要特殊设备来访问这些设备。在 700 MHz 部分频段，美国通过从模拟向数字电视过渡的延迟阻碍向更统一系统的发展。每次延迟减少了创建试验台的机会，以及通过实时系统的观察和使用取得更大进步的机会。

管辖区域网络的主要目的：在移动中提供可靠的连接环境，并且在需要时提供对临时 IAN 的网络访问。其中一个最令人惊讶的结果是 700 MHz 甚高频（UHF）频段的移动作为当前无线设备运转的微波 GHz 频率的替代。理论上，700 MHz 系统吸引大多数公共安全工作人员负责管辖区域网络（JAN）的创建和集成，它的实现范围将有效地连接全国性的系统。当蜂窝塔被放置在开放空技能和最小的空间时，所有方向上大约 160 km 内都可以获得信号，即使在市区或者山区，在 55~65 km 范围内也可通过使用单个移动塔而获得信号。这减少了对多个小区塔的需要以创建车载网络可以连接的固定基础设施。

这种技术的当前状态仍然处于发展阶段（截至 2009 年春季写这一章的时候）。最显著的发展项目是摩托罗拉公司在皮内拉斯县佛罗里达州的温室计划（Motorola Corporation of Schaumburg, IL 2009）。这个项目使用了一个原型系统，支持 460 Kb/s 的传输速度，在 700 MHz 频带提供无线语音和数据通信。该原型系统使用了即将被用于公共安全的信道 63、64、68 和 69，并利用改进的时分多址接入方案——可扩展自适应调制（SAM）空中协议。

可扩展的自适应调制空中协议是通过电信工业协会（TIA）采用宽带传输的标准方法，利用现有的 IP 网络标准和技术以及全双工和视频流的语音互联网协议（VoIP）。自从 2001 年系统安装以来，系统的潜在使用案例正处于试验阶段。包括儿童失踪期间小孩照片、发生抢劫的监控视频、消防员模板、在押犯罪嫌疑人指纹和追求实时直播视频的传送；战场上军官和指挥中心的视频会议；进行远程形势分析的能力。该原型系统安装在选定的 Pinella 县 Sherriff 办公车辆、EMS 救护车、消防队救援车、副总车辆和移动设备。这些装置提供了通过触屏用户界面操作和访问系统，并与其他机构通信和共享信息的能力（Motorola Corporation of Schaumburg, IL 2009）。

管辖区域网络的持续演进在两个不同方面受到阻碍。首先，公共安全组织希望有一个完全可互操作的系统，通过该系统，用户可以完美地将其车辆网络从 700 MHz 系统转换到 4.9 GHz 系统，最终再转换到 2.4 GHz 系统，而在整个转化的过程中不需要不同的设备来实现每个步骤。然而联邦通信委员会（FCC）的所给的模板标准使得这一要求不可能实现，因为它们不符合 802.11 社区的标准。通过对 4.9 GHz 和 DSRC-A 到 D 的掩码比较，说明信号当前是不兼容的，如图 2.1 所示。另一个不足是这些频段已经被授权，并且 FCC 规定的授权成本可能会受到限制从而不利用技术机构进步，如在美国设置的较小区域。更复杂的是在编写本报告时主要国家所面临的经济紧缩。技术公司的精简预算阻碍了技术的发展，如 WiMAX 和

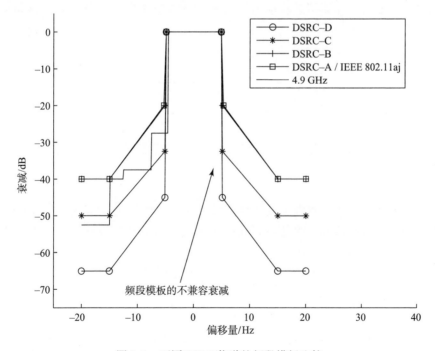

图 2.1　不同 DSRC 信道的频段模板比较

Mesh 的网络标准化等,它的两个关键组件是创建一个具有成本效益的管辖区域网络。公共安全官员目前面临的困境是是否将资源用于目前可用的 2.4 GHz 系统,然而这些系统不能满足他们的所有需要,或者等待 4.9 GHz 和 700 MHz 系统有更好的解决方案。即使他们等待,授权问题可能仍然是禁止创建管辖区域网络,因为许可证具有排他性,最终每个用户必须拥有一个。如果 FCC 放宽了强加的规定并创建了具有非排他性的传输许可证,而不要求用户必须持有许可证,那么 700 MHz 和 4.9 GHz 频段的 JAN 将成为现实。管辖区域网络的架构是创建 EAN 以绑定从海岸到海岸的所有资源的关键组件(Miller,2009)。

2.4.3　扩展区域网络

扩展区域网络适用于公共安全,是由地方、州政府和国家网络资源集成的,这些网络被用于替代或者作为一部分当前地面移动无线电系统和 IEEE 802.16e 协议设备。扩展区域网络不仅包括管辖区域网络和事件区域网络,并覆盖到邻近司法管辖区。三种不用类型网络基础设备的结合如图 2.2 所示。

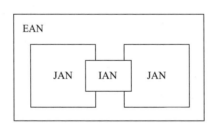

图 2.2　扩展区域网络、管辖区域网络和事件区域网络的概念框图

如图 2.2 所述,管辖区域网络和事件区域网络只是扩展区域网络的子集。预计扩展区域网络将使用管辖区域网络类似的基础设施设备,但是现在扩展区域网络的无线类型是不存在的。互联网和地区公共安全网扮演当前的角色,直到 WiMAX 系统全面实施,扩展区域网络作为有线场所用于管辖区域网络连接。

由于目前使用的网络体系结构仍然在很大程度上依赖商业上可用的无线局域网(WLAN)产品,因此出现了车辆标准的需求。IEEE 一直致力于通过 802.11p 修订 802.11 – 2007 标准。p 标准设置了一种方式来增加车辆环境的无线访问。它定义了增强标准，当路边基础设施在 5.9 GHz 频段运行时，要求高速行驶的车辆支持手动切断。一旦这个标准实施，商业上可用的 802.11 产品将功能增强到此标准。当公共安全专用设备在未来几年里被创造出来后，就可以利用非公开的安全信道完成管辖区域网络的创建。完全连接的车联网能够处理车辆在行驶中的高速数据传输，它的建立将提高应急人员实时地与其他机构和组织共享信息的能力（Jiang 和 Delgrossi，2008）。

  这些网络可以实现一种常见情况即紧急医疗服务单位应对医疗状况的响应。救护车将配备网络连接，让医务人员在途中和医院工作人员创建连接，能够实时传送患者的病情。患者个人信息和病情将通过无线设备传输到医院的系统进行实时记录。这样，当患者到达时，可以省去纸质的记录报告移交。由于显示器和关键设备是无线的，患者进入医院时，它们会提供便捷的服务。医院里的医务团队可以取代目前连接患者的监视器和设备，带来的可能是以前的患者，这样就省去了断开连接，并重新连接一个危重患者。在这种情况下，通过此方案可以节省宝贵的时间，从而拯救更多的生命。

  另一种常见情况是消防队员面对住宅火灾的反应。一旦呼叫中心接到火灾的电话报告，反应者被派遣到配备网络的应急车辆，呼叫中心会实时地追踪反应者的 GPS 位置。事件管理系统给全体工作人员提供相同配备的车辆并进行追踪，当他们救助火灾受害者时，他们的位置和状态将被传递给消防队员、医院和现场指挥官。虽然消防队员在途中，楼层平面图、单元住户、消火栓位置和压力以及任何相关的医疗信息通过现场指挥官自动传递到车载电脑，并做出实时的情况认知。现场应急人员将创建一个有所有车载摄像头或者现成工具包的事件区域网络，这个网络必须具有在几分钟内建立提供实况视频给其他反应者和现场指挥官的能力。所有捆绑在一起的项目将创造一个更有效的反应和提高的认识，并具有在其他不幸的情况挽救更多生命的潜力。

  最常见的情况是执法人员引起的日常交通中断。在交通中断期间，网络连接的警车需要有访问全国范围内信息的能力，完成犯罪嫌疑人逮捕令的深入检查，而不需要呼叫指挥中心来处理相同的信息。搜索产生的有效通缉令，包括照片、指纹和犯罪信息的全部细节的正面查证将实时地传递到车载电脑。犯罪嫌疑人随后将被逮捕，并配备无线射频识别（RFID）标签，这将有利于追踪在运输途中有逃跑能力的犯罪嫌疑人。在抓捕过程中，将以数字的形式记录审问、警告、证据收集和其他日常逮捕活动，并实时传送到指挥中心。现场会将指纹读入系统，以减少逮捕嫌疑人的处理时间。一旦这些指纹信息被传递给相关部门，工作人员的车辆以及任何犯罪嫌疑人与逮捕警官车内的谈话记录，都会被实时追踪。在犯罪嫌疑人的审讯中，所有记录将作为证据移交给检察机关。这将使逮捕过程不需要书面报告，并允许简单地创建审查记录。

2.5　车联网军事应用

　　上述对公共安全的案例讨论也引起了军事共同体对其他利用相同类型的网络基础设施的应用兴趣。军事领域对集成检测系统、快速部署视频系统、车内信息共享和车辆追踪方面的应用表现出极高的兴趣。

　　在集成检测系统方面，路边设备将会部署在网状网络架构中。像是化学探测器或运动传感器这类的侦测设备通过串行或通用容纳在节点内的串行总线（USB）端口与路边单元相连接。路边单元将实时信息传送到基地和带设备的军用车辆上。对于装备设备的军用车辆，其网络连接建立在路边单元的网状网络中。实时信息将在内部屏幕中的移动地图上更新。每个路边单元基于当前和历史信息将在地图上显示出绿色区域、黄色区域或红色区域。绿色区域代表这个区域没有发生事故并且也没有检测到危险迹象。黄色区域代表这个区域先前发生过事故或在之前的 24 h 内检测到危险迹象。红色区域代表这个区域存在紧急危险并且危险警报被触发。士兵将会通过显示界面触发警报的信息前往该红色区域。如果运动传感器被激活，则士兵将可以在车内利用安装有摇摄-倾斜-变焦能力的摄像机去执行该区域的远程视觉扫描。如果化学检测器警报被激活，则所检测到的这类化学品的信息将直接传输给士兵。车载系统还将通过相同网络接入因特网，可找出产生所检测到的化学品的武器给士兵提供更多此方面的意识。互联网连接将通过确保至少两个根单元具有骨干网连接来实现，这将允许通过使用网状网络内的多跳路径来进行接入。

　　该设备将扩展军用车队利用车载网络和相关硬件使得车辆间通过无线连接进行安全交流的能力。指挥官和车队成员之间将在进入热区时的同时进行实时视频会议，也将实现在视频会议中与国防部讨论军事情报和方针。卫星图像实时共享和来自 IAN 或无人机的实时监视图像都可以被传输至车内。在战区,这种应用的好处是巨大的,当形势全貌是现成的,将给士兵更好的生存机会。

军事应用和公共安全应用看来似乎有所不同,但是实际上,可用于和已经用于公共安全的性能同样用到了军事上。除了强大的安全加密方法,再没有其他额外功能或特性。此外,应急人员使用的同类产品附加安全加密模块后,反过来卖给军队。军事用途要求的安全性使得选择军事应用的供应商越来越少,大多数企业不愿意投资完成认证过程增加的成本,来获得军事顾客:国家和地方政府都足以满足企业的目标。这是军事车辆网络密切反映应急人员的能力和应用的主要原因。

然而,由于安全是军队的主要问题,设备必须符合通过美国国家标准与技术研究所(NIST)的 FIPS-140 加密的 IEEE 802.11i 的一种特殊形式(包含在 IEEE 802.11 2007),它代表了联邦信息处理标准。这个标准有四个级别的认证,分别定义为 1 级至 4 级。

(1) 1 级是安全的最低水平,并且仅用于原型设备——政府基于安全机制评估的正常设备。

(2) 2 级通过防篡改保护和/或防撬锁的方式拥有物理安全,它是基于角色认证最理想的。

(3) 3 级和 2 级拥有物理安全的相同方法,而且还提供了使用生物识别技术或智能卡实现的基于身份的认证。

(4) 4 级是最高的安全级别。它提供了用于保护周围的加密模块的物理包络线,并在该设备的制造阶段有安全性的要求。它采用利用生物特征和证书组合的生物识别技术的多级认证。

最常用的级别是 2 级,这是被称为最常见的 FIPS-140-2(2001)。FIPS-140-2 加密模块可以通过以下两种方式之一来实现:单独的 FPGA 模块或基于软件的模块。单独 FPGA 模块设置的吞吐速度可以保持在 29 Mb/s 和 33 Mb/s 之间,而在基于软件的模块设置典型的吞吐速度为 11~17 Mb/s。因为基于软件的模块不需要对现有商业产品和保持在两个分支间的基线软件进行重新设计来简化操作,所以大多数供应商利用它出售系统。由于军事应用的车辆环境中并不需要高带宽,这些吞吐速度是可以接受的。这背后的低带宽要求的原因是双重的。首先,军事传输的主要是文本和二进制消息,这需要小于 1 Mb/s 的低处理速度;其次,当语音和视频结合特定压缩标准使用时,处理速度的要求仍小于 1 Mb/s。偏远地区发生的大多数紧急状况并非是 Wi-Fi 信号拥塞,创建数据包冲突和数据丢失的可能性较小,以上这些情况都有助于低宽带要求。

2.6 结论

在军事和公众安全的车辆环境中，无线网络的技术已经取得了很大的进步。现在，移动网络的基础设施已经到位，在不久的将来，结合急需的互操作性功能与网状网络的 IEEE 802.11s 标准的出台和实施，企业正在寻找下一个机会来扩大车联网：驾驶员和乘客。为了公共安全和军事用途需要而创建的可穿戴式无线设备，可以将重要统计数据传送到车联网，然后车联网将重要信息传送到指挥中心。可穿戴式无线设备装备了无线摄像头，还融入了相同的可穿戴式系统，在由于风险而不能进行无线电通信的情况下，无线电穿戴设备还可以传送实时视频。由于这些未来的进步在车联网的应用范围之外，在今天的车联网行业，这些前瞻性的思维很有生命力。车联网已经创造了必要的途径来打开未来技术之门，这些技术可以挽救更多处于生命前线的人。

基于 CAR-2-X 网络的通信系统

Daniel D. Stancil

卡内基·梅隆大学

Fan Bai

通用汽车公司

Lin Cheng

哈特福德三一学院

  本章概述了车辆与基础设施（Vehicle-to-Infrastructure，V2I）以及车辆与车辆（Vehicle-to-Vehicle，V2V）之间的通信环境及其架构。其中，对车辆与车辆之间通信环境中的天线要求和信道特性进行了重点讨论，同时论述了信道特性对正交频分复用（Orthogonal Frequency Division Multiplexing，OFDM）的影响以及对 IEEE 802.11p 标准的影响和相关建议。

  专用短程通信（Dedicated Short Range Communication，DSRC）应用的协议要求与传统无线网络有着本质上的区别。首先，本章将讨论介质访问中多信道的使用以及相关的广播和单播协议。在对单跳协议和多跳协议的讨论中，包括加强安全性至关重要的应用的可靠性技术。其次，讨论了网络层移动性所面临的挑战,如移动 IP 与动态地址的分配方案。本章的最后一部分,我们将会讨论 DSRC 未来的发展方向和挑战。

3.1 V2V/V2I 环境概述

在智能交通系统(Intelligent Transportation System,ITS)应用的广阔前景中,其中一个便是车联网的无线通信。这种通信可以在车辆之间(V2V)进行,也可以在车辆和固定基础设施(V2I)等路边单元(Road-Side Unit,RSU)之间进行。我们将这些统称为车辆与车辆/基础设施(Vehicle-to-Vehicle/Infrastructure,V2X)环境,此类型的应用也被称为 DSRC 应用。

未来 DSRC 应用的发展将集中在 5.9 GHz 频段附近。为此,各类机构已经分配了此频段。表 3.1 列出了世界各地的频段分配情况。IEEE 802.11p 标准草案中提出的物理层规范是 OFDM,它以 802.11 a/g 标准为原型。然而,为了增强户外环境下对多路径的耐受性,波形从 802.11 a/g 标准中使用的 20 MHz 发展到 10 MHz 或 5 MHz。其他参数,如载波子数目和调制方式等保持不变。

表 3.1 DSRC 频段分配

地区	标准	频率/GHz
欧洲	EN 12253	5.795~5.815
国际电信联盟	ITU-R M. 1453-2	5.725~5.875
日本	ARIB T55	5.770~5.850
北美	ASTM E 2213-02	5.850~5.925

3.1.1 车辆到基础设施

诸如公路收费站等 V2I 应用已部署数年了,其中大多数使用的是 915 MHz 免许可频段。然而,一些与安全性和服务、娱乐资讯相关的附加应用也受到了支持。举例来说,配备 RSU 的十字路口可提醒驾驶员注意其他正在通过该十字路口的车辆,即使那些车辆在路口转弯处无法观察到。其他 RSU 则可提供有关当地景点的信息或者成为连接互联网的门户。

3.1.2 车辆到车辆

V2V 通信目前仅部署于小规模的实验配置中，但它们也表现出一些具有吸引力和潜力的应用。例如，如果出现事故或道路危险的情况，随着车辆的突然制动，一条无线警报信息便可在高速公路上自动传播，从而提醒正在靠近的驾驶员谨慎缓慢地行驶。大多数由事故或施工造成的道路拥堵和延误信息也可在高速公路上传递数公里，以让驾驶员离开并寻找替代路线。另外，同路的车辆可以共享一个互联网门户，乘客还可以在汽车之间进行多媒体游戏。

然而，V2V 通信面临一个富有挑战性的"鸡和蛋"的问题。为了实现该功能，就需要道路上行驶的汽车配备无线通信功能。如果道路上配备无线功能的汽车数量很少，那么早期的用户便几乎没有积极性去购买无线设备来增加此功能。相反，如果政府机构或服务提供商安装了 RSU 基础设施，那么车内无线功能的益处则是立竿见影。因此，该技术的部署可能需要由政府机构或服务提供者迈出第一步。届时随着安装无线功能的汽车基数的增大，V2V 通信必将更具活力。

3.1.3 天线要求

汽车上的对讲设备和移动电话的天线通常都是垂直单极天线或者带有相位线圈的共线天线。这些天线可以提供近乎 360°方向的辐射，即无方向性的。而且由于汽车的金属表面所形成的接地层面积有限，从而导致最大增益方向倾斜而高于水平方向。由于基站可能位于车辆的任意方向且高度大于车辆，因此这类天线的特性适合与车辆有关的应用。传统的移动天线模式如图 3.1 所示。图 3.1（a）中的虚线表示传统移动天线的全向模式，实线表示可以沿着道路为车辆提供充足模式，使车辆能够在十字路口获得足够的覆盖率。图 3.1（b）为处于 1 m 地面高度的 1/4 波长单极天线在 5.9 GHz 频段的垂直模式图。需要注意的是在水平方向的增益大约是 4.6 dB，低于峰值增益。

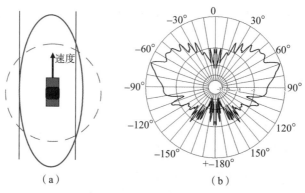

图 3.1　Car-2-X 通信的天线方向

不同的 V2X 应用有着显著不同的要求。第一，链路两端的天线高度之差通常要小得多。在 V2V 通信的情况下，天线波束向上倾斜可增加链路损耗 6~12 dB［图 3.1（b）］。如果信号功率下降为 $1/r^2$，该范围则减少到原来的 1/2~1/4。第二，沿道路方向到目标无线电联络点的预期距离要比道路横向方向更长。因此，首选椭圆形或雪茄形的波束，且主波束方向与汽车前部和后部对齐［图 3.1（a）］。假设全向天线的使用带来额外 6 dB 的链路损耗，我们就能得出这样的结论：设计支持正向和反向的水平波束的天线可增加多达 8 倍的链路损耗。另外，对于一个给定的通信距离，所需要的传输功率可减少到原来的 1/64，或近 2 个数量级。在较长的一段距离里，路径损耗指数可能接近 4，所需的功率可减少近 4 个数量级。这种功率要求的降低对于使用电池供电的车辆特别重要。

在 V2I 通信的情况下，近距离通信可能受益于天线方向的向上倾斜，例如，RSU 位于交叉路口附近的路灯杆上的情况。对于短距离链路来说，信号强度一般不是问题。而当距离较长时，RSU 可能在汽车的前面或后面仰角接近水平面的位置。在这两种情况下，对 V2I 通信的要求均与 V2V 通信类似。

我们总结出，天线设计领域可为 V2X 通信的发展提供强大助力。

3.2　V2V/V2I 信道模型

3.2.1　确定性模型

如果对于环境足够了解，包括环境中建筑物位置、地理特征以及树木和植被等，则可以在理论上精确计算所接收的信号及其多径分量。由于该问题的复杂性，目前很难通过全波电磁技术予以解决。然而，射线追踪技术成功地解决了该问题，Wiesbeck 和他的同事利用这些技术进行了仿真，得出的结果和测量值基本相一致，标准偏差为 3 dB（Maurer 等，2004；Wiesbeck 和 Knorzer，2007）。

虽然光线追踪（Ray Tracing）这种确定性技术的信道预测和建模精度最高，但是该技术的计算量也是最大的。因此提出了一种混合方法，使用诸如距离、散射体分布以及结合小尺度衰落统计模型的地面反射等总体几何信息。该模型将在下节讨论。

3.2.2 基于几何的统计模型

在多径传输的几何模型中，最简单的是双径平地面模型。在此模型中，接收信号的包括一条直接传输路径和一条来自地面的镜面反射路径。当传输距离较短时，由于地面反射与直接路径时而同相、时而异相，该模型中的信号会快速波动。将该波动进行平均计算得到平均接收功率与 $1/r^2$ 成比例，其中 r 是发射器和接收器之间的距离。当传输距离较长时，直接路径和地面反射路径几乎相等。由于掠射角的反射路径获得 π 弧度的附加相移，两条路径的作用均与幅度类似，且几乎异相。因此，当传输距离较长时，接收功率下降为 $1/r^4$。这两个区域之间的边界的一个常用估计是 π 弧度对应的路径长度差。此断点或临界距离，由下式给出：

$$d_c = \frac{4h_t h_r}{\lambda} \tag{3.1}$$

其中，h_t 和 h_r 分别是发射天线和接收天线的高度。在双径模型中，做一个简单的近似假设，接收功率根据式（3.1）给出的距离 d_c 先减小为 $1/r^2$，之后减小为 $1/r^4$。对此双斜率模型做进一步推广，以这两个区域中的斜率为参数，并增加一个随机波动。波动的统计特性取决于传播环境中散射的物理性质，但是，当信号以 dB 表示时其零均值高斯分布是一个简单的假设，往往与测量值基本一致。这被称为对数正态模型。一般双斜率对数正态模型的形式由下式给出：

$$P(r) = \begin{cases} P(d_0) - 10n_1 \lg \dfrac{r}{d_0} + X_{\sigma 1}, d_0 \leq r \leq d_c \\ P(d_0) - 10n_1 \lg \dfrac{d_c}{d_0} - 10n_2 \lg \dfrac{r}{d_c} + X_{\sigma 2}, r > d_c \end{cases} \quad (3.2)$$

其中，d_0 是功率 $P(d_0)$ 对应的参考距离，n_1 和 n_2 分别表示两个区域中的路径损耗指数，σ_1 和 σ_2 分别是随机变量 $X_{\sigma 1}$ 和 $X_{\sigma 2}$ 的标准偏差。

假设蜂窝系统中的信号在到达移动设备前经过了大量的衰减材料，则可从数学上对此对数正态分步进行证明。虽然这些衰减材料引起信号振幅的变化远大于波长，但是在 $1/r^2$ 或 $1/r^4$ 的变化相比却非常小，能够忽略不计。这种现象被称为对数正态阴影。但在 V2X 中，由于范围相对较窄，障碍物较少，加之视距（Line-of-Sight，LoS）路径通常存在，此类型的阴影在 V2X 链路中并不经常发生。不过，我们发现，对数正态分布往往给出了被测信号变化一种合理的定性描述。

小尺度衰落模型能够给出对多径分量之间的相消干涉和相长干涉所引起的波动描述，因此这种模型能更加准确地描述 V2X 这种短距离通信链路。如果把同向正交信号分量的波动看作高斯随机变量，则结果服从瑞利统计还是莱斯统计取决于通信链路中是否存在视距传播（LoS）。Nakagami 分布能够对这两种类型的统计进行建模，公式如下：

$$f(x;\mu,\omega) = \dfrac{2\mu^\mu x^{2\mu-1}}{\omega^\mu \Gamma(\mu)} e^{\dfrac{-\mu x^2}{\omega}} \quad (3.3)$$

其中，μ 是形状参数；$\omega = E[x^2]$ 是衰落包络平均功率的估计值。当 $\mu = 1$ 时，Nakagami 分布表示一个瑞利分布；而当 $\mu > 1$ 时，则为莱斯分布。

对于行驶中的车辆，小尺度衰落也会导致信号幅度随时间的快速变化。由于多普勒效应，来自不同方向的多径分量将产生不同程度的频移。这些频率上存在略微差异的分量，时而同相，时而异相，导致幅度的变化。幅度变化的具体方式由多径分量的相对幅度和相位决定。接收信号的复数幅度被称为多普勒频谱。在 V2I 的情况下，如果汽车周围有密集的散射体，使用单一速度参数的 Gans 频谱（Gans，1972）可能更加适合。在 V2V 的情况下，频谱的形状受到两辆汽车速度的影响。因此，提出了基于几何的模型，其中每辆汽车被密集的散射体均匀地围绕（Akki 和 Haber，1986；Patel 等，2005；Wang 和 Cheng，2005），且汽车在散射体排之间穿行（Cheng，2008）。还提出了一种多径模型，其中两辆汽车由椭圆形环的散射体包围（Liberti 和 Rappaport，1996），但没有讨论多普勒谱。

3.2.3 多抽头模型

在典型的无线环境中，信号沿着多重传播路径进行传播，到达时间存在不同程度的延迟，使接收到的信号包含一条可能的直接路径以及随后的多重回波。如果回波消亡所花费的时间接近于符号持续时间，符号的检测就会受到来自前一个传播字符的回波的影响。因此，重要的是要能够对信道的这种时间色散特性进行建模，特别是在传输数据速率提高的情形下。

这类行为的一种常见建模方式是使用延时线，其具有与典型多径时延相应的抽头。接着，综合来自所有抽头的信号，来提供一个包含回波的复合信号。Acosta 等（2004），Acosta-Marum 和 Ingram（2007），以及 Sen 和 Matolak（2008）已描述了适用于 V2X 环境的多重延时模型。

在一个完整的多抽头延时模型中，每个抽头的振幅依照各自的多普勒谱按时序波动。多抽头响应的平均总功率通过式（3.2）中的一个大尺度模型来确定。通常情况下，除了小尺度衰落，还将存在变量 x_σ 所描述的对数正态阴影。不过，在本章节的 V2X 环境模型中，不区分这两种效应。当振幅的短期相关性并不重要时，使用对数正态模型；反则使用依赖多普勒谱的小尺度衰落模型。信号幅值相关性在很多情形至关重要，如在信道保持大致恒定的间隔内接收两个数据包。

3.3 V2V/V2I 信道属性

在蜂窝通信中，基站到移动端之间的信道频段在 800 MHz 和 1.9 GHz，人们已经广泛研究了该信道属性。然而，V2X 的信道在一些重要的信道属性方面存在差异。第一，在 5.9 GHz 处的频带由于植物叶面的衍射和吸收和固定尺寸散射体的散射的差异，具有截然不同的特性。第二，相比前者的几百千米通信范围，V2X 则短得多，通常为几百米，而不是几千米。第三，通信的大部分时间存在一个 LoS 路径。最后，散射体不是全向随机分布的，而是呈现出沿道路排成一行的趋势。

基于以上原因，新的模型和理解要以代表性环境中信道性能的测量为基础，且要经过验证，这是非常重要的。

最早对 V2V 传播信道的测量是在低于 1 GHz 的频率处进行的。Davis

和 Linnartz（1994）在有汽车停放的道路环境中对 900 MHz 处进行了测量，而 Punnoose 等（1999）研究了自组网中 915 MHz 处多个移动车辆之间的测量值。Acosta 等（2004）给出了 2.4 GHz 处车辆之间的联合多普勒延迟功率分布图，Zajic 等（2009）在 2.4 GHz 处进行了宽带 V2V 测量。Maurer 等（2002）在 5.2 GHz 处进行了车辆间传输的窄带测量，Sen 和 Matolak（2008）研究了俄亥俄州的几个城市在 5.12 GHz 处的移动 V2V 信道测量。最后，Acosta-Marum 和 Ingram（2007）对高时延扩展的选定公路场地在 5.9 GHz 处进行了 V2V 信道测量。Molisch 等（2009）给出了 V2V 信道属性的最新概述。

3.3.1 实证测量平台

我们在 5.9 GHz 频段处开发了一个瞬时带宽高达 40 MHz 的测量平台用于实验 V2X 环境特性，系统架构如图 3.2 所示。发送系统和接收系统的核心是能够产生相同容量的软件无线电的仪器。安捷伦 E4433B 数字信号发生器生成一个不大于 40 MHz 的任意传输波形，而安捷伦 89610A 矢量信号分析仪记录和分析任意波形的同向分量和正交分量。所采用的铷原子标准能够保证系统之间的相位稳定性。每辆汽车配备差分 GPS，定位精度能够达到 1～3m。每台车辆上的便携式计算机控制器控制这些仪器并记录

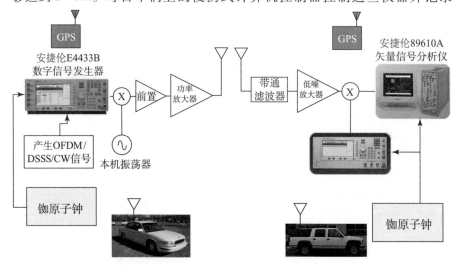

图 3.2 Car-2-X 信道探测的测量系统：改编自 Cheng 等（2008c）

GPS 数据。接收系统的控制器也记录从信道上接收到的同向波形和正交波形，这些记录的波形将会进行后期处理从而提取信道属性。

信道探测系统采用连续波（Continuous Wave，CW）信号，以检查窄带多普勒谱，使用直接序列扩频（Direct Sequence Spread Spectrum，DSSS）波形来获得功率延迟分布，使用 OFDM 包波形直接检查比特误差和包误差性能数据。在三个典型环境下收集测量值：卡内基梅隆大学附近的郊区居民区、州际高速公路以及匹兹堡北部的乡村道路（Cheng 等，2008b，2007b）。

3.3.2 大尺度路径损耗

如 3.2.2 节所述，5.9 GHz 处窄带测量值被用来确定双斜率对数正态模型的参数。参数拟合则基于郊区环境的 6 456 个测量值、高速公路的 6 247 个测量值和乡村环境的 3 296 个测量值。从拟合中提取到数据的双斜率对数正态模型参数在表 3.2 中给出。郊区环境下，给出的值的范围来源于两个单独的数据集（Cheng 等，2007b）。

表 3.2　在匹兹堡测量的双斜率路径损耗参数

参数	市郊	高速公路	乡村
n_1	2 ~ 2.1	1.9	2.3
σ_1/dB	2.6 ~ 5.6	5.9	5.5
n_2	3.8 ~ 4	4	4
σ_2/dB	4.4 ~ 8.4	6.6	4.7
d_c/m	100	220	226

郊区数据来自 Cheng 等（2007b）；高速公路和乡村数据来自 Cheng 等（2008b）
（注意：Cheng 等（2008b）的 σ_1 值和 σ_2 值有误差© 2008 IEEE）

表 3.2 中所示的路径损耗指数与在 3.2.2 节中讨论的双径平地面模型相似，假设 $n_1 = 2$ 和 $n_2 = 4$。式（3.1）给出的 $h_t = 1.51\text{m}$，$h_r = 1.93\text{m}$ 和 $\lambda = 0.050\ 8\ \text{m}$ 时的断点距离是 229 m，与表 3.2 中公路和乡村情况下的值基本一致。但是，郊区情况下的断点距离约是预期值的一半。Masui 等（2002）也得出过比预期小的断点距离，这可能是由于车辆、行人和

其他物体产生高于地面点的反射。有了这个假设，我们可以从郊区数据中提取有效的地面偏移量。假设地面偏移量是 a，那么断点距离将为下式：

$$d_c = \frac{4(h_t - a)(h_r - a)}{\lambda} \qquad (3.4)$$

设 $d_c = 100$ m，并求解 a，得出 $a = 0.57$ m。这些观察使我们得到表 3.3 中总结的推荐大尺度模型，断点距离由式（3.4）给出，地面偏移量 a 在表 3.3 中给出。

表 3.3 双斜率路径损耗参数推荐值

参数	市郊	高速公路/乡村
n_1	2	2
σ_1/dB	5	5
n_2	4	4
σ_2/dB	6	6
a/m	0.57	0

3.3.3 衰落统计

通过将接收信号强度数据按照距离分段，且对每段中的数据按照 Nakagami 分布进行拟合，就能够分析两个郊区数据集的信号衰落统计（Cheng 等，2007b）。据观察，在短距离情况下，可以观测到信号衰落服从莱斯分布（$\mu > 1$），并且随着距离的增加，信号的衰落变得更加严重。当 $r \leqslant 100$ m 时，统计服从瑞利分布（$\mu = 1$），当大于 100 m 时，信号急剧衰落且幅度大于瑞利分布（$\mu < 1$），此种严重衰落可能是由于车辆在加入或者离开车流时，间歇性地获得和失去 LoS 路径造成的。图 3.3 给出了在郊区环境下，作为两个联合数据集的距离函数的 Nakagami 模型中 μ 参数的测量值（Cheng 等，2007b）。其特性通过图中所示的趋势线合理地获得，并由下式给出：

$$\mu = -1.3\lg(r/d_0) + 3.7 \qquad (3.5)$$

其中，$d_0 = 1$ m 是一个参考距离。高速公路和乡村环境下类似的数据目前则是未知。不过，速度较高的道路往往有较大的开放区域和渐近曲线，与在郊区环境中遇到的街角全然不同。由于这些差异，可以预计，当距离较长时，在这些环境下的衰落不会像郊区环境那么严重。

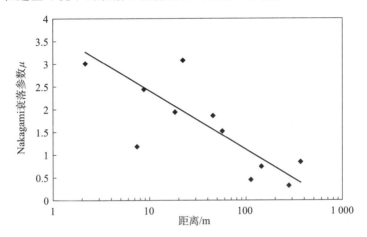

图 3.3 测量得到 Nakagami 衰落参数 μ 以及由式（3.5）给出的趋势线

3.3.4 相干时间和多普勒谱

正如前面所述，时间衰落包络的细节取决于信号频谱的多普勒扩展。我们将多普勒谱幅度的二阶中心矩的平方根定义为多普勒扩展。实证上我们发现，多普勒扩展与有效速度有很强的线性关系，定义为

$$v_{\text{eff}} = \sqrt{v_t^2 + v_r^2} \tag{3.6}$$

其中，v_t 和 v_r 分别是发送车辆和接收车辆的速度。关于有效速度，多普勒扩展 B_D 根据实证由下式给出：

$$B_D = \frac{a_1}{\lambda \sqrt{2}} v_{\text{eff}} + a_2 \tag{3.7}$$

其中，3 种环境下的斜率 a_1 和偏移 a_2 在表 3.4 中给出。由于多普勒谱中的不同频率分量时而同相，时而异相，所以发生信道的暂时衰落。相干时间是对信道保持不变的时间的一种度量。我们定义 τ_{90} 为自相关函数下降到其初始值的 90% 所经过的时间。多普勒扩展的经验累积分布函数（Empirical Cumulative Distribution Function，CDF）和 90% 相干时间如图 3.4 所示。约 35 ms 时，τ_{90} CDF 的急剧上升是由郊区数据集捕获的时间帧

的长度所造成的伪像。帧的长度将最大测量 τ_{90} 限制在 40 ms 内。相干时间与多普勒扩展成反比，比例常数取决于这些量的精确定义。τ_{90} 和 B_D 之间的关系可以从 CDF 提取如下：

$$\tau_{90} = \text{CDF}_\tau^{-1}(1 - \text{CDF}_B(B_D)) \tag{3.8}$$

其中，$\text{CDF}_\tau(\tau)$ 和 $\text{CDF}_B(B_D)$ 分别是 τ_{90} 和 B_D 的累积分布函数。利用这种关系查找 (τ_{90}, B_D) 对，可确定期望值 $E(B_D\tau_{90})$ 得出的 B_D 和 τ_{90} 之间的关系如图 3.5 所示（曲线的梯形性质由建立 CDF 时使用的分箱造成）。图 3.5（a）部分显示，对于大多普勒扩展，数据在关系 $B_D\tau_{90} = 0.14$ 下得到了很好的近似。不过，图 3.5（b）中的小多普勒扩展的扩大图显示，当 $\tau_{90} > 5$ ms 时，在郊区和乡村环境下，$B_D\tau_{90} = 0.3$ 是更好的近似，这与 Cheng 等（2007b）一致。$B_D < 100$ Hz 时，公路相干时间对多普勒扩展相对不敏感，这一点特别有趣。小多普勒扩展（长相干时间）不同特性的起源目前正在研究中。

表 3.4　多普勒扩展经验表达式的参数

参数	市郊	高速公路	乡村
斜率 a_1	0.428	0.420	0.414
偏移 a_2	11.5	0.5	0.2

数据来自 Cheng 等（2008a）

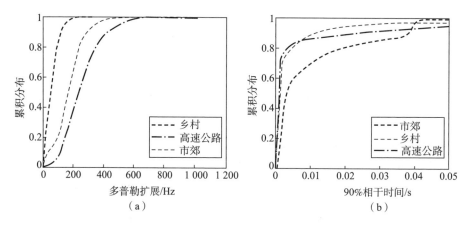

图 3.4　3 种环境下测量的 CDF

(a) 多普勒扩展的 CDF；(b) 90% 相干时间的 CDF［Cheng 等（2008a）© 2008 IEEE］

3 基于 CAR-2-X 网络的通信系统

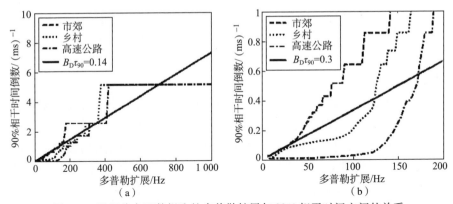

图 3.5 累积分布函数提取的多普勒扩展与 90% 相干时间之间的关系

虽然多普勒频散和相干时间主要与速度而不是距离相关,但我们从测量中得到一个有趣观察,有效速度和离开一个 V2X 链路往往是和各自驾驶员的驾驶行为相关。这种相关性可通过散点图形象地表示,我们将其称为速度-分离(Speed-Separation,S-S)图。图 3.6 给出了我们在测量中采

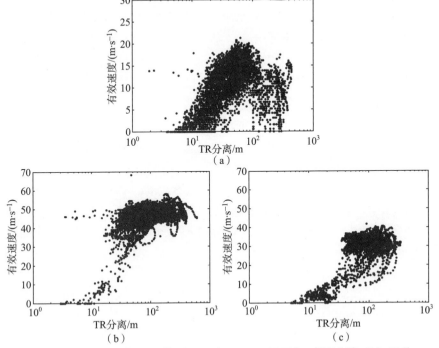

图 3.6 郊区(a)[Cheng 等(2007b)© 2007 IEEE]、高速公路(b)以及乡村环境(c)的速度-分离图[注意(a)中不同的垂直刻度]

用的三个实验环境的 S-S 图。请注意,每一种情况下的特征图各不相同。对于郊区环境 [图3.6（a）], S-S 图显示出有效速度和分离之间很强的相关性。我们对此的解释是,驾驶员以较高的速度行驶,自然会使汽车之间的距离增大。因此,在通行不频繁的单车道道路,我们观察到速度和分离之间有很强的相关性。乡村环境下可得到类似的观察结果 [图3.6（c）],然而其 S-S 图在高速时有一个相对较大的簇,代表开阔的道路;在低速时,在交通较不繁忙的交叉路口和社区则会产生一个相对较小的簇。相比之下,在一个通行频繁的多车道公路上,有效速度相对独立于分离 [图3.6（b）]。在上述每种情况下,特定范围分离的期望多普勒扩展可通过从 S-S 图中找出期望有效速度,并使用式（3.7）给出的有效速度与多普勒扩展之间的关系来得到。

3.3.5　相干带宽和时延扩展图

多径分量到达时,它们之间的时间延迟会造成回波,它可能会导致误差,特别是当延迟大于符号周期的情形下更是如此。在频域中,回波在某些频率上同相,在其他频率上异相,从而导致频率选择性衰落。需要宽频带测量以解出多径分量,或者描述频率选择性衰落的特性。为了进行这些测量,我们使用了 40 MHz 带宽的 DSSS 信号。相干带宽是频率范围的一个量度,通过它可以把信道看作大致恒定。我们将 90% 相干带宽定义为自相关函数的幅度下降到其峰值 90% 时的频率偏移。

在时域中,多径分量通常用均方根（Root Mean Square, RMS）时延扩展和最大额外时延来表征。RMS 时延扩展是所测得的功率延迟分布的二阶中心矩的平方根,由 Rappaport（2002）论述。相干带宽与 RMS 时延扩展呈负相关,其作用方式类似于上述相干时间与多普勒扩展之间的关系。最大额外时延是从功率延迟分布第一次超过最小阈值到最后一次超过阈值的时间间隔。它用来估计信道响应持续时间的上界。在测量中,我们采用了一个比最强峰低 15 dB 的阈值。

相干带宽和 RMS 时延扩展的 CDF 如图 3.7 所示。通过使用与式（3.8）类似的表达式,相干带宽和 RMS 时延扩展之间的关系可以从 CDF 中提取（图 3.7）,结果在图 3.8 中给出。使用 15 dB 阈值测得的最大额外时延的 CDF 如图 3.9 所示。当 CDF 为 0.9 时,乡村和高速公路环境下最大额外时延值较大的原因是场地更开阔、车辆之间距离更远,从而导致回波更长。同样，乡村和高速公路情况下分布更广的原因是在这些环境中，存在距离很近（其他汽车）的物体和距离很远（山丘、树木等）的物体。相反，郊区环境中离建筑物的距离有限，导致回波时间范围较窄。

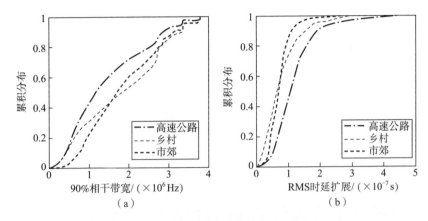

图 3.7　三种环境中测得的 CDF
（a）90% 相干带宽的 CDF（Cheng 等，2007a © 2008 IEEE）；
（b）RMS 时延扩展的 CDF（Cheng 等，2008c © 2008 IEEE）

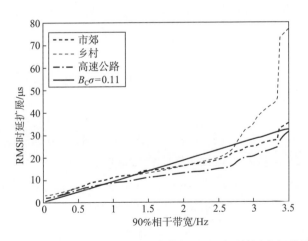

图 3.8　从 CDF 提取的 90% 相干带宽与 RMS 时延扩展之间的关系

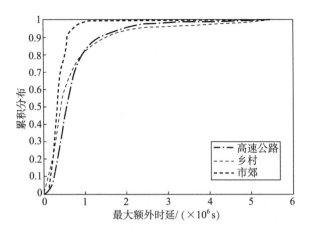

图 3.9　测得的郊区、高速公路、乡村环境中最大额外时延的 CDF

(Cheng 等，2008c © 2008 IEEE)

3.4　802.11p 协议在 V2V/V2I 信道中的性能

在以上章节中我们讨论了 V2X 的信道特性，使得能够评估各类调制方式下的性能。接下来我们讨论 IEEE 802.11p，它是在 802.11a/g 基础上进行扩展，专门为 V2X 通信所提出的标准。以下基于 IEEE 802.11p-D1.4 版本草案。

3.4.1　在 OFDM 中信道属性的影响

与信道属性相关的 OFDM 的物理层（Physical，PHY）的关键参数在表 3.5 中列出。具体而言，保护间隔（Guard Interval，GI）的持续时间、载波间隔以及信道间隔估计是我们具体研究的对象。

表 3.5　802.11a 家族 OFDM 波形和 PHY 要求的关键参数

(Cheng 等，2007a © 2008 IEEE)

物理参数	相关信道参数	物理参数标准
保护间隔	最大额外时延（τ_e）	$GI > \tau_e$
载波间隔 Δf	相关带宽（B_C），多普勒扩展（B_D）	$B_C > \Delta f > B_D$

续表

物理参数	相关信道参数	物理参数标准
信道间隔估计（数据包长度 T_p）	相干时间（T_C）	$T_p < T_C$
导频间隔 Δf_p	相关带宽（B_C）	$\Delta f_p < B_C$

在 OFDM 中，载波间距通常取最小值，因此在一个符号的时间内的载波之间是正交的。符号在连续非重叠的时间间隔中传输也导致了载波正交。但是，当通过一个多径信道进行传输字符时，一个符号产生的回波可能与下一个重叠，这会破坏符号和载波之间的正交性。通过备份每个符号的尾部部分，并将其作为前缀插入符号来恢复它的正交性。这种循环前缀或 GI 能够有效地为信号回波提供足够的长度，以致回波能够在前缀结束之前消退。

功率延迟分布描述了回波在信道中的持续时间。RMS 时延扩展是功率延迟分布的典型持续时间的一个估计，而最大额外时延是对最坏情况下的条件进行估计。因此，上一节中所讨论的 90% 最大额外时延提供了功率延迟分布的持续时间的一个保守估计。为了让 GI 提供足够的多径保护，我们要求 $GI > \tau_{90}$。

如前所述，在信道中的时延扩展也造成了信道增益随着频率变化，从而导致频率选择性衰落。对于单载波系统，需要抽头延迟线均衡器来校正这种失真。OFDM 的一个优点是，如果相干带宽比载波间隔大，那么每个载波平坦衰落且没有谱失真。因此，可通过对每个载波乘以一个复合的信道增益来简单地达成均衡。我们的结论是，为了能使用较简单的均衡方案，要求相干带宽比载波间隔大，即 $B_C > \Delta f$。

物体在信道中运动，产生多普勒扩展，造成载波之间的正交性的破坏。载波间隔的另一个约束条件是载波间隔应远远大于多普勒扩展，即 $\Delta f > B_D$。

最后，多普勒扩展也决定了一个特定信道估计的有效时间。因此，一个特定信道的均衡只对信道相干时间内的时间间隔有效。在标准 802.11a/g 方案中，信道估计和均衡在每个包的开头进行一次，并持续于整个数据包的发送时间。在这种情况下，包长度必须小于相干时间，以保证均衡持续有效，即 $T_p < T_C$。

在前面的章节中讨论的 CDF，能够用于估计关键参数大于或小于一个给定值的百分比。作为守恒系统设计的一个例子,我们考虑在90%时间有效的情况。参考图3.9,我们看到,对90%的时间,郊区、高速公路和乡村环境中最大额外时延分别小于0.6μs、1.4μs和1.5μs。表3.6总结了这些以及其他以类似方式确定的关键参数(最大多普勒扩展是一个例外,在这种情况下,表3.6中的条目只是观测到的最大值,而不是90%时间里的最大多普勒扩展)。

表3.6 测得的信道参数(Cheng 等,2007a © 2008 IEEE)

环境	市郊	高速公路	乡村
最大额外延时	0.6 μs	1.4 μs	1.5 μs
最大90%相干带宽	750 kHz	410 kHz	420 kHz
最大多普勒扩展	0.583 kHz	1.53 kHz	1.11 kHz
最大90%相干时间	1 ms	0.3 ms	0.4 ms

为了与所测得的信道属性做比较,标准草案中的相关参数总结于表3.7中。通过比较表3.7中的GI和表3.6中的最大额外时延值,我们得出,5 MHz和10 MHz的调整版本表现良好。相比之下,20 MHz版本的GI持续时间对于室外V2X环境下遇到的较大多径延迟显得不够充足。比较表3.7中的载波间隔和表3.6给出的相干带宽的最大多普勒扩展,发现所有缩小版本在所有环境中都能很好地满足条件$B_C > \Delta f > B_D$。

表3.7 缩小的OFDM参数(Cheng 等,2007a © 2008 IEEE)

模型	5 MHz	10 MHz	20 MHz
OFDM GI	3.2 μs	1.6 μs	0.8 μs
载波间距	78 kHz	156 kHz	312.5 kHz
导频间距	1.092 kHz	2.184 kHz	4.375 kHz
测试包时间	3 ms	1.5 ms	0.75 ms

信道均衡是面临的主要挑战。传输导频信号使用标准储备载波 -21,-7,7和21来辅助均衡。为了对频率选择性衰落进行充分采样,导频间隔应小于信道的相干带宽。但是,将表3.7中的导频间隔和表3.6中的相干带宽进行比较可以得出,导频间隔并不适于任意环境下的所有带宽。

面临的另一个更大的挑战是相干时间较短。虽然标准中没有具体规定数据包的持续时间，但通常比测量得到的 0.3~1 ms 相干时间要长（表3.6）。事实上，在优选 5 MHz 和 10 MHz 带宽下，测试包的持续时间比 3 种环境下的任一相干时间都长。这样导致的结果是，在数据包的开始时实施的均衡会在该包结束前失效，从而导致越来越多的误码。由此我们得出结论，提出的 OFDM 传输方案所面临的主要问题是均衡无法跟随信道的变化而迅速更新，导频载波间隔不足，不能表征信道频率的变化。前者产生的原因是环境中车辆的快速移动，而后者由室外 V2V 信道中观察到的长延迟扩展造成。

3.4.2 潜在的均衡提升方案

以适当的时间和频率间隔传输导频符号，是获取均衡所需的信道状态信息的一种有效方式。时间的间隔应足以胜任对时间衰落进行 Nyquist 采样，而频率的间隔应足以胜任对频率选择性衰落进行 Nyquist 采样。从近似物理的角度来看，这意味着导频之间的时间间隔的阶数应接近相干时间，频率间隔的阶数应接近相干带宽。如前所述，在 802.11a/g 标准中，载波 -21，-7，-7 和 21 被用作每个符号中的导频。由于符号的持续时间为几微秒，相干时间大约是 1 ms，所以时间信道被过采样大约 3 个数量级。同时，频率导频分隔使信道采样减少，最少只有 1/10。将额外的载波用作导频可解决这个问题，但也会降低吞吐量。然而，由于时间信道明显被过采样，增加导频符号之间的时间间隔将不只是补偿额外的导频载波。因此，导频间隔应是可选择的，以便使信道状态信息完整并实质性地增加吞吐量。

除了更完整地表征信道状态信息外，还需要一个动态均衡方案以跟踪信道的变化。应在不长于信道相干时间的间隔对均衡进行更新，而不是在每个包的开头对均衡进行保持。

Ozdemir 和 Arslan（2007）综述了最新的 OFDM 的信道估计技术。

3.5 车载自组网络多信道运行

到目前为止，我们主要关注的是单一 V2V 链路。然而，现实中 DSRC 技术的应用通常需要多个车辆之间的相互作用，来形成一个车载自组网（Vehicular Ad hoc Network，VANET）。现在，我们把注意力放在协调这些相互作用所必需的协议上。我们讨论的重点是用于确定移动无线电何时被允许接入信道的媒体访问协议。

DSRC 技术具有可协调多信道媒体接入控制（Medium Access Control，MAC）的能力（在 IEEE 1609.4 标准中规定），而传统的 IEEE 802.11 标准中则没有。1609.4 标准是 IEEE 802.11p DSRC 标准的一个扩展，它提升了基本 MAC 能力，以实现控制信道（Control Channel，CCH）与服务信道（Service Channel，SCH）之间的协调切换。在本节中，我们将讨论协调机制和仿真结果以及其他替代方法。

3.5.1　多信道 MAC（IEEE 1609.4）

DSRC 的 PHY（在 IEEE 802.11p 2006 中详细规定）在 5.89 GHz 附近有 7 个非重叠的 10 MHz 信道。中央信道 178 是 CCH，其余信道即信道 172、174、176、180、182 和 184 是 SCH。鉴于 802.11 是基于一个包含单一半双工收发器的无线电模型，DSRC 无线电每次只能在一个信道上通信。要使用多个信道，必须根据需要在它们之间动态切换无线电。这种信道切换机制需要网络中无线电之间的分布式协调，以将发送器及其拟定接收器同时调到相同的信道。

IEEE 1609.4（2006）中，存在一个规定 DSRC 中无线电间分布式协调的协议。DSRC 多信道协调（Multi-Channel Coordination，DMCC）是分相信道协调的一种形式，其机制概括如下（Mo 等，2005）：

（1）假设所有无线电被同步到一个全局时间基准（如 GPS 基准时间），则在每秒的开端，所有无线电切换到 CCH，并在此停留一段预定义的最短时间（CCH 停留时间）。一旦这一时间结束，任何打算切换到 SCH 的无线电可切换到 SCH，并在 SCH 信道中停留一段预定义的最长时间（SCH 停留时间），在这之后，它们必须再次切换回 CCH。这样，控制信道和服务信道之间无线电资源就被分割开来。

（2）计划在 SCH 信道上集结及通信的无线电之间的协调工作是通过前一个 CCH 间隔期间在 CCH 上交换管理帧来处理的。特别地，在前一个控制信道间隔期间，服务提供商广播 WAVE 服务公告（WAVE Service Advertisement，WSA）消息，以公布它们在 CCH 信道上的服务。举例来说，在图 3.10 中有 3 个服务供应商，它们都在服务的控制间隔期间在服务信道 SCH1、SCH2 和 SCH6 上广播一个 WSA。想使用该服务的客户必须在下一个数据阶段切换到 WSA 中提供的具体 SCH。

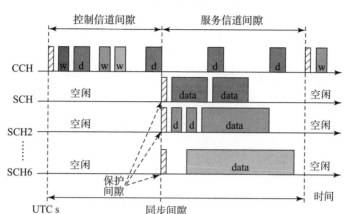

图 3.10 DMCC MAC 协议的运行

（3）CCH 是为安全相关应用的 DSRC 管理帧和短数据信息保留的，而其他所有用于不太重要的应用的数据通信必须使用 SCH 信道。CCH 和 SCH 上的媒体介入控制均采用 802.11 标准中的基本接入协议（如载波侦听多路访问或 CSMA），外加在 IEEE 802.11e（2005）中定义的有关优先级访问的扩展。

（4）在 GI 时间段内，任何无线电传输都不被允许。其目的是为无线电之间的分布式同步误差负责，它被定义为本地时钟与最大无线电信道切换时间之间的容许同步公差之和。在 IEEE 1609.4 标准的当前版本中，GI 被规定为 4 ms。

图 3.10 给出了 DMCC MAC 协议的运行示意图。在控制信道间隔期间，提供商通过发送包含其服务的信道 WAVE 服务公告（w）来向客户宣传自己的服务。被称为汽车环境中无线接入（Wireless Access in Vehicular Environments，WAVE）短信息（d）的小数据帧也可以被交换。从该图中可看出，在控制信道间隔期间，存在许多 WAVE 服务公告（w 信息）和 WAVE 短信息（w 信息）。在服务信道间隔期间，供应商和客户切换到选定的服务信道来交换数据包。在该图中，在服务信道间隔期间，每个提供商在 SCH1，SCH2 和 SCH6 上提供其自己的服务，并将数据包传送给自己的顾客。在间隔结束时，所有的节点必须切换回控制信道。信道切换期间，插入 GI，在这期间不允许节点传输数据，以顾及不同节点在时钟同步和信道切换时间上的差异。

3.5.2　IEEE 1609.4 多信道 MAC 协议的性能评估

为了更好地了解所提出的多信道切换机制如何影响车辆通信系统,特别是车辆安全通信(Vehicular Safety Communication, VSC)应用,已有研究通过 QualNet 仿真在协同防撞预警(Cooperative Collision Warning, CCW)安全应用下,对 IEEE 1609.4 多信道切换机制进行了评估(Holland 等,2008)。

3.5.2.1　仿真设置

在仿真中,在一个 1.6 km 长的八车道高速公路直道上模拟了 1 920 辆汽车,每个方向四车道,没有入口或出口。同一车道内和跨车道的汽车的车速各不相同,但都服从高斯分布。四车道的平均速度被假设为 33.0 km/h(最慢的车道),37.8 km/h,42.6 km/h 和 47.5 km/h(最快的车道)。每辆模拟的汽车都包含一个单一 DSRC 多信道无线电,该无线电的配置与来自硬件原型和 CCW 应用需求测量的设置和参数相匹配(Bai 和 Krishnan,2006),即数据传输率为 6 Mb/s;发送功率为 9 dBm,选为 9 dBm 是因为它是 CCW 有效范围和干扰之间的最佳折中值;接收器灵敏度为 -95 dBm。采用的无线传播模型在 Yin 等(2006)中有对所有此类消息的详细记录。消息的大小为 100 字节,这大致是 WAVE 短信息协议(WAVE Short Message Protocol, WSMP)格式中估计的安全信息的包长度。服务器广播安全信息的频率是 10 次/s。

CCW 应用由客户机进程和服务器进程组成。服务器进程负责为车辆广播包含最新状态信息(如位置、速度、控制设置)的短消息。客户机进程负责接收、记录接收到的上述类型消息。每辆车都运行着一个客户机进程和一个服务器进程。

3.5.2.2　由信道切换诱发广播同步(CSIBS)造成的信道拥塞

大量的模拟研究表明,上述 DSRC 多信道协调协议能够在多个 DSRC 无线电之间正确地分享控制信道和服务信道,为用户提供一个可接受水平的系统性能。然而同时,研究发现应用 IEEE 1609.4 多信道 MAC 机制时,数据包传输成功的概率显著降低,只有 60%。

Holland 等人(2008)的一项详细的调查表明,丢包的首要原因不是缓冲区大小有限所造成的队列溢出，而是由 CSIBS 问题带来的信道拥塞。当 DSRC 无线电在 SCH 间隔期间服务 SCH 时，CCW 安全应用仍然会生成安全信息和其他管理帧，然后将这些数据包排入无线电的 MAC 缓冲队列。一旦 CCH 可再次使用，由于每辆车上的 MAC 试图尽快清空其排队数据包，所以会有一段广播传输。但是，MAC 机制无法有效地调度共享信道（衍生于 CSMA 的基于竞争的 MAC 的常见问题），从而导致传输错误（如碰撞和干扰），造成高比例丢包。从本质上讲，若是要求 CCH 间隔必须发生在每个周期的开头，这将造成车辆间人工广播同步，从而导致排队数据包的碰撞和丢弃。这种拥塞可在图 3.11 中看出，该图提供了信道切换到和切换出 CCH 间隔时网络活动的快照。在这里，我们模拟了简单场景，50 辆汽车随机位于一个 2 km×500 m 的区域内，应用广播间隔时间 t 设为 50 ms，停留时间为 90 ms，19.8s 开始切换，19.89s 结束。在图的底部，散点图显示在此时间间隔内应用接收到的包的接收信号强度指示（Receive Signal Strength Indication，RSSI）值。图中曲线的上方持续超过 1ms 的顶部表示所丢数据包的柱状图。

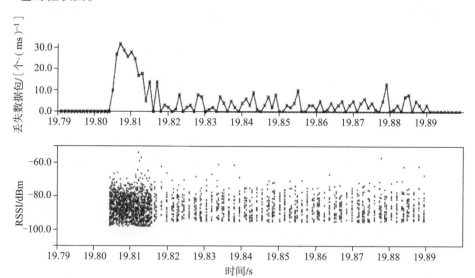

图 3.11 信道切换到和切换出 CCH 间隔时网络活动的快照（停留时间为 90 ms，应用广播间隔 t 为 50 ms，网络规模为 50 辆车）

图中间隔开始时可以观察到突发的数据包（见图 3.11 底部的散点图），这是由于车辆试图脱离在前段 SCH 间隔内应用所产生的排队数据包，导致大量的丢包。需要注意的是,即使网络中车辆所传输的数据包是以随机时间间隔产生,这种切换也会导致整个网络的广播同步。正如前面提到的,我们将其称为信道切换诱导广播同步。50 辆车以 50 ms(平均)的间隔进行传输,CCH 间隔开始时大约有 90 个排队的包(外加 GI 后的 4 个包)。在 CCH 开始时,网络利用率达到最高值,因为所有车辆都有 MAC 不能充分排程的待传输包,导致高百分比的丢包。不过,在队列排出后(大约为 19.87s),拥塞消失,丢包数减少。

3.5.3 多信道运行的其他解决方案

鉴于有关多信道 MAC 运行的研究仍处于早期阶段,我们依赖从移动自组网(Mobile Ad hoc Network,MANET)中取得的经验成果,以对替代方案做一个简单的讨论。Mo 等(2005)在 MANET 背景下对这些协议进行了一个全面的比较,但是其采用的协议、度量和网络场景不适用于 IEEE 1609.4 标准或车辆应用及网络。Mo 等(2005)总结出,除了 IEEE 1609.4 标准中规定的时间分割方法外,多信道 MAC 协调协议还有其他两个主要变化。

(1)专用控制信道:每辆车配备两部无线电设备。一部无线电设备专用于控制信道,另一部可调到任何其他的服务信道。未协调的车辆将控制信道作为一个交换控制消息的共同汇聚处,并就它们之间的消息传输调度达成协议。根据这些协议,每辆车上的另一部无线电设备在排定的时间切换到适当的服务信道。不同于时间分割法(IEEE 1609.4 2006),这种使用一个专用控制信道和一个专用控制无线电的方法不需要基于同步的集结总是发生在同一信道上。它降低了系统实现的复杂性,但由于有第二个无线电,所以成本有所增加。

(2)多重集结:时间分割法和专用控制信道法被归类为单集结系统,因为控制消息的交换每次只允许在一个信道发生。与此相反,多重集结协议允许不同车辆上的多对无线电在不同的信道上同时达成协议。这种多重集结协议的提出主要是为了克服由单一控制信道所造成的调度瓶颈。另一方面,由于存在多个集结信道,需要开发复杂的车辆间协调机制,以便两个设备可以在相同的信道(可能不是控制信道)上集结。一个直截了当的解决方案是让每个空闲设备遵循预定的跳频序列,并让发送设备在该信道上传输,以找到预定接收端(Kyasanur 和 Vaidya,2005;Mo 等,2005)。

3.6 车载自组网单跳广播及其可靠性强化方案

研究界目前正在评估 DSRC 在 V2V 和 V2I 通信应用中的使用（Chen 和 Cai，2005；USDOT，2005；Xu 等，2004；Yin 等，2004），其中大多数都是基于单跳广播通信的。对于该基本类型的通信，IEEE 802.11 MAC 可归结为一个简单的 CSMA 方案，不使用请求发送/清除发送（Request to Send/Clear to Send，RTS/CTS）程序和确认方案。换句话说，除了物理层"尽力而为"服务外，IEEE 802.11 MAC 不提供额外的可靠性保证。

Bai 和 Krishnan（2006）通过实证实验调查了 DSRC 无线通信的可靠性和特点。此项研究有利于 VSC 应用的高效设计和严格评估。为了实现这个目标，将主要精力集中在系统地分析 DSRC 通信的可靠性和 VSC 应用的可靠性上。其主要方面是 DSRC 无线通信本身的可靠性；不过同时，最终用户（驾驶员）所关注的是，VSC 应用是否可以提供可靠和值得信赖的应用服务。

3.6.1 DSRC 单跳广播方案的可靠性分析

3.6.1.1 实验设置

使用 3 辆配备 VSC 系统的汽车进行大量实验，以收集现实数据。3 辆实验车辆各搭载一个 DSRC 无线电设备、一个安装在车顶上的全向天线和一个 GPS 接收器。除 DSRC 无线通信系统硬件外，3 辆车辆还配备了若干能够提供驾驶辅助信息的 VSC 应用。为了执行 VSC 应用，每辆车定期广播其当前 GPS 位置、速度、驶向和其他传感器信息（如制动状态、加速度等），以使所有传输范围（通常为 300 m）内的邻近车辆收到消息。每辆车的定期 DSRC 消息广播速率为 100 ms。DSRC 通信的发送功率和传输率分别设置为 20 dBm 和 6 Mb/s。

在典型城区/郊区的真实的高速公路环境中进行了一组实验，为时 5 h。沿该段高速公路有一些墙体、隧道和天桥，代表无线信号传播的恶劣环境。另一组实验在试车道上进行，为时 2 h，它代表理想的旷野环境，其中没有任何敌对环境因素和交通因素会影响信号传播。在每一组实验中，配备了实验平台的 3 辆车由驾驶员自由驾驶，以仿真正常的驾驶行为。

3.6.1.2 DSRC 无线通信的可靠性

认识到通信可靠性和应用层可靠性之间存在的差异后，Bai 和 Krishnan (2006) 认为，有必要将它们隔开。

首先，研究专注于在平均丢包率和丢包模式方面分析各种交通环境下无线 DSRC 的可靠性。前一个度量仅捕获平均行为，而后一个度量则检查数据丢包的详细分布。图 3.12 给出了高速公路环境和旷野环境下 DSRC 的包投递率。首先，我们观察到包投递率随着车辆间距离的增加而衰减。此外，我们还注意到，包投递率在高速公路环境中的衰减要比旷野环境快得多。举例来说，在 100 m 时，包投递率分别是 93%（旷野）和 91%（高速公路），在 200 m 时，分别是 86%（旷野）和 78%（高速公路），在 300 m 时，分别是 88%（旷野）和 67%（高速公路），在 400 m 时，分别是 76%（旷野）和 58%（高速公路）。这一观察表明，DSRC 无线信道对大城市高速公路的衰减效应要比对旷野试车道环境的衰减效应严重得多。概括而言，从工程的角度来看，对于如旷野试车道等良性交通环境，DSRC 的可靠性比较令人满意。不过，即使在潜在恶劣的交通环境中，DSRC 通信的可靠性似乎仍然是足够的。

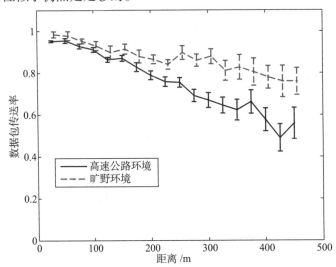

图 3.12　高速公路和旷野环境下包投递率与车辆间距离

[数据来自 Bai 和 Krishnan (2006)]

我们还调研了丢包的详细分布情况。其中，与 VSC 应用相关的度量是连续丢包的概率分布。该度量描述了 DSRC 无线信道上丢失的包是否为突然发生。突发性丢包现象发生频率越小，无线频道越可靠。图 3.13 分别给出了高速公路和旷野环境中连续丢包的概率分布。据观察，在较不可靠的高速公路环境下，大部分丢失的包不是单包丢失（在 0～25 m 时为 90%，在 200～225 m 时为 55%），就是双包丢失（在 0～25 m 时为 5%，在 200～225 m 时为 15%）。即使对于长距离场景（200～225 m），在这些实验中，超过 5 包连续丢失的情况也很少发生（少于 2%）。这一观察结果表明，在大部分的时间里车辆间 DSRC 无线通信过程中不会发生长时间的突发丢包，这表明在我们的实验中，丢包似乎是相互独立的。这与在前面的章节中讨论的信道相干时间的测量结果一致。虽然爆发式的丢包表明在某些数据包内信道稳定性很差，但是我们测量得到的相干时间通常信道即使在一个数据包的传输时间内也很难保持稳定。

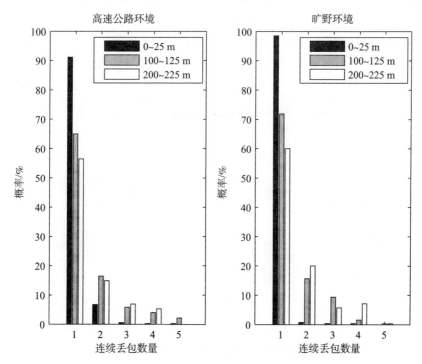

图 3.13　高速公路和旷野环境中连续丢包概率分布函数
［数据来自 Bai 和 Krishnan（2006）］

3.6.2 基于 DSRC 的 VSC 应用的可靠性分析

分析完 DSRC 通信的可靠性后,我们现在从最终用户的角度出发,研究 VSC 应用的可靠性。对于基于 DSRC 的 VSC 应用,当定期例行广播过程中零星地丢失一个或两个单包时,最终用户将不会受到什么干扰。在延迟容忍时间窗口 T 内,只要(至少)成功接收来自邻近车辆的一个数据包,接收车辆就能够运用 VSC 应用精确地对邻近车辆的信息进行预测和升级。因此,我们建议利用一种新的可靠性度量——T-窗口可靠性,其定义为:对于每个给定的时刻 t_0,如果一个包(或一个以上的包)在时间间隔 $[t_0 - T, t_0]$ 期间能接收到,则 VSC 应用在 t_0 时刻是可靠的;否则,认为 VSC 应用在 t_0 时刻是不可靠的。作为一个例子,平均应用层 T-窗口可靠性度量在高速公路交通环境下在图 3.14 中可描绘成一个距离函数。容忍时间窗口 T 是应用层可靠性的关键参数,随不同的 VSC 应用而变化。为了说明 T 对应用层 T-窗口可靠性度量的作用,要考虑一些合理 T 值($T = 0.3s$,$T = 0.5s$ 和 $T = 1.0s$)的影响。如图 3.14 所示,应用层可靠性数值大部分在 300 m(我们的应用的最大范围)内在 97% 以上,所以结论是基于 DSRC 的 VSC

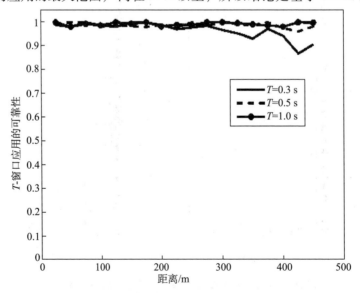

图 3.14　T-窗口应用的可靠性 vs. 高速公路环境中车辆间的距离

[数据来自 Bai 和 Krishnan(2006)]

应用的可靠性是相当令人满意的。

3.6.3　单跳广播方案的可靠性强化方案

DSRC 本身的单跳广播通信，不提供"尽力而为"服务外的可靠性保证。为了提供可靠的通信服务和可靠的安全应用，提出了几种方案，具体如下：

• 重复广播：在 VSC 应用中，车辆定期重复其广播消息，以弥补被丢弃的包（Bai and Krishnan，2006）。鉴于 VSC 应用所要求的无记忆特性和丢包模式的非突发性特性，重复广播的设计理念即使在严重衰落的环境中也有助于提供合理满意的可靠性。这种方法的缺点是会产生显著数量的额外开销数据包，从而导致信道的饱和以及包的冲突。因此，建议将重复广播方案与自适应传输功率和速率控制相结合，以达到最优性能（Hartenstein 和 Laberteaux，2008）。

• 可靠广播：可靠广播协议提出后，可以在高度移动的 MANET 场景下创建一个确定的、可靠的交付语义（Pagani 和 Rossi，1997）。从本质上讲，该协议采用聚类算法在移动节点之间建立和维护一个路由树结构，用于交换数据消息和回复。一旦移动性高，该协议会自动切换到泛洪机制，以对抗不可预测的拓扑结构动态。

这一协议适用于较低或中等移动性的场景，部分原因是其基于分簇的树结构方案。然而，在高移动性的场景下，该协议频繁依靠泛洪机制，从而产生显著数量的额外开销，降低其整体性能。

• 匿名流言机制：不同于确定性保障（全保障或无保障），匿名流言协议保证一定概率的可靠性包递交（Chandra 等，2001）。换句话说，匿名流言协议提供比"尽力而为"服务更可靠的通信，即便它们不能提供确定性的可靠通信保障。匿名流言协议是所谓的附加服务，它可以在任何通信服务（如广播或多播）或路由协议基础上建立。

匿名流言协议有两个运行阶段。在第一阶段，一个信息源 S 不可靠地将数据消息广播给其临近车辆；在第二阶段，一个接收器 A 随机挑选另一个潜在接收器 B 作为其流言机制的伙伴。随后，这两个节点开始交换信息，比较它们收到的数据消息是否不同。如果检测到差异，一个流言机制的伙伴就将丢失的包发送给另一方。

匿名流言协议可显著提高基础通信服务的可靠性（Chandra 等，

2001)。然而,某些关键任务场景需要强制性的100%的可靠性保证,采用这种概率方法,可靠性便得不到保证。

3.7 车载自组网多跳信息传播协议的设计

除了单跳广播通信外,多跳信息传播协议(包括广播协议)也引起了研究界的兴趣,因为它们能实现某类公共安全应用,如远程紧急警告或警报。

有了多跳广播协议,驾驶员就能了解远程路况和最远几千米外的其他车辆的驾驶状况,使他们能提前做出明智的驾驶决定。由于使用智能广播机制来分发警报消息,因此这种类型的应用对时序要求很高。要为VANET设计一个多跳广播协议,就必须考虑两种极端的车辆流量状况。

- 在车流密集的情况下,VANET会遇到广播风暴问题。广播风暴是在多辆车试图同时进行传输时发生的,这样会导致在MAC层的几次包冲突和额外时延。
- 在车流稀疏的情况下,VANET会遇到断网问题。当一个区域没有足够多的节点以用于传播广播消息时,网络将断开或分块。

在下面的章节中对这两种状况进行简要概述(Wisitpongphan等,2007a,b)。

3.7.1 密集VANET中的多跳广播协议

当交通密度超过一定值时,其中一个最严重的问题是由几辆连续的汽车广播相同的安全消息数量过多导致的共享媒介拥塞。由于无线媒介是共享的,所以盲目的广播数据包可能会导致相邻节点之间频繁的传输竞争和冲突。该问题有时被称为广播风暴问题(Ni等,1999)。

虽然缓和普通MANET环境中的广播风暴问题的解决方案众多,但在VANET环境中只存在少数几种解决方案(Hu等,2003;Korkmaz等,2006,2004;Ni等,2001,1999;Wisitpongphan等,2007b):(1)通过一项四车道高速公路场景的案例研究,探讨VANET中广播风暴的严重程度;(2)提出三种基于竞争的、轻量级广播技术,以缓解该问题,包括加权p-坚持、时隙1-坚持以及时隙p-坚持。提出的这些技术在连接良好的网络可提供近 100% 的可达性，并在连接良好的车载网络上使广播冗余和丢包率降低约 70%。提出的方案依靠 GPS 信息（当车辆无法接收 GPS 信号时为接收信号强度），但不需要有关网络拓扑结构的任何其他先前信息。图 3.15 具体展示了三种基于竞争的方案（Wisitpongphan 等，2007b）：加权 p-坚持播、时隙 1-坚持广播以及时隙 p-坚持广播。

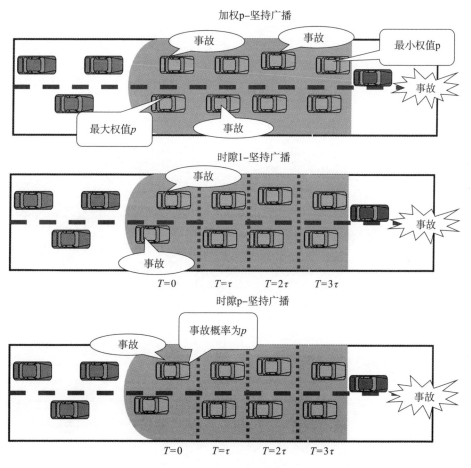

图 3.15　广播抑制技术

[Tonguz 等（2007）© 2007 IEEE]

基本广播技术遵循 1-坚持准则或 p-坚持准则。尽管开销很大，大多数为多跳自组网无线网络设计的路由协议均遵循穷举 1-坚持泛洪规则，由于其低复杂性和高数据包渗透率，要求所有节点以 1 的概率重新广播数据包。另一方面，基于流言机制的方案遵循 p-坚持规则，它要求每个节点以预先

确定的概率 p 进行重新转发。该方法有时也被称为概率泛洪（Haas 等，2002）。图 3.16 给出了通过三种设计方案取得的主要结果。注意，时隙 p-坚持方案可大大降低丢包率，代价是总时延的略微增加和渗透率的降低。

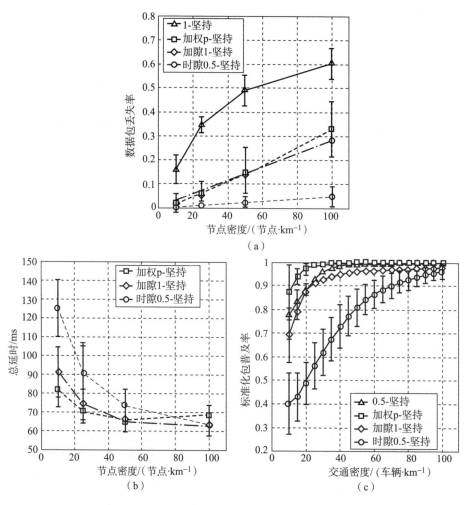

图 3.16 各种交通密度下的广播统计（结果以 95% 的置信区间显示）
（a）VANET 中的丢包率；（b）将广播消息传播到 10km 外的节点所需时间；
（c）标准化包普及率 [Tonguz 等（2007）© 2007 IEEE]

3.7.2 稀疏 VANET 中的多跳广播协议

另外一种极端的场景，即道路上没有很多车辆的情况，给传统路由协议带来很多麻烦。如图3.17所示。在一天的某些时段（例如，午夜至凌晨4点间），交通密度可能非常低，以致从一个源（试图广播的汽车）到后方汽车的多跳中继可能无法建立，因为目标节点可能在源的传输范围（中继范围）之外。更糟的是，在源的传输范围内的反向车道上也没有车辆，见图3.17（c）。在这类情况下，路由和广播成为一项艰巨的任务。虽然有几种路由技术可以解决移动无线网络的稀疏互联性，如传染路由（Vahdat和Becker，2000）、单拷贝路由（Spyropoulos等，2004）和多拷贝的"spary and wait"路由（Spyropoulos等，2005）等，但只有少数考虑到了VANET拓扑结构（Korkmaz等，2006，2004；Zhao和Cao，2006）。

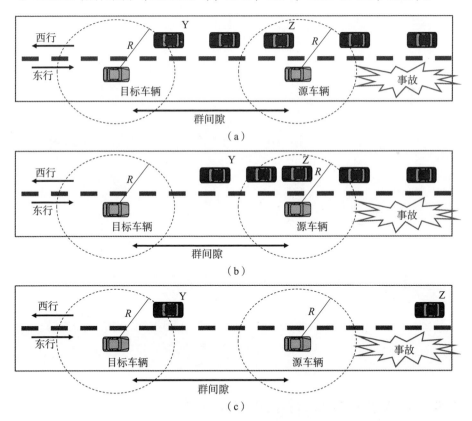

图3.17 断开连接的VANET图示

（a）最佳状况场景，其中数据包可通过反向车道上的车辆立即被传递到目标车辆上；（b）一般状况场景，其中反向车辆负责使用存储 – 携带 – 转发机制将包传递到目标车辆；（c）最差状况场景，其中数据包不能立即被传递到反向车辆上［Tonguz等（2007）© 2007 IEEE］

Wisitpongphan 等（2007a）建议通过所谓的存储 – 携带 – 转发机制（Briesemeister 和 Hommel，2000）应对这种极端状况。仿真结果表明，断开连接的车辆间的信息传递时延可从几秒钟到几分钟不等，这取决于车辆的稀疏度或使用 DSRC 技术的汽车的市场普及率，这种时延被称为"网络重新恢复时间"。这表明车载安全应用需要一个新的自组网路由协议，因为传统的自组网路由协议，如动态源路由（Dynamic Source Routing，DSR）或自组网按需距离向量（Ad hoc On Demand Distance Vector Routing，AODV）等在这么长的恢复时间下无法正常工作。在图 3.18 中，我们给出了通过存储 – 携带 – 转发方法（Wisitpongphan 等，2007a）得出的模拟和分析结果。

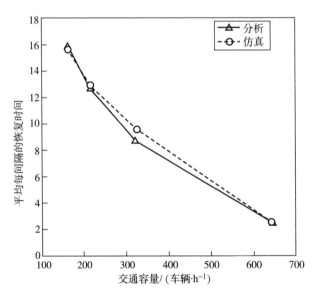

图 3.18　平均每间隔重新恢复时间：仿真结果（虚线）和分析结果（实线）
［Tonguz 等（2007）© 2007 IEEE］

3.8　VANET 中的移动 IP 解决方案

　　虽然安全应用是 DSRC 技术的主要焦点，但移动娱乐应用可以在驾驶过程中提供舒适和方便的用户体验。在这些娱乐应用当中，很多都需要用到移动 IP 解决方案和互联网工程任务组（Internet Engineering Task Force，

IETF）网络移动（Network Mobility，NEMO）协议（IETF，2007；Perkins，1997）。

3.8.1 移动 IP 解决方案

移动 IP 解决方案旨在让移动设备用户在保持一个永久 IP 地址的前提下，从一个网络移动到另一个网络。每个移动节点以其本地地址识别，而不考虑其目前在互联网上的位置。当处在偏远地区时，移动节点与转交地址（Care-of Address，CoA）相联系，它给出有关移动节点的当前位置信息。使用移动 IP 时，移动设备即使漫游也能做到不中断通信，这使得移动节点可以无缝地连接到互联网上。

每个移动节点具有两个地址：一个是永久本地地址，当移动节点在其本地网络时使用；另一个是 CoA，用于外部网络。在本地网络上，一个本地代理（Home Agent，HA）存储永久本地地址在本地代理网络的移动节点的有关信息。在外部网络中，一个外部代理存储访问其网络的移动节点的有关信息。移动节点的本地代理对节点的移动进行识别，并在其外部网络中维持移动节点的 CoA。另一个试图与移动节点通信的节点将其永久本地地址作为发送包的目的地址。一旦本地代理接收到发送给移动节点的数据包，它便使用本地代理的查找表将这些包转发至外部代理。这是通过隧道将数据包传递至移动节点的 CoA 来完成。数据包在隧道尽头进行解封装，并传送给移动节点。

作为发送者时，移动节点通过外部代理将数据包直接发送至其他通信节点，而无须通过本地代理。

NEMO 基于移动 IP 概念建立，它能够支持整个移动网络的移动性，使得网络中的不同节点进行移动和连接。与移动 IP 解决方案一样，NEMO 屏蔽了移动网络中的节点移动，这实现了与不支持任何移动性的设备的兼容。此外，NEMO 技术汇集了所有节点切换信令的过程，从而减少管理开销。

3.8.2 针对 VANET 场景的移动 IP 解决方案

虽然移动 IP 和 NEMO 在通用无线网络中已被广泛研究，但有关 VANET 场景中移动 IP 解决方案的研究仍处于早期阶段。在一项备受质疑的研究中，Baldessari 等（2007）将 VANET 和 NEMO 的概念相结合，提出了一个可部署的系统架构，称为 VANET 和 NEMO（VANEMO）。接着，这些作者从经济、功能和性能等角度对这个系统架构的可行性进行了整体分析。所得出的结论是，VANEMO 部署方法比单纯的 NEMO 方法更能满足对功能和性能的要求。

另一个吸引研究界关注的待决问题是快速可靠的 IP 地址采集协议的制定。研究已证明，无论是互联网中的地址配置协议，还是 MANET 的移动 IP 解决方案，都不可直接应用于 VANET 场景（Nesargi 和 Prakash，2002；Sun 和 Belding-Royer，2004）。举例来说，Bychkovsky 等（2006）揭示了在城市驾驶环境中，在一辆汽车与一个接入点（Access Point，AP）联系并获取一个 IP 地址后，连接时间范围一般是 5~24 s。然而，Wi-Fi 动态主机配置协议（Dynamic Host Configuration Protocol，DHCP）在联系完成后通常需要 2~5 s。换句话说，DHCP 最多可消耗车辆的可用连接时间的 100%。

Fazio 等（2006）建议利用 VANET 的可预测拓扑结构，并使用动态选择的领头车辆来运行分布式 DHCP 协议。这样一来，这些领头车辆可以向移动车辆提供唯一的 IP 地址，并降低 IP 地址重新配置的频率。结果表明，该方案只需合理的低配置时间就能获得一个 IP 地址。Arnold 等（2008）提出了另一种方案，其中，在同一个地理区域，前方的车辆可将自己的 IP 地址传给后方的车辆。例如，当节点 A 离开一个 AP 的覆盖区域时，在节点 A 后方的节点 B 将再次使用节点 A 的 IP 地址，并通过同一个 AP 访问互联网。结果表明，该协议将显著提高工作效率、减少延迟并增加车辆的连通性。

3.9 未来的研究方向和挑战

虽然最近的研究为增进我们对 V2X 通信系统的了解做出了显著贡献，但仍有许多工作需要做。在本节中，我们将简要地讨论其他具有挑战性和发展前途的方向。

3.9.1 物理层角度

如在本章中所讨论的，对现有测量数据集的分析，使代表性 V2X 信道的统计表征成为可能，并提供了有关这些环境的突出特点的见解。然而，为了验证这些见解的广泛适用性，需要在更大范围的区域环境下进行测量。例如，在美国不同地区或世界不同地区的郊区信道是否有明显不同？城市移动信道测量对位置信息的准确性有特殊需要。在城市峡谷处确定准确的移动节点位置是比较困难的，因为天空视野范围有限，且缺少可靠的GPS覆盖。

天线设计是一个至今得到较少关注但具有显著改善性能的有潜力的研究领域。优化天线的使用可将接收信号电平提高一个甚至多个数量级，或可将所需传输功率减少一个或多个数量级。与传统移动通信技术不同，V2X通信不是全向的，而是在正向和反向需要最大增益，在两侧方向仅需要适度的增益。另外，当普通单极天线或共线天线高于接地层的情况下，主天线波束的指向最好面向水平而不要朝上方。

最后，为室内低移动性 IEEE 802.11a/g 应用开发的均衡技术，并不适用于 V2X 信道。由于延迟扩展较长，导频载波间隔大于相干带宽，从而妨碍信道的频率选择性的合理采样。此外，由于 V2X 信道移动性高，在分组开头的一个单一均衡是不够的。最佳的解决方案提供了信道的动态跟踪，并改动了 802.11p 标准，以完全捕捉信道状态信息。另外，如果接收器以不超出多信道相干时间（通常为 1 ms 的阶数）的间隔更新均衡，就应能在无须改动标准的情况下显著改进性能。

3.9.2 网络角度

DSRC 标准（IEEE 802.11p 和 IEEE 1609.x）定义的技术方法和 VANET 技术（多跳路由和移动 IP）虽然在部署的初始阶段为主动安全应用提供一个可行的技术解决方案，但是在可靠性、可扩展性、各种环境下的鲁棒性和灵活性方面仍需要改进，以支持各种各样的 V2X 通信应用（如交通效率管理、商业和娱乐资讯应用等）。

为了进一步提高通信的可靠性，除物理层工作（天线设计和调制改进）外，MAC 层误差处理协议的制定也将有助于增加 V2X 应用的可靠性。本地化的误差处理机制能够通过隐式逐跳信号交换过程补偿丢包。具体而言，独立的 ACK/NACK 接收确认信标用于单播消息，而隐式 ACK（PACK）被纳入车辆安全应用的广播消息数据包中。

设计 VANET 多跳路由协议的一个主要挑战是在高度动态环境下保持

可扩展性和鲁棒性。在高度动态的环境下，基于位置的路由协议［如贪婪周边无状态路由（Greedy Perimeter Stateless Routing，GPSR）和位置辅助多播］似乎优于基于拓扑的路由协议（如 DSR 和 AODV），因为使用基于位置的路由协议时，网络拓扑结构的维护成本较低。其他两个机制也对支持车载自组网中多跳路由协议的运行非常关键。为了在数千辆汽车间达成有效的分组路由，向车辆分配网络地址是必不可少的，用以识别用于分组路由的目标车辆。利用地理信息协助 IP 地址的动态分配、维护和终止似乎对车载网络是一个实用的解决方案，部分原因是其对高车辆移动性的鲁棒性。此外，网络结构的自组织是必需的，以便更好地管理大型网络。由于高度移动的环境对网络分层结构有负面影响，所以可考虑将一个按需的、扁平的、本地化的网络结构作为大规模车载自组网中解决网络可扩展性问题的主要方法。

  时间分割多信道切换协议使 VANET 系统的灵活性能够支持安全和非安全应用。然而，一个多信道切换机制依赖于用于时间同步的 GPS 的可用性，以及用于集中协调的 RSU 的广泛部署。不幸的是，GPS 的普遍可用性和 RSU 的广泛部署目前尚不完善，尤其是在 V2X 系统的初始部署期间。此外，还需要辅助性时间同步和分布式协调系统，以支持 GPS 不可用或集中式 RSU 不存在的场景。举例来说，当 GSP 不可用时，可以利用一个基于自动时间自校正（Automatic Self-Time-Correcting，ASTC）无线信标的局部时间同步系统提供一种临时的同步机制。此外，在没有 RSU 的情况下，一个目标服务区（Service Zone，SZ）中车辆间的协调是以分布式点对点的方式实现的，而不是以集中式的方式。

参考文献

[1] Acosta, G., Tokuda, K. and Ingram, M. A. (2004) Measured joint Doppler-delay power profiles for vehicle-to-vehicle communications at 2.4 GHz. Proceedings of the Global Telecommunications Conference, vol. 6, pp. 3813 – 3817.

[2] Acosta-Marum, G. and Ingram, M. A. (2007) Six time-and frequency-selective empirical channel models for vehicular wireless LANs. IEEE Vehicular Technology Magazine 2 (4), 4 – 11.

[3] Akki, A. S. and Haber, F. (1986) A statistical model of mobile-to-mobile land communication channel. IEEE Transactions on Vehicular Technology VT – 35, 2 – 7.

[4] Arnold, T., Lloyd, W., Zhao, J. and Cao, G. (2008) IP address passing for VANETs. The Sixth Annual IEEE International Conference on Pervasive Computing and Communications, 2008 (PerCom 2008).

[5] Bai, F. and Krishnan, H. (2006) Reliability analysis of DSRC wireless communication for vehicle safety applications. Proceedings of the IEEE International Conference on Intelligent Transportation Systems (ITSC).

[6] Baldessari, R., Festag, A. and Abeille, J. (2007) NEMO meets VANET: A deployability analysis of network mobility in vehicular communication. Proceedings of 7th International Conference on ITS Telecommunication (ITST 07), pp. 1 – 6.

[7] Briesemeister, L. andHommel, G. (2000) Role-based multicast in highly mobile but sparsely connected ad hoc networks. Proceedings of ACM Mobihoc, pp. 45 – 50.

[8] Bychkovsky, V., Hull, B., Miu, A., Balakrishnan, H. and Madden, S. (2006) A measurement study of vehicular Internet access using in situWi-Fi networks. ACM MobiCom, pp. 50 – 61.

[9] Chandra, R., Ramasubramanian, V. and Birman, K. (2001) Anonymous gossip: Improving multicast reliability in mobile ad hoc networks. Proceedings of 21st International Conference on Distributed Computing Systems (ICDCS), pp. 275 – 283.

[10] Chen, W. and Cai, S. (2005) Ad hoc peer-to-peer network architecture for vehicle safety communications. IEEE Communications Magazine, 100 – 107.

[11] Cheng, L. (2008) Physical layer modeling and analysis for vehicle-to-vehicle networks. Ph. D. Dissertation, Carnegie Mellon University.

[12] Cheng, L., Henty, B., Bai, F. and Stancil, D. (2008a) Doppler spread and coherence time of rural and highway vehicle-to-vehicle channels at 5.9 GHz. Proceedings of the Global Telecommunications Conference, 2008. IEEE GLOBECOM 2008, pp. 1 – 6.

[13] Cheng, L., Henty, B., Bai, F. and Stancil, D. (2008b) Highway

and rural propagation channel modeling for vehicle-to-vehicle communications at 5.9 GHz. Proceedings of the Antennas and Propagation Society International Symposium, pp. 1 – 4.

[14] Cheng, L., Henty, B., Cooper, R., Stancil, D. and Bai, F. (2007a) A measurement study of time-scaled 802.11a waveforms over the mobile-to-mobile vehicular channel at 5.9 GHz. IEEE Communications Magazine 46 (5), 84 – 91.

[15] Cheng, L., Henty, B., Cooper, R., Stancil, D. and Bai, F. (2008c) Multi-path propagation measurements for vehicular networks at 5.9 GHz. Proceedings of the Wireless Communications and Networking Conference, 2008. WCNC 2008, pp. 1239 – 1244.

[16] Cheng, L., Henty, B., Stancil, D., Bai, F. and Mudalige, P. (2007b) Mobile vehicle-to-vehicle narrow-band channel measurement and characterization of the 5.9 GHz dedicated short range communication (DSRC) frequency band. IEEE Journal on Selected Areas in Communications 25, 1501 – 1516.

[17] Davis, J. and Linnartz, J. (1994) Vehicle to vehicle RF propagation measurements. Twenty-Eighth Asilomar Conference on Signals, Systems and Computers, vol. 1, pp. 470 – 474.

[18] Fazio, M., Palazzi, C. E., Das, S. and Gerla, M. (2006) Automatic IP address configuration in VANETs. VANET '06: Proceedings of the 3rd International Workshop on Vehicular ad hoc Networks, pp. 100 – 101. ACM, New York, NY, USA.

[19] Gans, M. J. (1972) A power spectral theory of propagation in the mobile radio environment. IEEE Transactions on Vehicular Technology VT – 21, 27 – 38.

[20] Haas, Z., Halpern, J. and Li, L. (2002) Gossip-based ad hoc routing. Proceeding of Infocom, pp. 1707 – 1716.

[21] Hartenstein, H. and Laberteaux, K. (2008) A tutorial survey on vehicular ad hoc networks. Communications Magazine, IEEE 46 (6), 164 – 171.

4 铁路设施中的通信系统

Benoît Bouchez, Luc de Coen
法国庞巴迪运输公司

直到最近几年，列车与地面之间的通信才不涉及作为通信部件的列车本身。现在对运营商的灵活性以及客户服务的新需求，正在将列车转化为与固定装置进行永久性数据交换的通信设备。本章的目标是探讨铁路专用的通信需求，并将其与现有的和未来的无线通信网络进行比较。

4.1 嵌入式计算机及通信网络在铁路应用中的发展

相比在其他领域，由于铁路环境较恶劣（如高压、强电流、强磁场以及强大温差等），因此嵌入式计算机最近才引入轨道车辆。

本次介绍将划分为四个不同的时期（Bouchez，2008）。

第一代列车计算机（1980—1990 年）彼此之间是完全独立的。其中每一台计算机仅完成一项工作（如推动器、刹车片）。这个时期的计算机功能只和列车控制以及一些维护功能相关，并没有"使乘客更加舒适"的相关功能。除了一些特定的无人驾驶列车控制之外，列车计算机不可能与地面直接通信。

第二代列车计算机（1990—2000 年）也是基于针对每个功能的专用计算机，但是还引入了与乘客信息相关的新功能，例如，使用 LCD 和 LED 显示器来提供旅游信息。为了将不同的计算机连接在一起，引入了嵌入式网络，如法国 TGV 高速列车上的令牌网环用户设备（Token Ring Network Alsthom Device，TORNAD）网络。但是，由于列车和地面之间缺乏直接通信，无法向乘客展示动态信息，如列车晚点信息。然而，在此期间也出现了一些与安全相关的系统，它们能够准时地从地面向火车传递信息。同时期也使用低于 1 200 b/s（该频率是为了维持和列车之间的链接）的无线调制解调器进行信息传递，法国的 KVB 系统就是这一代地面和火车通信系统的一个例子。

列车自动控制（ATC）系统可以被看作一个特殊情况，因为它从 1967 年就已被用于通勤列车（或地铁）（如 RATP PA-BF 系统），并且是第一个严格基于硬件而没有软件的案例。还应指出的是，ATC 通信应用的全双工通信只出现在 1989 年提出并在 1992 实施的 RATP MP-89 SAET 系统之中。

第三代列车计算机（2000—2005 年）体系结构不同于第二代，主要表现在列车正常运行时，列车和地面间通信系统的系统性利用。第二代体系结构只是出于维护目的使用无线通信作为一个备份连接，而第三代列车地面通信链路主要实现这些列车的预测性维护。服务类型包括为了维护服务器而每天发送的日程报告、数据库或时间表的更新，以及座位预订信息。在这种体系结构中，一台特定的计算机通常兼顾多种功能。

第三代列车主要使用基于全球移动通信系统（GSM）的通信系统。因此整个列车服务期间不易保持通信。在大多数情况下，建立的通信是有时间限制的，尤其是对于列车与地面之间的文件传输。

2005 年，火车上开始部署当代结构体系的列车计算机（第四代列车计算机）。与第三代相比，第四代最明显的不同是使用了分布式系统，它使用高带宽的网络（如以太网）将少量计算机连接在一起。第二个明显的不同是新一代的列车计算机系统提供基于网络的集成服务（如数字音频、数字视频和互联网接入）。新一代的列车计算机系统致力于列车与地面之间的周期性或永久性的链接，使火车成为全球通信方案的一部分。

4.2 全球通信框架下的列车一体化

全球通信框架下的列车一体化是多种类型服务的必然需要，尤其是交通控制、监督服务、解决互操作性问题以及动态换乘的信息服务。

列车线路上需要高性能的交通控制和监督。在这种情况下，列车不可以自主操作，只能由工程师亲自操作。巴黎的 RER（The Le Réseau Express Régional）A 线路是最著名的实例之一，由于列车之间的时间间隔太短，不能采用经典的信令，因此该线路只能在自动操作以及维护辅助驾驶系统（Système d'aide à la conduite, à l'exploitation et à la maintenance, SACEM）的额定负荷下运行。

例如欧洲铁路运输管理系统（European Train Control System）等许多项目，将列车集成到全球通信框架，解决了互操作性等问题。例如，巴黎、布鲁塞尔和阿姆斯特丹之间运行的 Thalys 高速列车，在一次完整的服务中需要（大概每个国家两个安全系统）多达 6 种不同安全系统的要求。欧洲列车控制系统（ETCS）和 GSM-Rail（GSM-R）是 ERTMS 的两个基本组成部分，也是融入全球通信框架的关键技术。

只在屏幕上显示列车的目的地和预定到达时间等简单信息是远远不够的，旅客更需要的是动态的信息。对旅客而言，列车还应该动态显示如下一站名称、估计时延和延误原因等信息。通过将列车融入全球性通信框架，列车本身就可以直接从地面接收信息，包括红色信号和任何潜在的延误原因。列车运营商发起的各种民意调查表明，即使延迟发生，动态信息也能够给旅客愉快的感觉，因为旅客和列车一直处于互动之中。

4.3 通信类型和相关通信需求

4.3.1 实时数据

实时数据只用于在有限时间内有效的信息。通常，正常情况下系统的值不断变化，如电机电流或者门状态都认为是实时数据。这类数据采用多路广播或广播寻址的方式，用于信息源和一个或多个接收器之间的单向交流。

实时数据采用循环通信进行交换，以保持尽可能低的延迟。在这种情况下，交换的可靠性是由消息重复循环保证的。通常假定源节点定量连续信息的损失是可以接受的，因为数据的图像不断被新的信息更新。当通信环境恶劣造成消息丢失，或者需通过其他的通信类型得到该无线链路时，这才显得非常重要（图4.1）。

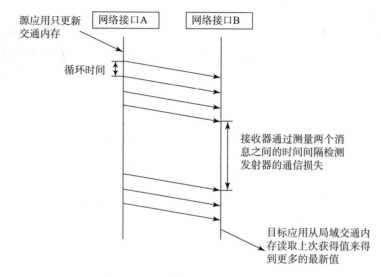

图4.1 通过循环消息传递实时数据

实时数据使用底层协议进行交换，从而保证传递的可靠性。然而，由于在返回路径中使用了确认机制，所以必须保证网络的最大抖动和延迟。过度抖动会导致实时任务不能同步处理，从而对采样系统产生负面影响。过多的延迟会导致数据处理系统认为数据是过时的。

接收器通过测量两个消息之间的时间间隔可以检测发射器的通信损失。然而，应该指出的是，实时数据报文的接收不足以确保正确的系统活动。在大多数的多处理器和多线程系统中，通信和计算任务是通过共享内存来使用分离的资源和交换数据而不是通过事件。循环传输只能证实通信资源处于活动状态。因此强烈建议每个循环报文包含一个动态组件或"生存标志"，它不是由通信任务而是由应用程序本身计算得到。生存标志的值在一个给定的时间内（和循环超时大致相同的时间）不发生变化，就表明包含在报文中的数据是无效的。

4.3.2 非实时消息数据

为保证网络之间的消息传递就必须使用特定的协议。由于必须告知发送者处理结果，命令消息通常使用此类的数据通信。这样的数据交换意味着一种承认的形式；这样一条单一的命令会引起网络上的多条信息。在大多数情况下，由网络引起的延迟会导致不可预测的延迟时间，因此，术语"非实时"派上了用场。

当把数据演化的时间函数看成是分散的时，使用非实时消息。在这种情况下，非实时数据交换是一种限制带宽使用的方法，因为没有数据就没有通信发生。

非实时信息数据类别通常用于"写消息"和"读消息"。

"写消息"由两部分组成：数据信息，其中包含发送到目的地的数据；确认消息，它是从数据接收端发送到数据发送端，并向发送端确认消息已经收到并已采用适当的考虑（图4.2）。确认消息是由接收端发出，用于确认正确的消息传递，或在网络故障的情况下触发发送者消息重发。

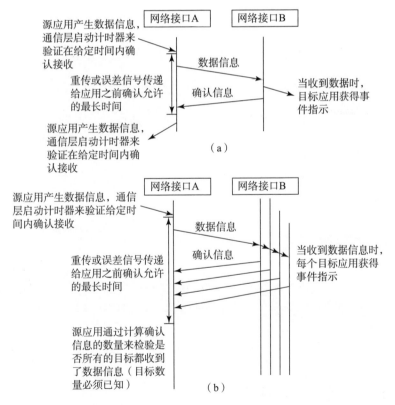

图4.2 基于地址方式的用于单点到单目标命令传送的"写消息"（a）和基于地址方式的用于单点到多目标命令传送的"写消息"（b）

"读消息"也由两部分组成：请求消息，表明请求读取的数据；应答消息，包含所请求的数据。如果应答缺少，请求方可以检测通信问题（图4.3）。

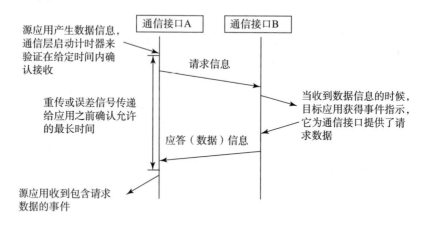

图4.3 发射器利用"读消息"获取远程站点的数据

应该指出的是，寻址方法也会影响这类消息的行为。单一传播命令只产生一个确认消息。多路广播命令消息将产生多个确认消息。因此，有必要让发送端了解有多少目的地需要应答，以便检查是否所有的消息都产生了预期的确认消息。

由于一般不知道目的端的个数，因此认为广播寻址与确认机制是不兼容的。

4.3.3 流数据

流数据类型与实时数据类型很相似，但是，流依赖命令来允许其启动和停止。如果没有这个命令，流数据将从网络中消失，而没有流数据将被认为是错误的。

由于流数据主要用于音频和视频传输，因此对数据流类的抖动和时延要求一般要比实时数据流宽松。

音频流中的数据包的丢失会导致"点击"噪声，在极端情况下，可能会影响信息的清晰度。在视频流的情况下，大多数的压缩方案是基于以前的消息内容。在一个特定的时间内，单一的信息丢失可能影响所有的流，因此，对于数据流类网络的可靠性要求要比实时数据更严格。

流数据的交换通常被看作单向的。然而，许多应用都需要一个控制流，如实时传输控制协议（RTP Control Protocol），用于通知发送端数据包向接收端的传输。控制流通常使用的只有主流百分之几的吞吐量。

4.4 铁路通信系统和相关需求的预期服务

4.4.1 列车自动控制

列车自动控制（Automatic Train Control，ATC）涵盖了各种应用，从列车保护——也叫列车自动防护系统（Automatic Train Protection System）到列车全自动驾驶（Gabillard，1987）。列车防护主要使用地面与列车通信，向车厢报告地面信号和车速限制信息。

所有 ATC（自动驾驶）也是基于地面与列车的通信。为了使列车具有向地面报告信息的能力（如门状态），旧的系统通常使用本地化的双向通信系统。现在的系统需要永久性的双向通信链路。

ATC 系统基于实时数据类型。双向系统也可以使用从信息数据类型继承的特定通信类型，称为混合的消息交换。在这种情况下，每个消息（包括列车向地面和地面向列车的信息）都包含数据。通信的发起者，如地面控制器，在它的控制范围内向列车发送一个包含命令的信息。然后该接收器使用自己的数据包进行回答。该消息应答（图 4.3）在发送端被认为是确认消息。

ATC 应用要求通信保证绝对的数据完整性（在 OSI 第 2 层和第 3 层最常进行）。使用开放的通信链路 ATC 应用（如音频），也必须防止伪装（通过使用认证）、窃听（通过使用加密）和拒绝服务（通过检测洪泛）。

ATC 所需的数据交换量非常小（通常是每秒几千比特）。根据应用程序配置文件，ATC 应用的延迟一般为低等或中等（通常认为是 1 s 最大值）。

4.4.2 乘客信息系统

本小节中的乘客信息要求基于音频与显示系统。

4.4.2.1 乘客视觉显示器

LED矩阵显示器只需要少量的数据（通常几百字节，消息之间的延迟超过1 min）。但是TFT使用图形显示，显示内容更新时需要大量的数据——1~2 MB。内容更新会导致网络中消息爆发。

一般很少从地面动态地更新乘客信息系统（Passenger Information System）。在大多数情况下，显示的内容是由车载的服务器控制，该服务器在维护阶段进行离线更新。显示的内容通常是任务相关的，并由工程师手动定义条目信息。

座位显示器（Seat Monitor）是上面说明的例外。这种显示器使用在不强制性要求座位预约的（旅客要付钱才能保证拥有一个座位）列车线路上。在预订座位时，旅客收到指示旅客车厢和座位号的凭单。在列车上，座位上会有预订的标签或电子显示，表明该座位已被预订。它严重依赖于集成到通信框架下的列车。然而，即使需要更新的座位数量很大，数据量也相当低。

PIS系统在大多数应用中可以容忍高延迟，但它们需要精确的同步。同步通常是由主车载的服务器处理，并采用组播命令触发显示更新。

4.4.2.2 乘客音频

音频流根据不同需求有多种用途：
（1）从一个点到整个列车扩散的公共地址（Public Address）音频；
（2）两点之间通信的对讲机；
（3）娱乐：发布到座位或公共广播的音乐或新闻；
（4）列车与地面之间的通信。

PA应用对延迟敏感，如果源位于同一列列车，那么必须保持延迟小于50 ms。如果说话的人听到自己的声音有较长的延迟，那么由于回声效应，想要清晰地说话就几乎不可能。PA与远程源（典型地面与列车或列车与地面）需要容忍更高的延迟。

用于音频流的带宽根据流编码的不同，可以从每秒几千比特到高达500 Mb/s之间变化。像PA和对讲机这样的应用通常与高压缩算法（如MP3）不兼容，因为它们引入了高延迟。这样的应用程序需要一个非压缩格式，从而导致更大的带宽。

如果将回波抑制技术用于每个源，车载的点之间或地面与列车之间的对讲机应用必须容忍一个比 PA 更高的延迟（高达 250 ms）。在这种情况下，可以使用压缩系统降低所需的带宽。这对列车与路边通信特别有帮助，路边通信应用中可用带宽比车载网络限制更严格。

当音频流用于紧急呼叫时，其应用还需要高可靠性。

4.4.3 视频

视频流有多种用途，各有不同的要求：
(1) 录制与安全相关的闭路电视（Closed-circuit Television）；
(2) 后视功能，工程师不需要透过车厢窗户来验证客流量；
(3) 娱乐：通过座椅或者公共广播发布视频；
(4) 列车的控制平台。

视频流所面临的主要问题是所需的数据量。在所有情况下，必须使用视频压缩算法，并在信号路径上引入延迟。现代压缩算法如 MPEG-4 允许一个速率为 25 帧/s 的 4×CIF（4CIF）图片（704×576 像素）使用平均 1 Mb/s 的带宽，峰值可达 2 Mb/s。必须指出的是，一些压缩算法的峰值比特率高于平均比特率。任何两种算法之间的选择必须考虑每个流使用的平均带宽和视频突发传送的风险，因为视频突发传送可能导致网络饱和以及数据包丢失。

实时视频流应用在实时显示时最多可容忍 1~2 s 的延迟，但对数据包的丢失并不敏感。安全记录应用甚至可以容忍更高的延迟，但往往有一个要求，即不应该有任何数据包丢失。

实时视频流应用丢失往往是危险的，因为它所使用的压缩算法依赖于以前的数据包来计算新的帧。单一的数据包丢失可以产生几秒无用的视频画面，这可能是无法接受的，特别是与安全相关的记录应用。

4.4.4 维护

维护数据存储在本地列车的硬盘中，只有当列车返回车厂或从地面接收特定请求时，才将这些数据传输到地面。因为保证所有的维护数据的正确传送是很重要的，所以必须使用确认消息数据类型。另外，使用维护数据可以支持非常高的数据传输延迟。

这类应用数据还包括列车软件和列车参数的更新，如改变时间表。这些类型的应用数据与保证可靠传输的车载维护数据有着同样的要求。

要传送的数据量的变化是非常大的，但它可以很容易地达到几百个千字节甚至几兆字节。这意味着在列车与地面之间需要一个高带宽数据通信链路。

4.4.5 车载互联网接入

互联网接入关系到旅客，因此它是列车与地面之间数据交换的一个特殊类型。列车互联网接入的数据类型在之前讨论中已考虑到。

通过位于每一辆车上的 Wi-Fi 接入点接入互联网，是旅客最常见的上网方式。

初步的研究案例表明，大多数旅客仅使用车载网络接入上网阅读和发送电子邮件。目前只有小部分旅客上网浏览网页或使用其他高带宽应用。

车载上网的关键是它的安全性。必须确保旅客不能使用自己的计算机接入嵌入式网络。最低安全要求是使用网关隔离旅客所使用的网络和列车运行所使用的网络。一些列车制造商喜欢使用两个完全不同的网络，每一个都有属于自己的到地面上的链接，这也是为了保证旅客不能访问（无论是意外或故意）列车操作网络。

4.5 无线链路容量估算的定性方法和定量方法

4.5.1 环境影响

在典型运行过程中，列车会遇到许多不同的环境。例如，一列火车，离开一个周围有高耸的混凝土建筑的城市中央火车站，然后进入一个连接于空旷地面上的轨道的隧道。每个环境对无线通信都有不同的传播模型。

每个环境都有自己的传播条件，而这些传播条件会影响到无线电信号。由于隐藏环境结构的变化，同样的条件下可能会得到不同的结果。例如，在隧道中，波的传播不仅受到混凝土墙的影响，也受到底层金属结构的影响。

因此，对于给定的环境，波的传播是不可预测的。在一个给定的位置，确定传播条件的唯一可行的方式是使用专用的测量工具，如频谱分析仪和功率计。

另一个必须考虑的环境影响是频谱污染，尤其是如果该通信系统使用的频段在多用户之间共享时，如工业、科学和医疗（ISM）队等。这些频段的使用常常给传输功率带来很大的局限性和限制。频谱的污染也可能来自意想不到的源头，如微波炉，它产生的干扰分布在 2.4～2.5 GHz ISM 频段。在美国，频谱污染在 901～928 MHz ISM 频段也是很严重的（在欧洲，该频段则保留给 GSM），该频段受干扰程度很高。

抗干扰的唯一方法是，在许可频谱内，为主要用户分配专用频段。

4.5.2　全球传播模型

等效全向辐射功率（Equivalent Isotropic Radiated Power，EIRP），用 dBm 表示，是需要考虑的最重要的参数之一。这个值反映了发射器的输出功率。较高的 EIRP 拥有更宽的传输范围，但一个给定频段的最大 EIRP 通常受地方性法规的限制。

传播模型受传输频率的影响。高带宽的无线链路需要更高频率的载波或更复杂的调制方案。较高的频率在相同的传播条件下更容易随着距离衰减，但它也能获得更好的定向传播特性。必须指出的是，天线的增益相对于天线的尺寸更有利于高频率，可以部分抵消衰减的影响。

对于更高的频率，材料的吸收也更高。吸收取决于在波传播路径上的材料，也与波的频率有关。举一个例子，25 cm 厚的混凝土墙产生的衰减，在 2.4 GHz 时约为 10 dB，在 5 GHz 时约为 15 dB。大气中产生的可以忽略不计的吸收频率高达 10 GHz。

波的传播受障碍物的影响有三种方式：一部分波能量被障碍物吸收，另一部分被反射，剩下一部分跨越障碍继续传播。由于反射部分可以结合直接信号和传播信号，会产生负调节作用，因此一些调制方案更容易受到障碍物的影响。

当波路径上的障碍物的尺寸大于波长时，必须考虑衍射现象。同样地，当波路径上的障碍物的尺寸小于波长时，必须考虑散射现象。

4.5.3　列车移动影响

无线电系统的交接能力能够成为快速移动列车的关键。让我们考虑以下情况，例如，无线电系统每 500 m 有一个接入点。以 100 km/h（27.8m/s）移动的列车每 18 s 可以从一个接入点到达另一个接入点。如果无线系统从一个接入点到达另一个接入点需要 1 s，那么全局供应会下降 5%。这个程度的下降可以对安全相关系统产生非常大的影响，如空中交通管制（ATC）系统。

由于多普勒效应取决于载波频率与列车速度，因此能够影响信号的相位和频率，所以也必须考虑（从接收器的角度来看）。

4.5.4 监管和许可

每个国家的监管机构都对频谱的使用进行了定义［例如，在美国有美国联邦通信委员会（United States Federal Communications Commission）；在欧洲，有欧洲邮电管理委员会（CEPT）以及欧洲电信标准协会（European Telecommunications Standards Institute）］。不同的国家机构通过世界无线电通信大会（World Radiocommunication Conference）和国际电信联盟（International Telecommunications Union）进行定期沟通。

监管机构负责频段分配。根据当地的规定，每个频段都可以专用或免许可证进行授权。一些共享的频段，如 ISM 频段，在没有提前向监管机构进行个人申报的情况下就可以使用。然而，为了实现干扰抑制，发射功率的频段是非常有限的（如 EIRP）。

关键应用必须最小化干扰的风险，另外，若是所需要的 EIRP 超过许可证所允许的值，就必须依靠分配的频率。

4.6 适用于铁路通信系统的现有无线系统

4.6.1 磁耦合技术

磁耦合技术基于沿轨道安装的感应线圈。安装在列车上的探测器"磁头"接收由感应线圈产生的磁场并向车载解码器发送信号（图 4.4）。类似的系统也可以安装在列车上，用于从列车向地面传输信号。

4 铁路设施中的通信系统 | 97

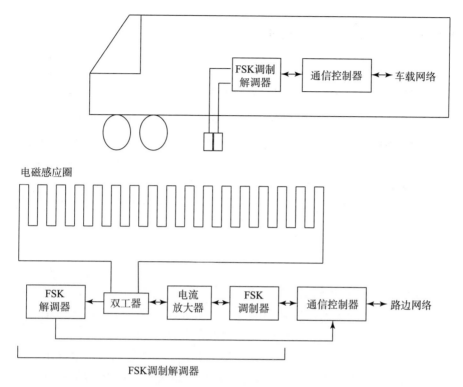

图 4.4 基于运行在火车轨道上的电磁感应线圈的电磁耦合技术

在交通管制系统中，感应线圈的排列形状也反映了距离和速度信息。列车使用双相系统用于检测传输回路以及计算等效的相对距离。

由于电缆的长度较长，轨道感应回路有较高的电感值。载波带宽限制在几十千赫兹。其直接后果是限制了列车与地面之间的数据传输。磁耦合技术所限制的数据传输速率通常要小于 5 Kb/s。还应该注意到，磁回路是很脆弱的，必须由容器保护，当系统必须部署在整个轨道长度上时，这会提高产生成本。

由于这些应用的低带宽要求，磁耦合技术通常用于 ATC。它也与维护相关的通信和乘客信息系统相兼容。

单向 ATC 应用程序可以使用精确磁耦合器（通常一个信号主要用于循环），但其他的应用配置文件需要磁单元来覆盖整个轨道的长度，使得该技术非常昂贵。这种应用程序配置文件受到有限长度线路的限制，最常见的是通勤列车线路。

4.6.2 WLAN/WMAN 技术

4.6.2.1 基于 IEEE 802.11 (Wi-Fi) 的系统

IEEE 802.11 工作组已经定义了多个无线局域网络 (WLAN) 的标准 (IEEE 802.11, 2007), 这些标准主要基于 ISM 频段 (2.4 GHz 和 5 GHz)。每个标准使用不同的调制方案, 保证各标准互不兼容。用户数据传输速率从 900 Kb/s (IEEE 802.11) 到 54 Mb/s (IEEE 802.11agh) 不等。

IEEE 802.11 工作组还没有面向移动性。到目前为止, 没有任何官方的 IEEE 802.11 标准致力于移动用户, 只有少数的测试用来检查各种标准对手机通信支持的能力。

试验表明, 大多数 Wi-Fi 标准和它们最初的设计相符, 都不支持速度超过 80 km/h 的移动通信设备, 这对大多数的列车应用都有极大的限制。由于切换延迟和相关通信损耗速度变得显著, 所以 Wi-Fi 连接不适用于列车移动应用, 因此应保留固定连接 (通常在站台)。

2004 年, IEEE 曾发布了一个由工作组制定的 IEEE 802.11p 标准。这个版本目的是支持移动设备在列车速度高达 250 km/h 时, 能够支持 6 Mb/s 的数据传输能力。在 OFDM/PSK 调制下, IEEE 802.11p 将使用授权的 5.9 GHz 的载波频率。

IEEE 802.11 标准受到竞争访问机制的影响: 出现一个随机中断后, 每个试图与接入点 (Access Point) 通信的站点之间会竞争 AP。越近的站点拥有越高的优先级, 因此遥远的站更可能被中断。因为流媒体应用 (音频和视频) 对通信丢失敏感, 所以 Wi-Fi 不能很好地支持这些应用。

4.6.2.2 基于 IEEE 802.16 (WiMAX) 的系统

IEEE 802.16 工作组目前正在为微波接入互联网开发一套新的名为全球协作微波接入 (WiMAX) 的标准。IEEE 802.16 (2007) 用于高带宽、大范围通信, 而 IEEE 802.11 用于短距离通信。

WiMAX (802.16) 系统可分为应用于视距和非视距两种, 其中使用 2~11 GHz 频带的系统应用于非视距 (NLOS) 范围, 只能覆盖 10 km。而使用 10~66 GHz 频带的系统应用于视距 (LOS) 范围, 可以覆盖 30 km。

IEEE 802.16d 标准描述了基于正交频分复用 (Orthogonal Frequency

Division Multiplexing，OFDM）技术的通信标准，它使用 2～11 GHz 的频段，支持高达 100 Mb/s 的数据传输速率。初步的测试表明，该标准能够覆盖速度低于 80 km/h 的移动应用。然而，随着速度的增加，移动站点的性能会迅速下降。

为了解决特定的移动需求，颁布了 IEEE 802.16e 标准（IEEE 802.16e 2005），其数据传输速率低于 IEEE 802.16d 链接，但在 5 GHz 频段中，它能够支持速度高达 150 km/h 的移动通信。此标准是基于扩展正交频分复用接入（Orthogonal Frequency Division Multiple Access，OFDMA）的访问方法，所有用户可以动态地共享可用的无线带宽。

与 Wi-Fi 相比，WiMAX 最明显的优点是访问调度算法，在该算法中，只有当站点试图加入网络（Wi-Fi 用户使用竞争接入）的时候，它才会去竞争以获得访问权。当一个用户已经被授予访问位置时，直到它离开网络时，才释放该位置。根据信道负载和服务质量（Quality of Service）的设置，访问时间可以扩大或缩小，这样能够得到更高的带宽效率。

与 Wi-Fi 相比，它的另一个优势是使用基于流的 QoS，保证了流媒体应用的性能，如语音或视频。Wi-Fi 使用基于包的 QoS 标签机制。

4.6.3 蜂窝技术

蜂窝网络是由小单元按照建筑蜂窝的方式组成的，每个单元负责一个给定数的同步连接。

公共蜂窝技术的主要优点是，目前分布较广泛，几乎可以提供主要列车轨道周边任意位置的连接。多个用户之间可以共享蜂窝基础设施，这样一来就不需安装专用的列车基础设施。

4.6.3.1 GSM/GSM-R

世界各地最常见的蜂窝系统是 GSM 系统。它支持语音和数据传输。GSM 还可以通过各种算法（如 A3，A5 和 COMP128）提供加密功能，但事实也证明，其中一些算法已被破解。

基站（Base Station）和移动站点（Mobile Site）之间的传输速率为 270.833 Kb/s。带宽由 8 个时隙（Time Slot）共享，分配给它们当中的每个时隙的原始带宽是 33.8 Kb/s，可用带宽是 24.7 Kb/s，语音和数据通道共享这些带宽。

根据不同的传播条件，可用于数据信道的带宽从 300 b/s 到 9.6 k/s 不等。这限制了 GSM 应用在低带宽的应用，典型的例子便是 PIS 的更新。数据可由透明或非透明的服务进行交换，前者有固定的传输延时，但不能保证数据的完整性；后者的服务通过重复请求（ARQ）机制保证数据的完整性，但由此产生了可变的传输延时。

GSM 网络由多个用户之间共享，因此有一个不可忽视的风险，即列车驶入基站（BS）范围内时，该基站已分配完所有可用的信道。由于一个移动站点总是尝试和 3 个基站进行接触，因此降低了前述的风险。为了降低功耗，通常选择最近的一个基站，但如果最近的一个基站没有可用的通道，它也会连接较远的一个基站，这样就降低了通信损失的风险。

由于城外基站数目较少，列车驶出城市区域以后，它的通信损失的风险会更高。经验表明，基站和移动站点之间的最大距离约为 35 km。城市区域通常覆盖较多的基站，但单元尺寸较小，这对于慢速移动的移动站点的影响较小，但会影响列车切换基站至其经常连接的那个基站的需求。通信的可用性可受到多个协商阶段的影响。为了消除公共 GSM 对列车应用的局限性，国际铁路联盟（International Railway Union）设计了 GSM-R。GSM-R 是 ERMS 欧洲项目的一部分（GSM-R，2006）。

和标准的 GSM 一样，GSM-R 具有与其相同的功能（语音和数据通信）和固有的局限性，但它使用保留的频率范围。上行链路（MS 到 BS）使用 876~880 MHz 频段，而下行链路（MS 到 BS）使用 921~925 MHz 频段。因为不与用户共享，铁路运营商可获得整个带宽。GSM-R 还为铁路运营商提供了特定的功能，而标准的 MS 却不可使用。UIC-EIRENE（欧洲铁路无线增强网络）文件（GSM-R，2006）中描述了这些特定的功能。

国际铁路联盟（UIC）建议沿轨道每 3~4 km 安装一个 GSM-R 基站，以便当移动站点从一个基站切换到另一个基站时，保持尽可能高的数据传输速率并降低通信损失的风险。

4.6.3.2 GPRS

为了提高数据传输的能力，在 GSM 标准基础上开发了通用分组无线业务（General Packet Radio Service）。它通常被称为"2.5G"，因为它的功能在标准的 GSM（2G）和第三代 UMTS/EDGE（3G）之间。

GPRS 与 GSM 的主要区别是，GPRS 只在需要的时候用数据包交换数据。GSM 采用一种"回路"模式，这种模式建立在整个通信时间内，即便没有数据交换。而在 GPRS 下，数据包一旦传送完成，用于数据传输的资源就会被释放。

和 GSM 的其他不同之处是，GPRS 的每个信道具有使用多个 TS 通道的能力，而 GSM 被限制为仅能使用一个 TS。根据 TS 的可用性和饱和度，确定每个移动站点分配到 2~8 个 TS。

根据移动站点（MS）和基站（BS）之间的距离，每一个 TS 可以使用 4 种不同的编码方案。每个编码方案有一个速度限制（9.05 Kb/s，13.4 Kb/s，15.6 Kb/s 以及 21.4 Kb/s），最大可获得的数据传输率为 171.2 Kb/s（8 × 21.4 Kb/s）。然而，平均数据传输速率为 50 Kb/s，典型的最大数据传输速率为 110 Kb/s。

并行运行 GSM 和 GPRS 的能力取决于设备的协议性能。A 类设备可以并行地使用 GSM 和 GPRS 链接。B 类设备是最常见的，可以使用 GSM 和 GPRS，但需要从一个模式自动切换到另一个模式（GSM 模式会使 GPRS 模式停止，反之亦然）。C 类设备只能使用 GSM 和 GPRS 中的一个。GPRS 调制解调器通常是 C 类设备。

GPRS 是一种"尽力而为"的系统。它不保证任何服务质量或传输延迟。由此产生的延迟可能非常高（高达 1 s），这使得 GPRS 不适合于实时数据类型。

4.6.3.3 EDGE

为了迎合多媒体应用的需求，为了达到更高的数据传输速率，改进的 GSM 数据速率（EDGE）是第三代蜂窝系统的先行者。因为它仍然使用 2G 的基础架构，但它也是 ITU3G 规范的一部分，EDGE 有时被称为 "2.75G"。

与 GPRS 相比，EDGE 系统能够并行使用多通道。每个通道都可以使用 9 种不同的编码方案：4 个采用高斯最小频移键控（Gaussian Minimum Shift Keying）调制编码方案（如 GPRS）加上 5 个基于 8 级 PSK（8PSK）新的编码方案。在 8-PSK 调制方案中允许每个符号 3 比特传输（而不是 GMSK 中的每个符号 1 比特），可达到单通道 59.2 Kb/s。当 8 个时隙进行 MCS-9 编码时，理论上的最大数据传输速率是 473.6 Kb/s。然而，ITU 限制可用的数据传输速率为 384 Kb/s。典型的 EDGE 链接的端到端延迟大约是 150 ms。

然而，EDGE 的特点是对传播条件很敏感。当移动站点（MS）距离基站（BS）很远时（导致使用 MCS-1 编码），数据传输能力急剧下降。为了避免远程链接的数据链路饱和，使用 EDGE 的列车应用程序必须考虑这个情况。

EDGE 相比通用移动电信系统（Universal Mobile Telecommunication System）有一个重要的优势，就是它很廉价。它可以作为低人口密度地区 UMTS 的替代，这些地方的 UMTS 运营商不太可能把现有网络升级到 3G。因此，当设计列车车载通信模块时，应该对 EDGE 的兼容性有要求。

4.6.3.4　UMTS

通用移动通信系统（UMTS）是第三代（3G）移动电话标准的一部分。新一代的设计专门用于支持高带宽的数据传输速率，以便能够提供视频相关的服务。

UMTS 设备使用不同于 GSM 和 EDGE 的编码方法，该方法称为宽带码分多址（Wideband Code Division Multiple Access）。该技术是基于扩频的方法，使用完全不同的无线子系统。因此 UMTS 无法利用现有的 GSM/GPRS 无线接入，需要部署增强的网络基础设施和服务网关节点。

WCDMA-FDD 和 WCDMA-TDD 通常能够提供高达 1.9 Mb/s 的吞吐量，但可用的吞吐量随着移动速度以及移动站点（MS）和基站（BS）之间的距离变化而明显变化。在高速列车上进行距离较远的连接会使可用的带宽减小到低于 150 Kb/s。

与 GSM 中的 GPRS 一样，使用 UMTS 时数据的传输需要有特定的支持。这需要两种形式的协议，分别称为高速下行分组接入（High Speed Downlink Packet Access）和高速上行分组接入（HSUPA）。注意，第三代合作伙伴计划（3GPP）规范使用增强上行链路（Enhanced Uplink）这个名称来代替 HSUPA。HSUPA 和 HSDPA 都是不对称的，在两个方向上提供不相同的数据传输速率。

理论上，HSDPA 能够提供 14.4 Mb/s 的下行速度（UMTS 发布的 5 号版本限制为 3.6 Mb/s，6 号版本限制为 7.2 Mb/s）。上行使用链路专用信道（DCH），将速度限制到 128 Kb/s（6 号版本的限制为 384 Kb/s）。

HSDPA 不支持软切换机制。当移动站点（MS）从一个蜂窝移动到另一个蜂窝时，它就切换到一个特定的模式（"压缩模式"），即有持续几秒的通信断路。在这几秒的时间里，移动站点（MS）执行测量以确定加入最佳的基站（BS）。这种通信损耗可以使快速移动的列车陷入严重的交通故障。

HSUPA 上行速度介于 730 Kb/s 和 11.5 Mb/s 之间，下行速度类似于 HSDPA，为 14 Mb/s。

和 GSM、GPRS 以及 EDGE 相比，UMTS 网络有可以提供更好的数据传输速率的能力，但它也有一些严重的缺点，即 3G 许可证的费用非常高，并且 UMTS 需要部署全新的架构。与以 GSM 为基础的技术相比，这些缺点导致了目前 UMTS 覆盖范围较小的现状。目前，UMTS 主要局限于城市地区。

4.6.4 卫星链路技术

这里介绍的列车卫星数据链路，只是为了说明其用途。该技术已在 Thalys 火车上做过实验，上行链路和下行链路的数据传输率分别达到 4Mb/s 以及 2 Mb/s。

卫星数据链路可以实现比其他技术更高的数据传输速率，但列车的运动使动态天线校准成为一个复杂的任务。

另外，卫星链接技术极其昂贵，大多数铁路运营商由于其成本较高而拒绝这个方案。在 Thalys 列车上进行的实验，使用专门的方法在所有列车之间共享卫星链路的带宽，这是降低整体成本的一个解决方案。

还必须注意到的是，当列车在隧道中运行时，卫星链路将会消失。在这种情况下，必须使用一种自动切换到其他通信模式的开关，以保持其与地面的数据链路，例如，使用蜂窝通信。

4.7 列车通信系统及相关路旁设施

4.7.1 多功能车辆总线

多功能车辆总线（Multifunction Vehicle Bus，MVB）是一个比特率为

1.5 Mb/s 的串行通信总线，是国际电工委员会（International Electrotechnical Commission）列车通信网络（Train Communication Network）标准（IEC 61375-1-3, 2007）的一部分。此总线是专门为恶劣的电气环境而设计的，如发电厂和列车，但目前仅应用于列车。

多功能车辆总线基于主/从通信方案（主站被称为总线管理器）。每辆车最多可支持 4 096 个设备，其中最多 255 个设备可以作为总线管理器。它支持实时和非实时的通信类型。

实时通信是由所谓的过程数据（Process Data）端口来处理的。单一的 MVB 总线支持多达 4 096 个 PD 端口，每个端口包含 16 b, 32 b, 64 b, 128 b 或 256 b。MVB 主要的独特之处在于主从设备之间采用固定周期时间。MVB 总线管理器周期性地（周期在 4～1024 ms）触发与管理列表上的每个装置的交换。从设备必须总是响应这种交换。如果没有从从设备那里接收到回答，那么将产生一个错误的信号，在下一个周期之前，主设备不会重新发送数据。因此，MVB 是一个"硬实时"的总线，因为它可以保证在给定时间段内主设备和从设备之间的数据交换。

非实时通信类型被称为"消息数据"，它允许最多为 64 KB 的数据交换。由于 MVB 消息处理的周期性结构，这些消息被分成小块，每个块含有少于 256 b 的数据。消息数据协议保证为这些块的可靠传输使用一种潜在的确认机制。由于信息碎片很大，MVB 对这类消息不是很有效。

4.7.2 绞线式列车总线

绞线式列车总线（Wired Train Bus，WTB）是一种串行通信总线，也是 IEC TCN 列车通信标准（IEC 61375-1-4, 2007）的一部分。它利用耦合器，针对互联的列车编组开发（一个有序的列车段中，多个引擎或者列车车厢耦合为一个服务单元），并支持动态重配置。WTB 总线采用 1 Mb/s 的比特率和高级数据链路控制（HDLC）（ISO 132392002）编码，并支持线路间自动切换的物理介质冗余。

和 MVB 相似，WTB 支持两种通信类型（实时数据和非实时数据），但 WTB 使用不同的算法访问总线，该算法不能像 MVB 一样能够保证列车周期时间，因此，WTB 被认为是"软实时"的。

在 WTB 总线的每个消息最多可以包含 1 056 b。PD 的两个 WTB 节点之间的消息 1 024 个用户位限制为每个节点。

当 WTB 用于传输非实时数据时，消息被分成更小的单元，这些小单元和 HDLC 帧的 1 056 b 相适应。TCN 协议栈负责在接收端重构完整的消息。

4.7.3 以太网

由于带宽有限，MVB 和 WTB 无法覆盖前面描述的大部分的应用配置。在大多数情况下，它们用于进程间的通信（控制或命令以及诊断）。当数据量有限时（用于显示字符串），它们也可以为一些 PIS 所用。

在车载网络上实现数字音频、视频的需求日益增长，为了能够满足这些新的需求，列车制造商开始使用以太网（IEEE 802.3，2005）。目前，有两个现有的实现方案：西门子提出的用于工业自动化的 Profinet 和 Bombardier Transportation 为列车通信而专门设计的 IPTrain。

IPTrain 采用双网络结构。第一个网络结构基于冗余网络环，用于组件级的通信。第二个网络结构是一个用于耦合部件的冗余总线。设计 IPTrain 和 Profinet 是为了支持实时和非实时通信类型。

4.7.4 耦合车载通信与路边通信

车载网络的独特特点使得它们很难与现有的无线解决方案相互兼容。当时序约束限制不能得到保证时，如果将 MVB 和 WTB 用于交换数据，则必须考虑到它们的总线周期性。这和使用基于以太网的网络来交换消息或数据流时所遇到的问题是相似的。

为了能够建立列车与地面之间精确或永久的无线电联系，列车制造商已经开发了特定的网关。例如，庞巴迪 MITRAC 移动通信网关（Mobile Gateway）能够采用 GPRS 和无线技术（图 4.5）建立列车与地面之间的联系。该网关连接到 MVB 和以太网并可以满足 PIS、维护以及音频和视频通信的要求。

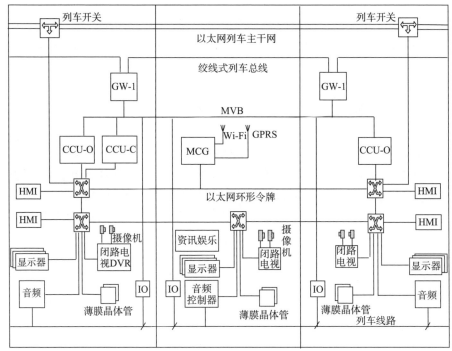

CCU-O：中央计算机操作单元
CCU-C：中央计算机舒适单元
GW：列车通信网络网关
MCG：移动通信网关
DVR：数字视频录像机
HMI：人机界面

图 4.5　现代列车要求使用多网络来提供高带宽、互操作性和
实时数据交换的不同通信需求

4.8　基于全球通信框架的未来列车现有一体化技术的整合

4.8.1　欧洲铁路运输管理系统

在欧洲，众多铁路运营商都使用欧洲铁路运输管理系统（ERTMS）。然而，它仍然被认为是一项未来技术，因为最新的运行水平仍有待于发

展，并且当前的应用被认为是实验性的。ERTMS 系统基于两种无线传输技术：磁耦合和用于列车与地面数据交换的 GSM-R。GSM-R 系统的使用取决于 ERTMS 系统的集成度。

为了解决欧洲国家之间信号系统的不兼容性，ERTMS 系统应运而生。多个国家已经设计出超过 20 种不同的系统，各种系统之间都互不兼容。如果没有 ERTMS 系统，每辆列车必须配备在旅途中所经过的多个特定国家的空中交通管制系统。有了 ERTMS 系统，国际列车能够跨越国界，而无须从一个标准到另一个标准来改变机车或切换 ATC 系统。

ERTMS 系统的设计包括列车或路边的音频以及 ATC 应用配置文件（见 4.4.1 节）。它基于两个主要部分：GSM-R（见 4.6.3 节）和欧洲列车控制系统（European Train Control System）。

欧洲列车控制系统部分基于 Eurobalise 和 Euroloop 设备。这些设备使用磁耦合技术将它们的信息从地面传送到列车。

ERTMS 系统第 1 级不采用 GSM-R。它只使用 Eurobalise 设备，将信号数据报告给列车。在某些情况下，它们也可用于重新同步车载列车位置测量。当列车需要地面和列车进行长距离通信时，有时需要用 Euroloop 替代 Eurobalise。

ERTMS 系统第 2 级使用 Eurobalise/Euroloop 和 GSM-R 组件。主要的区别是，Eurobalise 组件不是用来向列车传输信号数据，而是用于同步地面的嵌入式测距系统。从地面向列车传输的信号数据采用 GSM-R 链路。列车还可以利用 GSM-R 不断地向地面报告其位置。

ERTMS 系统第 3 级仍在开发之中。与第 2 级不同的是，列车定位信息是由列车自给的，并且已经不再使用通过地面系统进行的列车检测。在 ERTMS 系统第 3 级中，Eurobalise 设备仅用于同步嵌入式测距系统。

4.8.2　MODURBAN 通信系统

MODURBAN 通信系统（MODCOMM）是欧洲模块化的城市引导的轨道系统（MODURBAN）项目（MODURBAN 项目，2009）的子项目。该项目旨在定义下一代城市轨道交通系统（电车和火车）的体系结构标准。该 MODURBAN 子项目已经定义了多种列车与地面之间的通信系统需求。

MODCOMM 是包含所有通信服务需求的第一个项目,包括视频服务。与车站通信也是 MODCOMM 概念的一部分。在 MODCOMM 中的所有通信都由一个被称为数据通信系统(Data Communication System,DCS)的全球性系统来处理。MODCOMM 不指定 DCS 内部如何工作,但它指定系统操作。根据列车运行的需要,可以创建多个 MODCOMM 实施以兼容 DCS。

2007 年第四季度,该 MODCOMM 组发表了第一个实施参考文件,第一次初步测试始于 2008 年,并预计在 2009 年开始第一个 MODCOMM 的实际实施。

专用的(如阿尔斯通的信息化自动化的标准指南 d'Onde 或 IAGO,以及西门子的 Airlink)和开放的无线技术都已经过 MODCOMM 评估。尽管 MODCOMM 标准不需要使用给定的无线技术,目前只有通过使用 IEEE 802.11 或 IEEE 802.16 技术才可以满足各种要求。MODCOMM 会议之前,其他现有的技术无法提供所需的所有功能。

4.9 总结

列车通信目前面临两大难题。第一个是高带宽的嵌入式通信链路需求,它可以支持新的服务,如视频服务;第二个是列车与地面之间高带宽无线通信的需要。

目前,使用基于以太网的通信已经克服了第一个难题。然而,目前的以太网技术并没有满足所有的通信需求,特别是由以太网非确定性的行为而引发的有关安全的需求。还需要并行使用特定的网络来满足这些具体需求。对于在仍然使用过时的 trainwide 网络(如 WTB 或 TORNAD)的现存列车中结合新技术,同样需要多个不同网络的共存。

要解决这个难题,当前发展方向是创造一个新的网络,它将能够满足高带宽和安全性要求。使用特定的通信网关(该方案目前正在最新的列车上使用)解决了耦合问题,但同时也需要考虑路边通信的解决办法。

列车和地面之间的通信是所面临的最大问题,由于现有的解决方案需要在移动能力(也被称为"漫游"的能力)和可用带宽之间进行抉择。Wi-Fi 解决方案目前只适用于停止或缓慢移动的列车的本地通信。基于 WiMAX 的解决方案似乎前景较广阔,但在移动应用方面,目前的经验仍然非常有限。蜂窝技术可以得到所需的流动性，但可用带宽非常有限，尤其是在考虑到站点之间的距离时。

移动技术的现状是共享多个通信信道之间的数据。然而，铁路运营商和列车制造商仍然希望建立一个无线通信系统，使其能够支持高带宽和高速的漫游能力。随着列车的全球通信一体方案成为标准，这些需求将在未来几年持续增长。

5

车载网络的安全和隐私机制

Panos Papadimitratos

法国庞巴迪运输公司

近年来，车载通信领域的广受关注与不断发展，表明此项技术在不久的未来会得到广泛的应用。与此同时，权威人士以及学术界、工业界的研究者普遍认为，加强安全和隐私机制是车载通信技术获得认可和发展的首要任务。业界已经做出许多共同努力，且许多项目都给出了重要的成果。这些方法拥有相通的元素，本章将介绍车载通信领域中安全和隐私加强方案的研究现状。尽管研究已涵盖诸多方面，但是对于车载通信系统将来如何实体化仍有一定的不确定性。即使针对安全通信的研究已有一定成果，但对于其他部分而言，仍面临许多挑战。本章的最后我们将讨论其发展步骤和未来前景。

5.1 引言

近年来，智能交通系统（ITS）及相关技术已广泛应用于收费系统、车队物流管理、防盗保护、现购现付保险、交通信息及路测指示牌等领域。上述系统依赖于多种多样的通信技术且仍在不断发展。最近出现了这样一种趋势：将车载计算单元（On-Board Unit，OBU）和短程高码率广播（除蜂窝网络收发器外）集成到车辆中，同时专用的（可能较稀疏）路侧基础设施也有望被部署其中。车与车（V2V）以及车与基础设施（V2I）之间的通信，或者车载通信（VC），将大大提高交通运输的安全性和效率，同时能够支持各种其他类型的应用。当 V2V 和 V2I 通信能力提高后，V2V 通信将能实现实时的安全应用，以此拓展驾驶员的视野，如环境的分布、交通状况信息以及车载娱乐等。

车载通信系统的独特之处是它是一把双刃剑。一方面，它可以为驾驶员和管理部门提供种类丰富的工具；另一方面，如果没有合适的安全保障，将会有大量的针对车载通信系统的滥用和攻击。攻击者可以利用虚假信息来侵害大部分的车载网络，例如，发送本不存在的危险或道路拥堵消息，以此来误导驾驶员，并引起真正的拥堵。或者，驾驶员也可以购买软件或者 VC 硬件系统对车载通信系统进行改造，就像他们现在经常购买的警用雷达检测器或是改装汽车以获得更大的马力。像这样的车载通信系统改装有可能会使私家车具备紧急车辆（如救护车、警车或道路维护车辆）才拥有的发送消息的能力，使得车辆周围没有戒备的驾驶员被车载单元控制，被迫减速。这样一来，改装车辆便会快速行驶，即使是在拥堵的时候也是如此。从另一个角度来看，配置在城市中心、高速路出口或者著名的街区的接收器都可以记录经过车辆的信息，这些信息随后便可用于追踪车辆的位置，以此推测车内乘客的私人信息。

隐私保障技术（Privacy Enhancing Technologies，PET）是必要的，尤其是因为很容易通过挂载的方式进行攻击。首先，车载通信依赖于各种被广泛采用的 IEEE 802.11 无线通信技术。除此之外，攻击者会使用任何廉价的计算平台，诸如掌上电脑或笔记本电脑，抑或是无线局域网的接入点（AP）。例如，一家并不提供与车载通信系统相关服务的无线网络运营商，可以"调节"它的接入点以拦截 VC 流量。最后，VC 设备可能长时间无人看管，这会增加其物理性能的损坏。总之，没有安全保障，VC 系统会更容易被用于违法甚至是犯罪行为，也会损坏其部署所带来的利益。

随着对保障 VC 系统安全的意识加强，一系列致力于设计 VC 安全结构的项目已经展开：其中安全车载通信（Secure Vehicular Communication，SeVeCom）计划和 IEEE 1609.2 工作组是两个突出的项目，目的是寻求一种安全的通信机制，以保护用户的私人信息。预期系统依赖多家认证机构（Certification Authorities，CA），每个认证机构管理节点［车辆和路侧单元

(RSU)]的身份和认证信息,这些信息都已在节点所在的区域(如国境、区或县)加以登记。每个节点都被唯一认证,并持有一个或者多个私有-公共密钥对及证书,因此它能够传送数字签名信息。

本章将描述车载网络的安全和 PET 的解决方案。针对多种保护通信安全的方法中的显著共同点,我们要考虑的是,保证 VC 系统安全的整个问题的这些方面是否都已经被解决了。更通俗地说,是否有研究难点以待解决?或者说,是否清楚到底该使用哪一种 VC 安全架构?我们仔细考虑这些问题,并讨论不同的观点以及有可能影响 VC 系统配置安全的非技术因素。

在本章的剩余部分,我们将讨论威胁和安全需求,紧接着在 5.4 节是对一种安全的 VC 系统以及一套基本系统假设的综述。在 5.5.1 节,文章给出了可以增强隐私性的安全通信计划。然后我们将讨论以数据为中心的安全问题,特别是在全球导航卫星系统(Global Navigation Satellite System, GNSS)(5.7.1 节)帮助下的安全定位以及数据的可信赖性(5.7.2 节),在这之后,我们将简要讨论设计选择时的注意事项及部署方面面临的挑战,最后给出结论。

5.2 面临的威胁

VC 系统由网络节点组成,换言之,是由基于车辆和路侧单元(RSU)的无线计算平台组成的。其复杂性在相对较大功率的设备(例如,车辆 OBU 或者根据授权运行的服务)到相对简单的设备(例如,路侧单元的报警信号)之间变化。这些 VC 实体可以是正确的或良好的(例如,遵守应用的协议),也可以是错误的或敌对的(例如,违背了协议的定义)。

故障可能不是恶意的,例如,一个节点的通信模块可能丢弃或推迟消息,或为不正确的消息设置数据包字段。在这里我们不考虑良性故障,如通信错误、消息延迟或损失,这些在正常运行条件下或设备产生故障的情况下都是可以发生的。恶意行为会导致一系列更大的错误。Papadimitratos 等在 2006 年详细讨论了与 VC 系统紧密相关的故障和敌对模型,以及在其他分布式系统中所使用的模型。

敌对的节点的行为变化较大,且随着实施的协议和敌方能力的变化而变化。敌方的动机可能是谋取利益,也可能是出于单纯的恶意。无论协议中规定人们如何定义和修改协议，主动攻击者能够对发送中的消息进行随意修改。更普遍地，他们还能根据之前的观测信息（接收到的信息）和试图破坏的协议来伪造和插入消息。主动攻击者还会有意阻塞通信（例如故意干扰或阻碍其他设备在其范围内的正常通信）。此外，它还可以对此前其他系统实体所传送的消息进行重放。相反，被动攻击者只是收集有关于系统实体的信息，并不对系统施加影响。

攻击者可能来自外部，通过阻碍通信和替换正常节点消息的方式，影响协议的执行；也可能是内部的攻击者，利用密钥和证书参与到协议的执行。虽然 VC 系统的实施是专有的，但互通性所必需的标准还是会提供大量有关 VC 协议栈的信息。一般而言，攻击者可以复制 VC 协议的功能，建立自己的流氓协议并对 VC 系统节点的功能进行修改。如果他们从一个节点中获得了所泄露的密钥，便可从内部发起攻击。实际上，拥有多个此类密钥的单个节点可以表现为多节点。

一般来说，许多敌对节点都很明显。它们经常单独运转，但也会"互相勾结"，协调彼此的行动。然而，这些相互"勾结"的敌对节点并不愿意共享它们的私有密钥，也不允许其他节点完全冒充它们。随着时间变化，敌对节点的数量也会发生变化，这取决于破坏的类型以及系统的防御响应。我们有理由怀疑，任何地点、任何时间，网络节点的一小部分都有可能已被入侵，而其中只有小部分以物理形式展现出来。尽管罕见，但这并不代表一群敌对节点环绕一个正常节点的情况不会发生。

车载通信系统有一种极其特殊的攻击方式，能通过控制输入改写 VC 协议的输入，而不是向协议妥协。这种攻击比任意一种内部攻击的强度都低，这是因为它无法诱发任何行为。但是，无论是对输入施加影响、入侵传感器还是破坏传感器与车载单元的连接，相比较于向车载单元本身妥协，都要容易许多。这种攻击的威胁性相对于来自内部的攻击较小；单独地控制输入，在自诊断和其他控制可用并且在敌方范围之外的情况下，是无法引发敌对行为的。

5.3 安全需求

通常，我们正在寻找保障 VC 系统运行安全的方案，或者说，正在尝试设计出能够有效防御恶意攻击，以及最大程度上减小已实施协议产生的偏差的协议。每种协议都有自己的规格标准，但是要考虑的不是每种协议或应用的需求，而是独立的安全需求，这很大程度上与特定的应用和协议无关。

消息认证和完整性机制保护消息免受篡改，使接收方能够证实节点已发出消息。如有必要，实体认证可以提供发送方活跃度的证据（发送方新产生消息的这个事实）。为防止发送方否认已发送出某条消息，需要引入不可抵赖性机制。此外，按照已实现系统的功能，访问控制以及认证可以决定每个节点在网络内部的权限。机密机制则可以保证消息内容的保密性，使之远离未授权节点。

必须保证消息的隐私性和匿名性，至少要达到 VC 系统出现之前的保护水准。总体来说，VC 系统不应允许公开私人用户信息，特别是要隐藏执行 VC 系统特有行为（如传递消息）的车辆的身份。匿名者是否作为观察员取决于所涉及的车辆集合，在所有的车辆中，观察者不能够判断是哪个车辆执行了动作。何况即使是同一辆车做出的两个动作也不一定就有关联。但是在特定的情形下，观察者可以认定某辆车很有可能执行了某个动作。

除了追求强匿名性，认证机制和其他安全特性以外的需求很少被人们考虑到。密码保护的信息不应该允许识别其发送者，且由同一辆车产生的两条或两条以上的消息应该很难彼此联系起来。更确切地说，一个节点在可选协议的时间段 τ 内发出的消息可以关联，但是节点在时刻 t_1 和 t_2 生成的消息 m_1 和 m_2，在 $t_2 > t_1 + \tau$ 时，则不能关联。τ 越小，可关联的消息就越少，追踪该节点也就越加困难。

除了安全性和匿名性，可用性也是必须考虑的，使 VC 系统即便在出现错误的情况下也能保持运行，且在移除错误节点以后恢复正常运行。另一个重要的方面就是非加密安全性，包括数据正确性和兼容性的测定。一般来说，如果信息的发送者是可信任的，那么其发送的消息内容也是可信的。这一概念对长期存在的静态信任关系是有效的。但是在 VC 系统中，通常这种类似的方法是行不通的。因此，就有必要对 VC 系统中其他节点获取的数据本身的可信性进行评估。

这些常规需求都可以被映射到专用的 VC 系统中去。理想情况是，有人可能会争辩，所有的要求必须适宜于所有的应用（Papadimitratos 等，2006a）。但是实际上根据应用的不同，安全需求的相对重要性也随之改变。常规的应用程序特征和安全需求已被大量 VC 应用评估。例如，道路施工区域警告，相对于碰撞预警来说，其消息的时效性显得并不那么重要

(Kargl 等, 2006; Papadimitratos 等, 2008), 当然, 保证消息内容不被攻击者所篡改, 对于上述两种应用都十分重要。另外, 基础设施或公共车辆所发送的信息的隐私保护是没有必要的。

5.4 安全车载通信构架的基本元素

学术界和工业界都为提供充足的安全解决方案做出了努力, 例如, IEEE 1609.2 试用标准 (IEEE 1609.2, 2006), NoW (Network on Wheels) 项目 (NoW, 2007) 以及 SeVeCom 项目 (Kargl 等, 2008a; Papadimitratos 等, 2008a; SeVeCom, 2009)。本质上, 安全构架首先要解决两个基本问题: ①身份、证书和密钥管理; ②加强通信的安全性和隐私性。焦点主要集中在加强 VC 系统无线部分的安全性以及保护用户的隐私, 以满足在上一节中所阐述的需求。其他方面, 诸如车内系统保护以及数据可信度等不再受到以往那么多的关注。本节将给出安全 VC 系统基本元素的概述, 紧接着是关于安全通信、撤销以及数据可信度机制的详细阐述。

5.4.1 授权机构

授权机构是指车载网络运营中所涉及的有关于身份和证书的发放与管理的受信任的实体。通常, 授权者是一个具有多样性和显著性的角色, 并且在其权限下拥有一个网络方的小组。我们用 X 表示由地域、行政以及其他因素决定的授权, S_x 是 X 的阈值, 表示注册授权的系统实体集合。默认情况下, S_x 信任来自各方的 X。这里并不要求现在授权, 因为授权过程中的连接性和通信都具有间歇性, 对于无线媒介尤其如此。节点通常可以利用授权机构建立双向通信, 一般情况下, 即便是单向通信(从授权机构到节点) 也是有意义的。

在安全的 VC 下, 也可以将授权机构称作是认证机构 (Certification Authorities, CA), 每个认证机构对一个地区 (国家、区、县等) 负责, 所有节点的身份以及认证都是在其所负责的区域里注册的。为了保证不同地区的节点间的交互, 认证机构为其他的机构 (互相认证) 提供了认证证书, 或者当在其他认证机构注册的车辆跨过地界时, 为其提供外来证书 (5.6 节)。

5.4.2 节点认证

基础层面上，我们认为，一个网络节点、一辆汽车或是一个基础设施节点都有：①唯一的身份 V；②一个公共 – 私有密钥对 K_V, k；③一个执行网络和覆盖应用协议的模块；④一个提供无线网络接口通信的模块。

每个节点都只在一个 CA 上注册，并拥有唯一的长时效身份和一对私有 – 公共密钥对，因此，配备了一个长时效的证书。节点属性和寿命包含在认证机构颁布的关于节点注册和凭证日期的证书当中。

K_V 与 V 的捆绑和 K_V 与其他数据的捆绑、与 V 相关的属性通过身份证书和属性证书分别来获取。用 $Cert_X\{K_V, A_V\}$ 来表示权威 X 对 K_V 发布的一份证书，A_V 表示可能空的属性列表。类似地，基础设施节点也有唯一的身份 I，以及私有 – 公共密钥 k_I 和 K_I，由权威机构 Z 为 I 颁发的证书 $Cert_Z\{K_I, A_I\}$，A_I 则为属性列表。

需要注意的是，基础设施节点不一定是静态的。车辆可以分为两种类型，即公共的和私有的。前者主要包括与公共安全相关的车辆（如高速公路协助车或消防车、警车或直升机），也包括公共交通车辆（如巴士和电车）。公共车辆，与基础设施节点类似，更值得信赖，它们能够用于协助安全相关的操作。

认证机构也负责回收节点以及撤销已被盗用的密钥。这通过撤销相应的证书来实现。所有情况下，节点与认证机构的交互并不频繁，而是间歇性的，路侧基础设施的作用是作为往返于网络的车辆部分的网关，也可以使用其他基础设施（如蜂窝网络）。

5.4.3 可信组件

节点装有信任组件（Trusted Components，TC）（内置硬件和固件），基本发挥两种作用——密码操作及存储，以保护车辆的加密材料数据（可用于责任鉴定）。信任组件在与车载软件的交互上采取了一个措施，包括访问和使用安全存储密钥、证书和机密。只有通过信任组件提供的接口，才可能访问（读或写）信任组件上存储的信息并修改它们的功能。信任组件应该具有防篡改特性，从而进一步加强对加密材料和其他数据的保护。

信任组件的一个特例是针对车辆和路侧单元（RSU）的 SeVeCom 构架

设想中的硬件安全模块（Hardware Secure Module，HSM）。HSM 存储并在物理上保护敏感信息（主要是签章生成的密钥），同时提供一个安全的时间基础。如果某个 HSM 被篡改，如密钥被提取，那么其物理保护将擦除敏感信息，使得入侵者无所收获。此外，由于所有密钥密码操作都在 HSM 中进行，故敏感信息时刻都在 HSM 安全的物理环境保护之下。从本质上来说，HSM 是信任的基础，如果没有它，密钥便有可能被盗用，盗用者便可伪装成合法的系统节点。

5.4.4 安全通信

节点保证安全通信的基本方法是对信息进行数字签名，即在信息上捆绑时间戳、签名者的位置以及证书。用这种办法可以防止信息的修改、伪造、偷换以及攻击。后者涉及安全的邻居发现，可能因为在某一点的安全信标包括时间和位置，而这些时间和位置信息是通过无线介质发送的，正如我们在 5.5.2 中将要解释的一样。签名可以以不同的方式来应用到如信标或多跳泛洪和基于位置的多/单广播消息中，既可以通过信息的发送者，也可以通过中继节点来实现（5.5.3 节）。

节点的概念图如图 5.1 所示。为了同时保证安全性和一定程度的匿名

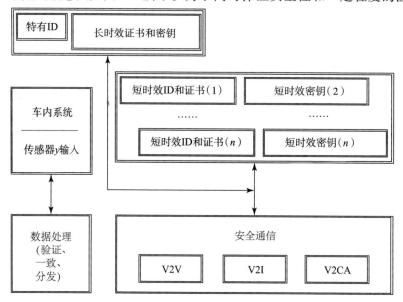

图 5.1　安全车载通信系统的方案图—节点功能

性，长时效密钥和证书并不用于安全通信。作为替代，我们使用假名的方法或匿名身份验证的方法。每辆车都装备了多个不会泄露节点身份的认证的公钥（假名）。这些假名的获取途径是通过可靠的第三方，即假名提供者（Pseudonym Provider，PNP），来提供它已在证书权威（CA）中注册。车辆每过一段时间 τ 便会更换一次之前未曾使用过的假名，使用每个假名和私人密钥的时长不超过 τ（假名的存在周期）。使用同一假名发出的信息会有关联，而使用不同假名发出的消息则没有关联（5.5.1 节和 5.5.4 节）。

5.5 车载通信的安全和隐私优化

5.5.1 基本的安全性

周期性单跳广播如信标，通常被用于所谓的协同感知应用程序中。信标每秒发送 γ 次，包含发送者的状态信息，如车辆位置、速度以及行驶方向。信标的频率范围为 10 ~ 1 Hz。信标信息是通过数字签名的，同时绑定了签名者的证书。更精确地说，在完成信标信息的拼接之后，在向数据链路层提交信息 m 的传输之前，发送节点（V）会给出一个签名。

与使用长时效加密材料不同，每个节点 V 都配备了一组假名（不携带任何能够识别出 V 的信息的公共密钥）。对于节点 V 的第 i 个假名 K_V^i，认证机构提供了证书 $Cert_{CA}(K_V^i)$，它仅仅是一个关于公共密钥 K_V^i 的认证机构签名（与更加复杂的 X.509 证书不同）。节点使用与假名 K_V^i 相对应的私人密钥 k_V^i 对消息进行数字签名。由于在不同的项目中其本质是相同的，因此我们将这种方法称为基准假名认证（Baseline Pseudonym Authentication，BPA）方案。应该注意，我们使用此方案时只考虑车辆，因为 RSU 和其他基础设施的隐私性没有保护的必要性。

用 $\sigma_{k_V^i}$ 表示 V 在第 i 个假名下的签名，用 m 表示信息的有效负载，则信息的格式为：$m, \sigma_{k_V^i}(m), K_V^i, Cert_{CA}(K_V^i)$。假设 CA 的公用密钥可用，一旦接收到该信息，节点就会验证 $Cert_{CA}(K_V^i)$。这利用了证书废除列表（Certificate Revocation List，CRL），同样假设其被分配到各个车辆上，我们将在 5.6 节进行进一步的讨论。如果成功（CRL 中不包括 K_V^i，且 K_V^i 上的 CA 签名是有效的），则节点认可 $\sigma_{k_V^i}(m)$。CA 维护着从 V 的长时效身份到节点的假名组的映射 $\{K_V^i\}$。如若给出一条签名信息，CA 就可以利用反向映射来确定消息的签名者。

每个假名的使用时间不超过 τ，随后便被丢弃。应考虑以下可能在实现方面出现的问题：假名使用期间的动态适应问题；用来"预加载" V 的假名（还包括对应的证书和密钥）的数量；预加载的假名的频率；针对假名更改的其他策略，例如某些使假名不需要进行变更的因素（如 TCP 对接入点的连接）；假名变更与网络协议栈之间的相互作用（Papadimitratos 等，2007）。

5.5.2　安全的邻居发现

车辆以高速率发送安全信标，并以此方式获得附近（物理邻居）其他车辆频繁更新的情况。这就是协同感知的本质，这使得车辆能够掌握其附近的与交通有关的最新信息（如碰撞预警）。

然而，车辆还发现其他可以直接到达的（它们的通信邻居）节点（汽车或 RSU）（Papadimitratos 等，2008d），这常常是很重要的。通常假设两个节点是通信邻居，那么它们也是物理邻居，反之亦然，但并非总是如此，因为攻击者会通过接收并从远程节点迅速重新发送信息来发动中继攻击。

认证中所包含的发送者的时间戳、位置等信息，使系统可以执行可验证的安全邻居发现协议免抵御外部攻击（Poturalksi 等，2008a，b）。基本的理念是根据节点的坐标、接收到信息中所包含的位置信息以及渡越时间（节点时间与消息时间戳之间的差值）来估计发送方和接收方的距离。当然，为了获得精确的结果，有必要获取由硬件增加的时间戳以及针对时间戳的密码保护，该时间戳在信标从发送者的发射机中发射出时便已被精准地计算。在可选协议的可接收的邻近范围内，当两个距离估计值相等且发送者已被认证时，接收节点便将发送者视为一个通信邻居接受。因此，车辆可以确保它们的邻居列表中只包含真正的通信邻居节点。

5.5.3　安全的基于位置的路由

为了向一个地理上定义的目标传播数据，基于位置的通信得益于位置感知节点。节点保持它们邻居的位置不变,并将数据转发到距目标区域最近的邻居。假设可以获取位置信息(例如通过全球导航卫星系统,如 GPS),那么这种方法非常适合 VC 系统。然而,这同时也可能被攻击者滥用。作为基于位置的路由和信息分配的基本安全措施,源节点对产生的信息进行签名并绑定对应的证书,这和基本的安全功能类似。另外,转发节点也可以对它们所转发的数据包进行签名,从而通过下一跳转发对这些数据包进行认证(Harsch 等,2007)。这样一来,只有合格的网络参与者才可以生成其他节点可以接受的消息,消息在到达目的地之前始终能保护数据的完整性。针对中继和邻居发现的攻击也可以得到阻止,正如我们上一节所讨论的。但是,安全信标中的位置信息可以被攻击者伪造,以试图非法攻击交通。一个基于合理性启发式的位置验证方案能够检测到这种位置伪造(Leinmüller 等,2006)。更一般地,考虑到交通网络和车辆动力学这两个约束的检测,当然还有邻居发现,都可以用于节点,以维持一个真实的邻居视图(Festag 等,2009)。

5.5.4 其他隐私加强机制

由于 BPA 方案需要把短期证书预装载到车辆中,因此,随之也出现一些问题。如果车辆的假名用完了怎么办?再填充的假名应该如何设计并保证其安全性?就磁盘空间和安全性而言,存储要求是什么?由于一个假名的寿命与消息的不可链接性呈负相关,所以所需的保护越强,每个节点临时身份和密钥(假名)的数量也就越大。对于大规模的系统而言,这将是一个很大的负担。

为了提高系统的实用性和效率,Calandriello 等和 Papadimitratos 等分别在 2007 年和 2008 年提出了一种方案,使得节点可以自己产生假名(节点为自己的假名发证书)。这个方案使 BPA 得到扩展,为其增加了诸多优势——即使一个"崭新"的假名不再有效,车辆也不会退出系统,或使其用户的隐私受到威胁,在假名供应的过程中也不需要"预留空间",同时通过"频带外的"信道获取新假名的成本也将被节省。

这可以通过使用匿名认证的基本规则来实现,尤其是本节所描述的群签名(Group Signature,GS)。由于群签名(GS)在 VC 环境下的应用受限于计算和通信方面的开销,我们将在本节中提出混合假名认证(Hybrid Pseudonymous Authentication,HPA)方案,它能通过 BPA 和 GS 方案的结合完成假名的动态生成。这减轻了 BPA 的管理开销，但原则上，它比 BPA 的成本更高。在 5.5.5 节中讨论的机制降低了 HPA 方案的成本，使之与 BPA 的成本大致相同，同时增强了假名方案的鲁棒性。

5.5.4.1　匿名认证：群签名

每个节点 V 配备了一个秘密的群签名密钥 gsk_V；这个群组包括所有在 CA 注册过的车辆。一个群组公用密钥 GPK_{CA}，允许任一组成员生成的群签名 $\Sigma_{CA,V}$ 的验证（通过任意节点）。直观地说，一个群签名方案允许任何节点 V 代表本群完成消息签名，且这一过程不会把 V 的身份暴露给签名验证器。此外，也无法做到把任意两个组成员关联起来。需要注意的是，公共密钥或其他证书不需要绑定在匿名认证消息上，其格式为：m，$\Sigma_{CA,V}(m)$。Chaum 和 van Heyst 在 1991 年引入了群签名，随后做了大量的研究（Ateniese 和 Tsudik，1999；Boneh 等，2004；Brickell 等，2004；Syverson 和 Stubblebine，1999）。如果有必要对签名者进行识别，CA 会进行"公开"的操作来揭示签名者的身份（Bellare 等，2003，2005）。

5.5.4.2　混合假名认证

BPA 和 GS 方案的融合是 Calandriello 等和 Papadimitratos 等分别在 2007 年和 2008 年提出的方案的基本要素。每个节点 V 配备了一个群签名密钥 gsk_V 和群公共密钥 GPK_{CA}。每个节点生成自己的一套假名 $\{K_V^i\}$，而不是依靠生成群签名来保护消息。如 5.5.1 节所述，假名是一个没有识别信息的公用密钥，$\{k_V^i\}$ 则是一套与之对应的私有密钥。这样一来，CA 并没有为 K_V^i 提供证书，但是 V 使用了 gsk_V 为每个假名 K_V^i 生成群签名 $\Sigma_{CA,V}(\ )$。

这样，节点生成并快速自我认证 K_V^i 产生 $Cert_{CA}^H(K_V^i)$。上标 H 代表 HPA 方案，用以区别于 BPA 方案。下标 CA 表示该证书是由在 CA 注册的合法节点生成的。V 将 $Cert_{CA}^H(K_V^i)$ 和每条消息都捆绑起来，同时使用对应的 k_V^i 进行签名：$m, \sigma_{k_V^i}(m), K_V^i, Cert_{CA}^H(K_V^i)$。

当收到一条 HPA 消息时，群签名 $\Sigma_{CA,V}(K_V^i)$ 就会被 GPK_{CA} 验证。若验证成功，接收方就推断一个合法的系统（群组）成员已经生成了假名 K_V^i。需要强调的是，按照群签名的性质，证书的接收方或验证方不能识别 V 也不能把这个证书和 V 先前所使用的任一假名联系起来。一旦假名的合法性确立，$\sigma_{k_V^i}(m)$ 的验证就等同于 BPA 消息的验证。为了识别消息的签名者，$Cert_{CA}^{H}(K_V^i)$ 的"公开"操作是很有必要的；消息 m 通过 $\sigma_{k_V^i}(m)$ 绑定在 K_V^i 上，而 K_V^i 通过 $\Sigma_{CA,V}(K_V^i)$ 绑定在 V 上。

5.5.5 降低安全和隐私增强机制的成本

在文献中已经提出了一些机制来降低开销（下面提到的机制 1、机制 2 和机制 4）或是增强鲁棒性（机制 3）。这些机制都适用于 BPA 和 HPA。为了减少开销，Calandriello 等和 Papadimitratos 等分别在 2007 年和 2008 年提出，不要将证书与所有消息捆绑，而是为每 α 个成功的信标绑定一个证书。他们同时提出证书缓存来降低认证过程的开销。此外，Kargl 等在 2008 年提出，应避免将证书绑定到信标上，除非探测到车辆附近的变化。

5.5.5.1 机制 1

在发送者一端，每个 K_V^i 只计算一次 $Cert_{CA}^{H}(K_V^i)$，因为 $Cert_{CA}^{H}(K_V^i)$ 在假名的使用时间 τ 期间保持不变。要注意到，这里的下标并不区分证书生成的方法。同样的理由，验证端在第一次接收时就验证 $Cert_{CA}^{H}(K_V^i)$ 并存储，即便发送方将其附加到多条（所有）消息上。对于随后接收到的 $Cert_{CA}^{H}(K_V^i)$，如果之前已经检测过，验证器会跳过对它的验证。此项优化是很有用的，因为 $\tau \gg \gamma^{-1}$（假名的使用时间远比信标时间长）。

5.5.5.2 机制 2

发送者将其签名 $\sigma_{k_V^i}(m)$ 附加到所有消息上，但是对于对应的 K_V^i 和 $Cert_{CA}^{H}(K_V^i)$，发送者只是每 α 条消息附加一次（称为证书周期）。消息的结构为 $m, \sigma_{k_V^i}(m)$。为了选择正确的 K_V^i 使接收到消息的验证更加容易，同一假名下的签名消息都会携带一个短的密钥 ID 字段。当假名发生变更时，必须重新计算并发送新的组元 $\sigma_{k_V^{i+1}}(m), K_V^{i+1}, Cert_{CA}^{H}(K_V^{i+1})$。此时，$V$ 将会使用与 K_V^{i+1} 对应的新的 k_V^{i+1} 来签名消息。

如果携带 K_V^{i+1} 和 $Cert_{CA}^{H}(K_V^{i+1})$ 的消息不被接受，那么机制 2 就会影响协议的鲁棒性。这样一来，V 范围内的节点必须在下个假名传输之前等待 α 条消息，在此期间无法验证来自 V 的任何其他的消息。这在车辆相互靠近并以较高的相对速度行驶时是非常危险的。

5.5.5.3 机制3

为了解决机制2中提到的问题，发布 K_V^{i+1} 时，K_V^{i+1} 和 $Cert_{CA}^H(K_V^{i+1})$ 的传输会持续发送 β 条连续消息，其中 β 代表了推送周期。

5.5.5.4 机制4

只有当 V 探测到一个新邻居时，K_V^{i+1} 和 $Cert_{CA}^H(K_V^{i+1})$ 才会被（重复）传输，这样才能保证来自 V 的传输能被"新来者"验证。机制3与机制4结合，可增强传输的可靠性。

5.5.5.5 加密开销和系统性能

在目前的车辆制造中，成本限制使得为汽车配备性能强大的最先进的桌面处理器变得很难。所以，在制造过程中使用相对便宜、节能的嵌入式处理器。但是加密操作会产生庞大的开销，无论是对于处理还是通信带宽来说都是如此，特别是因为车辆频繁地发送信息（位置和环境状况）——通常是每 100 ms 发送一个信标（$\gamma = 10$）。

不忽略其他因素，计算的安全开销取决于数据包签名和证书的生成与认证。通信安全开销则取决于绑定于数据包的签名和证书。每一个安全信标都需要签名，每一辆车都必须验证（例如每 100 ms）来自其范围内所有邻近车辆的信标。但不要忘记车辆在此期间也有可能改变自己的身份（假名）。

加密及通信安全开销会在多个方面影响 VC 应用。问题的第一个方面就是通信的可靠性，不断增长的信标尺寸造成了干扰。原则上，网络负载越高，此地区发射机的数量越大，信标频率越高，消息开销越大，频道的性能会越差。第二方面则是处理开销。应该注意的是验证成本，例如，当节点所有的邻居都发送一个信标，在信标周期内，安全信标需要让每个节点对接收到的数据包验证至少一个签名，每个节点在同一周期内必须生成一个签名。

上述机制可以显著降低通信和处理的开销。在任何情况下，只要所支持的应用程序不受影响，这样做都是有益的。任何与安全相关联的警告，只有在加密认证后，才会被信任。例如，一个安全信标只有在对应的签名者的短期认证公共密钥（假名）已被验证时才可以通过验证。Calandriello

等（2007）和 Papadimitratos 等（2008）考虑了一种特殊的安全应用：运行在增强安全性和保密性通信基础上的一种紧急情况刹车警告应用，它与没有任何安全措施（或相关开销）的应用的效率几乎相同。

5.6 吊销

VC 系统安全结构的所有方案都考虑了故障或非法节点的回收。一般来说，错误的证书或受侵害的节点应该被吊销。若没有有效的证书，故障或敌对节点就不再会对 VC 系统造成破坏。原则上，在以下三种情况时吊销节点：如果它们被认为是出现了错误，如果检测到它们的密钥已被窃取，或是由于管理上的原因。证书管理机构（CA）负责吊销的决策。如果是因为错误操作或密钥泄露吊销，那么 CA 应当获得或被提供了相应的证据。如果 CA 解除对本身监视的基础设施的操作，那么便需要获取由车辆搜集来的违规证据。

与 VC 之外的系统一样，基本的吊销节点的方法，是通过 CA 生成并认证的吊销列表（Revocation Lists，RL）的分配进行的。第一阶段，在依赖于假名（短期身份）和对应私有密钥的系统中，CA（或 PNP）不会为一个已经吊销的节点提供新的假名。但是，RL 的使用对于仍然有效的假名的吊销是必要的。RL 可以是证书标识列表，类似于传统的公共密钥密码系统的证书吊销列表（Certificate Revocation Lists，CRL），也可以是在使用群签名时允许身份认证的签名者成员列表（例如使用 HPA 时的 GS 方案）。接下来的讨论中，我们不再详述 RL 的具体模型，关于定量方面的一些讨论可以参照 Calandriello 等在 2009 年的研究。

现在所面临的挑战是如何在如图 5.2 所示的大范围多区域的系统中，有效率地分配吊销列表（RL）。尽管受 VC 系统的环境限制，但通过利用稀疏的路侧基础设施，是可以达到预期的效果的。Papadimitratos 等于 2008 年提出的方案使用了非常低的带宽进行 RL 传输来完成上述要求，每个路侧单元（RSU）的带宽每秒只有几千比特。在实际应用中，路侧单元仅相隔几千米，所有的车辆都能在数十分钟（例如一趟通勤行程的持续时间）之内获取最新的吊销列表（RL）。可扩展性可以通过限制较小的 RL 尺寸、将 RSU 和 CA 的相互交流减到最小、取消 RSU 之间的交流来实现。

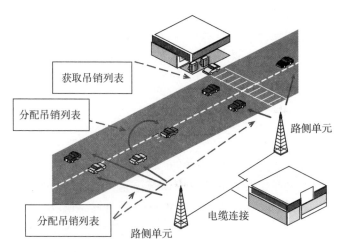

图 5.2　吊销列表分配图示

此方案依赖于几个基本要素。由于不同地区间证书管理机构的协作，RL 只需包含本地区内的吊销信息且其尺寸也可以保持很小。将吊销列表（RL）编码成许多个（经加密的）能够自我验证的部分，这为断线、无线电减损以及恶性消息的注入提供了恢复能力。

多域证书管理机构保证了吊销列表的尺寸保持在较低的水平，但是车辆需要来自其他地区的吊销信息来验证外来（来访）车辆的证书。证书管理机构（CA）验证访问节点的证书，而不是分发其他地区的吊销列表（RL）：如果外来节点在它们所属区域没有被吊销，那么证书管理机构将会向它们分发一个短期的外来证书（Foreign Certificates，FC），且这类证书只能在外地使用。如果某个 FC 的持有者的证书在之后被吊销，那么该证书也包含在发放 FC 证书的管理机构的吊销列表中，同时实际的证书被添加到其所属的证书管理机构的吊销列表中。

通过使用喷泉码或纠删码，可以用不同的方式将 RL 编码成多个块。原始的吊销列表被分为 M 个部分后进行编码，增加了冗余。纠删码生成 N 个（$N>M$）吊销列表块，这样，对于接收到的 N 块中的任意 M 块，都可以重构原始的吊销列表（Rabin，1989）。喷泉码及其中一类特殊的 Raptor 码，伴随着线性时间编码与解码的复杂度，产生 M 个输入块，即一个潜在的输出 RL 块的无限流（Shokrollahi，2006）。对于一个可选协议的参数 σ（$\sigma>0$），原始的 M 个块能以很高的概率利用 $M(1+\sigma)$ 个 RL 块的任意子集进行重构。吊销列表的版本、时间戳、块序列号、证书管理机构标识符以及覆盖所有先前字段的数字签名,都被添加到每个吊销列表块中,从而每个块都能被单独验证。

对于 RSU 没有覆盖到的地区,车辆可以以一种"传染"的方式来分发吊销列表(Laberteaux 等,2008;Papadimitratos 等,2008a)。其他类型的媒体也可以用来传播此类信息,如手机链接[如通用无线分组业务(GPRS)、通用移动通信系统(UMTS)等]、数字无线电广播以及车辆静止(如通宵停放车辆)时的本地无线或有线链接。

如果入侵者无法控制 CA 的通信以及受信任的车载硬件,那么所有的证书和密钥可以被 CA 远程移除。这可以通过一个发送给 HSM 的"终止"命令完成:一旦确认命令,HSM 就会擦除所有私有密钥(Papadimitratos 等,2008a;Raya 等,2007)。这从本质上阻止了吊销节点进一步参与协议的执行,即它的消息不能被签名或者验证。

是否吊销一个节点的证书仅取决于 CA 的决策。尽管如此,证书吊销列表发布的频率并不高,例如,每天一次或是每几天一次。直到出故障或是以其他方式被盗用的节点的证书被吊销为止,不然,这会留下漏洞窗口。局部反应机制可以保护正常节点免受还未被吊销的恶意节点的攻击。这建立在节点能够可靠地探测违规行为并确认其是一个节点的基础上。一种办法是让探测到恶意节点的节点在其周边广播警报信息。当某个节点被发出多次警报且被证实在本地时,其周围的新节点就会忽略该恶意节点的消息(Raya 等,2007)。

显然,检测信息中的冗余是有益的,它能够减少误报(给一个正常节点贴上恶意节点的标签)。类似地,攻击者通过发送错误警报来排斥正常节点这一行径无法靠其自己单独实现。更一般的是,只有许多攻击者在某个区域一起出现,且此区域正常节点占少数的情况下,才能完成对正常节点的排斥。另外,分布式计算速度较慢,容易受高移动性的影响,也会在密集的拓扑结构中产生更高的通信成本。作为补充,另一个可选的方法是让单个节点发送其探测到的恶意节点(Moore 等,2008)。当然,这会降低针对滥用恶意行为报告机制的攻击者的鲁棒性,但是总体上来说,这将提高探测攻击者的响应速度。

5.7 数据可信度

车载通信系统是以数据为中心的:①VC 车载系统依靠多种感测输入;

②车辆和路边基础设施之间频繁地进行数据和事件报告交换;③数据发送者的身份并不重要。感测输入随着性质的不同而变化,从特定的车辆数据(如运动或温度传感器)到由全球卫星导航系统提供的定位和时间校正数据。运输安全和高效率的应用都建立在数据交换上。安全信标携带了传送车辆的位置信息(也可以携带其他信息,如速度和方向);可以通过基础设施和车辆来广播危险情况或改变路径的警告。对于所有这样的消息,发送者的身份就像其他网络的 IP 地址一样并不重要。相反,报告节点的时间和位置信息,以及它的属性(例如,车辆或 RSU 的类型),还有所报告的数据本身,都是重要的信息。最后,隐私增强机制隐藏了车辆的身份。

密码保护,包括异常行为侦测和节点驱逐,是解决这个问题的关键部分,它可以防止外部的入侵者输入假数据。利用某些额外机制的缺失,外部的入侵者仍然可以通过某些不会被探测到的手段来影响感测输入,并且内部的入侵者可以随意插入任何虚假的数据。只有当它们被侦测到时,才可能被孤立,并最终被驱逐(5.6 节)。但通过与恶意(错误)数据的发送者的交互来确定其可信度是不容易的。攻击者可以智能地改变他们的攻击模式(例如,大部分时间保持在"探测雷达"之外,但在此期间继续危害系统)。此外,检测是一个漫长的交互过程,往往是不可能持续下去的,就算检测到了,也只会持续很短的时间,并且是没有预兆的。

允许节点检测和忽略虚假数据的安全机制是必要的。一般情况下,节点不能仅仅依靠自己的检测或访问信任来自远程资源的数据。每个节点应能单独评估其可信度。使用非加密保护机制是至关重要的。在本节的其余部分,我们考虑两种情况:位置信息和其他授权的 VC 应用程序的数据。

5.7.1 位置信息保护

VC 系统中的位置信息是至关重要的,尤其是协同感知、汽车防撞和基本上所有安全应用程序,以及基于位置的信息传播。全球卫星导航系统,如全球定位系统和它在俄国的对应系统(GLONAS),以及即将投入使用的欧洲 GALILEO 系统,是几种使用最广泛的技术。GNSS 通过卫星群来传输信号方位的参考信息,通过配备相应的接收器的计算平台,可以对信号进行解码,并确定自己的位置。最重要的是,这些单元作为导航设备的一部分,已经集成于车辆并且大量使用。

然而，全球卫星导航系统的商业实例很容易被滥用。根据最近的一篇文章（Humphreys 等，2009），软件定义的 GPS 接收机更容易造成电子欺骗（被入侵者注入伪造的导航信息，见图 5.3），其中硬件用现成的组件即可装配。同篇文章中，也描述了一种有效的诱骗装置。攻击者如果具有这种能力，就可以影响节点 V 计算的位置信息 $loc(V)$，并危及该节点的运作。例如，在车队管理系统中，攻击者可以以某辆特定的卡车为目标。首先，攻击者利用伪造 GNSS 信号的发射器覆盖合法的 GNSS 信号，这个信号会被受害节点（在这个例子中，受害节点为卡车）V 接收。这会导致 $loc(V)$ 计算产生错误，错误信息随后会报告给车队中心，使得车队管理系统彻底失去 V 的实际位置。一旦达到这个目的，针对卡车的物理损害（如闯入车辆或劫持车辆）就成为可能，而系统并没有检测和及时做出反应的能力。

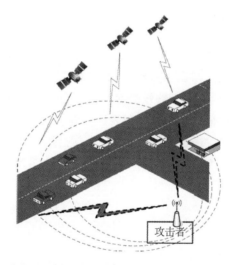

图 5.3　攻击者伪造或重播 GNSS 信号对基于 GNSS 定位的攻击示意图

有必要在这里重复一个众所周知的事实：VC 系统的位置信息不能被默认为是值得信赖的。诱骗装置属于输入控制的攻击者（5.2 节）一类，此类攻击并不一定会以物理或其他形式入侵 GNSS 接收器或其他车载设备及软件。这种攻击的变种被称为重放攻击，即使 GNSS 被加密保护，重放攻击也是有可能的，这也会出现在 GALILEO 系统的认证服务中。重放攻击具有很好的细粒度，这样一来，对受害者的定位的逐步操作会变得很微小，因而很难检测到。但是经过长期的累积，会导致受害节点（Papadimitratos 和

Jovanovic，2008b）的实际位置和感知（由 GNSS 提供）位置之间的差距变得巨大。

防御机制，补充或正交的加密保护，是一种很有前景、低成本且有效的方法。Papadimitratos 和 Jovanovic（2008A）分析和开发的三种防御机制，允许接收器检测伪造的 GNSS 消息和伪造的 GNSS 信号。此防御机制依靠攻击前接收器接收到的信息，更确切地说，是在可能发动攻击之前接收器接收到的信息。这个信息可以是：①利用 GNSS 导航信息计算出节点自己的位置信息；②没有 GNSS 或其他系统的重同步的时钟读数；③接收的 GNSS 信号的多普勒频移测量。根据这些不同类型的信息，可以检测到所接收的 GNSS 信号和消息是真实的还是来自恶意设备。如果是后者，就可以拒绝攻击所生成的位置信息，可避免其对位置感知功能的操纵。

5.7.2　消息可信度

评估节点（车辆或 RSU）发送消息的可信度的经典方法，主要是基于发送者的证书的可信度。CA（和发出自己的假名的节点）会发出关于公共密钥、身份、属性以及特殊类型的数据（如吊销列表）的描述，节点（车辆和 RSU）做出各种类型的数据表述。在任何时间点，只要发送者的证书是有效的，则可以信任所有最新节点的消息。这些先天以实体为中心的信任关系是很有用的，但它们没有给高度不稳定的和以数据为中心的 VC 系统提供所需的灵活性。

与传统的信任建立方案不同，VC 系统数据的信任级别和生成该数据的节点的信任级别是不同的。显然，不同类型的节点对应着不同级别的默认可信度，例如，警车比私家车更值得信赖。但是，同类型车辆报告的可信度也各不相同。对于相应事件从不同的距离发出的报告，应根据位置、时间或报告本身的及时性，分别对其信任值进行相应的调整。这些报告的接收器可以分配给同一事件中的不同车辆相同的信任级别。此外，还可以使用多条证据证实该事件，然后发出报告。在这种情况下，很明显，报告（数据）的信任值和报告车辆的信任值是不同的。

在这种情况下，评估数据本身的可信度远远比依赖于固定节点的信任级别更有用。Raya 等（2008）提出实例化这种方法的方案。默认信任级别的使用仅是其中一个因素。此外，动态因素（地点、时间、数量和数据报表类型）也被用于动态地计算数据可信度，甚至计算该报告事件的真实性。这种评估基于多个来源的证据，每一部分的权重都经过完善的规则进行计算。所有的加权证据和其权重都被融合到一个决策逻辑中（如 DS 理论、贝叶斯推理或多数表决），用以解释数据的不确定性。

5.8 车载通信的安全和隐私增强技术的部署

5.8.1 回顾基本的设计选择

5.8.1.1 安全性始终是必要和有意义的吗？

所谓复杂车载通信系统的安全性真的有必要吗？这个问题是合理的，因为移动电话和移动无线互联网的接入并没有强大的安全功能。尽管存在显著的安全和隐私漏洞，但二者规模与日俱增且今后仍会不断发展。但是，车载通信系统与这两个系统的显著差异意味着我们需要对其使用不同的方案。首先，移动电话和移动网络的接入依赖于基础设施，这简化了安全所需措施，例如，移动节点和基础设施之间需要协作（信任）。其次，入侵不会造成高代价甚至致命的后果，如对 VC 系统的攻击而引起多辆车的交通事故。

车载通信系统肩负着更多的责任：减少事故、挽救生命和改善交通。因此，简单的安全保护措施会令公众对这项新技术失去信心。假设安全性做得充分到位，便可以考虑每种安全架构应该和能够提供的防护等级。是否网络和应用协议拥有了强密码保护就足以确保虚假的数据不被插入到系统中？即使数据的传输是完全匿名的（如利用 GS 或 BPA，每条消息标记不同的临时身份），鉴于 VC 交通上丰富的位置信息（如安全信标），攻击者想要重现车辆的轨迹，又有多困难呢？在攻击者完全覆盖的区域，这是能够办到的，即使不能拦截某些地区的车载通信系统，攻击者还可以通过其他的更有效的途径（Buttyan 等，2007）。在部署众多的摄像机和光学识别系统的情况下，匿名或假名所保护的 VC 就能保证位置隐私不泄露吗？

VC 安全不能解决独立存在于 VC 使用之外的问题。但它避免了大范围的对 VC 的破坏和对运输系统的攻击。由于阻止了密钥盗用，因此减少了外部的攻击者以及车辆改装，另外，即使已经使用了匿名认证，依然可以借助责任认定来对恶意节点进行驱逐。直到此时，从其他附近车辆得到的冗余或确凿证据的缺乏，可以推断收到的 VC 应用程序消息的真实度。初步结果是令人欣慰的，表明数据为中心的信任制度是可行的（5.7.2 节）。针对特定应用和复杂环境的调查及阻止有预谋的攻击者的措施，可能会催生更强的保护机制。

5.8.1.2 加密工具的选择

VC 系统的大规模性和易变性决定了选择数字签名的必然性。选择适当的算法，应考虑以下基本因素：签名的生成与验证的处理时间、安全性开销（公钥和签名大小）、加密算法的标准化（对其强度的置信度）和实践经验。优先选择基于椭圆曲线的算法（如椭圆曲线数字签名算法或 EC-DSA），主要是因为它能在保证强大安全性的同时维持较低的网络开销。可用性的限制使得 HPA（5.5.4 节）动态生成车载短期密钥和证书成为可能。然而，为此而使用的匿名身份验证应防止被滥用，绝不允许攻击者使用匿名来影响或控制 VC 协议和应用程序。通过超过一定时间内设定的阈值，或者揭示违法者身份等途径，对于匿名传输的多种用途进行检测是很有必要的（Camenisch 等，2006）。

VC 系统实体的安全级别还没有得到明确的界定，但 80 位或更高的安全性似乎更受欢迎，它可以防止实际的密码攻击。不过，对于特定的密码安全级别，需要哪种操作，也需要慎重考虑。很明显，CA 和 PNP 有最高的安全级别；长期密钥和证书需要较高的安全性；最低水平应该被分配给短期密钥，可能会考虑其安全水平低于 80 位。即使有效期为几分钟或几小时的密钥，有预谋的攻击者对其破解也需要数周或数月，并且没有直接影响，只是降低了开销。当然，当且仅当 VC 交通没有被长期使用时，这才会是正确的，例如，记录今后的责任属性（5.8.2 节）。在所有情况下，如 5.5.5 节所讨论的，应为所采用的加密功能提供足够的处理能力，以确保所寻求的整体应用性能。

5.8.1.3 值得信赖的车载通信设备？

VC 系统节点通常具有较低的物理保护。如果车辆设备确实是值得信赖的，并且有适当的 VC 安全性，那么 VC 系统的整体安全问题可以更容易地解决。需要保护的重要资源有：TC，例如，SeVeCom 提出的 HSM，存储私钥并执行私人加密。对于防篡改的 TC，想要从中提取私有密钥是不可能的。TC 中集成了实时时钟和电池，攻击者无法向 TC 提供虚假的未来时间戳，也不能获得伪造的加密保护的消息。然而，成本是一个主要的问题，要使得所有车载设备都能防干扰或防篡改是不切实际的。

5.8.1.4 什么类型的吊销？

在 5.6 节中讨论的吊销列表（RL）的分配，是 VC 系统的基本方法。如果使用传统的加密技术（如 BPA），RL 可以当作证书吊销列表（CRL），这与 HPA 方案有所不同。因为采用的是匿名机制，所以检查节点是否在 RL 中时会产生很大的处理开销。对于"经典"密码学，每个假名证书在第一次接收时就已经得到验证，但由于每辆车有许多假名，RL 将会变得很庞大。对于匿名证书，每条接收到的消息应该和更短的 RL 进行对照，但每次检查的成本都比"经典"密码学高出很多。

我们面临的挑战不是 RL 分配问题，而是和 RL 长度成正比的处理成本问题。自然要问的是，是否有必要忽略 RL 上所有节点的签名信息。事实上，这和 RL 的构成密切相关。例如，某辆被盗的车的信息在 RL 中，车辆的 VC 设备不一定被盗用，因此为了接收车辆的安全利益而忽略 RL 上节点的签名信息是不可取的。解决这个问题的方法之一就是缩短 RL 的长度，处理开销即为：根据 RL 的"紧迫性"进行实时消息认证，使得不同的 RL 被创建。优先级最高的 RL 可以在任何时候进行处理，它只包含真实的故障或遭盗用的节点；较低优先级的 RL 包含可能故障的节点，根据不同的故障种类包含在不同的 RL 中；在最低优先级 RL 中的节点是因为某些原因被驱逐的。如果有必要或者有特定事情触发需要这样做时（如附近的节点的疑似故障行为），优先级较低的 RL 可以进行检查。

5.8.2 未来挑战

5.8.2.1 将（安全的）车载通信引入市场

车载通信系统的发展可以显著地影响安全解决方案以及系统可信性。主要的问题是如何推动 VC 的发展，是基于"一体化"的车载设备，还是基于一系列的扩展组件？换句话说，OBU 将会是一个（或两个）强大的多功能箱，还是一个运行所有协议的多核处理器？抑或是一系列逐渐扩展到车辆上的箱子，用足以运行特定任务的处理能力来运行单个的应用程序？

在 VC 安全体系结构的发展中,一体化模型被认为是非常遥远的目标。但扩展的方法可能更接近以市场为中心的配置需求,应用程序(如娱乐)强烈驱动着这类需求,也深受消费者的喜爱。配置的发展很可能会导致最小化的面向应用的安全系统和多样性的车载网络的产生,这反映了利益相关者的心态。如果用户设备(如个人数字助理或 PDA、手机以及家庭或企业的计算机)与 OBU 进行交互,情况会变得更为复杂。例如获取有用的个人导航信息、记录行程数据或访问物理空间和数字内容。所有方面都会面临提高安全性和私密性(Papadimitratos,2008)的新挑战。

5.8.2.2 组织问题

在车辆管理方面,对管理部门的依赖性符合长周期的解决方案(Papadimitratos 等,2006b)。然而,运营 CA 常常产生一定程度的疑虑,如反复出现的关于运营成本的问题和不同 CA 之间协作困难的问题。于是汽车制造商考虑运营自己的 CA。尽管如此,这引起了人们开始担心的垄断或寡头垄断情况的发生,甚至担心制造商可能不会采用完全成熟的安全解决方案。现有的多域系统,如需要访问控制和计费的移动系统,都已经表明解决组织问题是可行的。事实上,移动系统取得成功的案例为我们提供了有用的线索。众多不同的供应商,每一个都有大量的注册客户端和设备,且这些都具有唯一的标志,都能在其他地区使用,并且通过其"本地"运营商收费,这个模型,其有趣的特征甚至相似性都值得考虑。

5.8.2.3 法律方面的考虑

使用户感知到自身是受到保护的,是重中之重,车载通信系统提供的保证、剩余的漏洞以及所有系统实体的功能都应在终端用户协议中清楚地加以表述。可将以上这些与现有系统进行比较,例如,内部人员针对移动电话犯罪而采取的私有防范措施。包括用户在内的每个实体应当清楚自己的职责,因为这还涉及 VC 设备的维护和认证。

在运输事故责任的归属上,使用车载通信系统是一个有争议的问题。显然,这个问题不会考虑非安全的 VC 系统。如上面所讨论的,安全的车载通信系统可以承担这个强大的责任。然而,确定哪些实体可以执行此操作以及在何种情况下通过哪些步骤归属责任,远非那么简单。

VC 系统的政策也将不得不面对自愿或强制使用设备的问题。例如,现在很多国家对安全带的要求是强制性的,那么提高安全性和交通效率的功能也应该如此吗？用户可能有动机去执行这些应用程序，比如说这样做可以降低其保险费。但是，如果是强制性的，隐私问题可以得到充分解决吗？上面讨论的解决方案确实可以做到这一点。但用户仍然可以就关闭 VC 系统提出合法要求，或者可能会提高对不同的安全级别的 VC 实例的需求，例如，政府车辆不希望有被恐怖分子追踪的风险。

5.9　结论

综合提升 VC 系统的安全和隐私的方案已经取得了显著进展。此外，VC 协议的设计正在不断发展和标准化。研究界有一个独一无二的机会深入了解眼前的问题，同时，通过考虑安全和 PET 机制来设计 VC 协议的应用。例如，OBU 的特性可以设置成确定的标准以保证安全；能提高性能但又允许有高强度攻击的协议特性，在增强恢复力性方面是无效的。

与此同时，VC 系统及其安全性的研究揭示出了新的维度和复杂性。VC 系统与其他各种系统进行交互，本质上形成了一个系统的无线系统。此外，其成果和思考可以用于其他计算系统进行更进一步的研究。VC 系统安全问题目前广受关注且人们不断意识到其重要性，其研究成果也非常显著（Ardelean 和 Papadimitratos，2008；Gerlach 等，2008；Kargl 等，2009）。尽管如此，针对 VC 系统各个方面的安全性仍然需要进一步的研究，同时，通过试验台广泛评估系统的整体性能也是有必要的。我们的目标是在初始部署时有值得信赖的 VC 系统，以便社会可以享受到智能交通系统的好处。

6

列车控制系统的安全可靠性

Mark Hartong
美国交通部，联邦铁路局安全办公室
Rajni Goel
美国霍华德大学
Duminda Wijesekera
美国乔治梅森大学

英文缩写说明

缩写	英文全称	中文
ATS	Automatic Train Stop	列车自动停止装置
ATC	Automatic Train Control	列车自动控制
SCADA	Supervisory Control and Data Acquisition	监控和数据采集
CTC	Centralized Traffic Control	铁路集中调度
CBTC	Communications – Based Train Control	基于通信的列车自动控制
DCS	Digital Control Systems	数字控制系统
DTC	Direct Traffic Control	直接交通控制
PTC	Positive Train Control	精确列车控制
TCS	Traffic Control System	交通控制系统
TWC	Track Warrant Control	跟踪保证控制

铁路系统是美国交通基础设施的重要组成部分，每年的货运量达到 1.7 万亿 t·mi①。最近，美国铁路部门已开始装备先进的监控和数据采集（SCADA）系统以及数字控制系统（DCS）（Chaie 等，2007）。如基于通信的列车自动控制（CBTC）系统和精确列车控制系统（PTC），它们都携带着列车的控制和状态信息，这些基于网络的系统显著地提高了列车传统运行方法的安全性。然而由于依靠无线通信技术，这些系统也和其他无线通信系统一样存在固有的安全漏洞。因此在 PTC 系统的开发中提出了一些附加要求，这些措施必须考虑系统开发生命周期。这些尚未解决的漏洞，为攻击者提供了另一种攻击途径，对铁路运行的安全性、可靠性以及效率产生不利影响。

6.1 引言

铁路是美国运输和配送系统的重要组成部分。1827 年刚创建时，只有一家铁路公司，即巴尔的摩与俄亥俄铁路，是运行在马里兰州的帕塔普斯科河沿岸的一条 13 mi 长的铁道，美国铁路发展到现在已经超过 14 万 mi，拥有超过 600 家公司运营的一个复杂的网络，可横跨美国大陆及阿拉斯加州。货运列车也有很大的演变，已经从马车发展为电力柴油机车，电力柴油机车已经能够拖动超过 100 辆 286 000 lb② 的汽车。与此同时，美国的铁路客运服务也发生了改变，从以前的开放式站台，只有 24 人的客运量，速度仅为 12 mi/h，发展为气候控制列车，并且速度提升了 10 倍，可达 150 mi/h。

铁路系统对美国经济有着显著影响，这种影响是不可低估的。美国七大铁路货运公司，年收入超过 400 亿美元，雇用超过 167 000 人，人均总报酬超过 94 000 美元。铁路运输的货物具有多样性，支持着美国基础产业的各个方面。从原材料如煤炭，农产品如小麦，到汽车等消费成品，货运量超过 17 000 亿 t，相当于美国所有城际货运吨位量的 25% 和所有运输货物量的 41%。市郊铁路平均每天运输大约 140 万人次，城际客运服务大概还有 67 000 人。

---

① 1 mi（英里）= 1.609 344 km。
② 1 lb（磅）= 0.453 6 kg。

铁路还承担运输大量在美国生产和使用的有害物质。它们操作着 30 000 mi 国防部战略轨道通道网络，以便运输国防部门的军需物品和其他材料。同时运输着 1.7 万～1.8 万车的有害物质，其中包括超过 2 160 万 t 的吸入式有毒物质。

6.2 传统列车控制和轨道运行方法

列车被约束在单个轨道上行进，并且只能通过有侧线的轨道，这就形成了一种单自由度系统。自 1827 年开始，由于多种型号的列车共用铁路轨道，为了能够提高效率和安全性，减少由于碰撞、脱轨等事故造成的财产损失，铁路公司开始规范各种运营方法。这些方法经过多年发展，成了一套复杂的运营规定和操作方法，并且与各种安全运作技术相结合，形成了一个包含各种规则和设备的复杂系统，以此来控制列车的运行。如今，列车控制方法非常广泛，从口头授权到路边信号的显示，这些信息都会直接传给列车驾驶员室以及列车自动停止系统。

6.2.1 口头授权和强制指令

传统的列车控制方法有口头授权和强制指令。列车调度员通过发布授权及指令来控制列车的行驶。调度员类似于飞机的飞行控制器，负责列车定位，确保不会在同一时间内对任意两辆列车发出占据同一轨道的指示。一旦调度员发出命令，列车乘务人员就有责任服从。

根据铁路轨道的区间划分通常可以分为口头授权和强制指令两种类型。跟踪保证控制（TWC）是使列车员在列车站点或特定里程之间行驶的指令。调度员规定列车沿轨道运动的最远点称为授权限制。可代替 TWC 的另一种列车控制方法是直接交通控制（DTC）。DTC 和 TWC 相类似，即列车只能在自己的权限范围内运行。然而 TWC 与 DTC 也有不同之处，TWC 能够让调度员根据不同的情况来发布列车的授权限制位置，而 DTC 则仅允许调度员根据预定义的分区"块"来发布列车运行权限。DTC 的弊端在于为了执行方便，所有的列车运行权限由一组连续固定的"块"来定义，造成调度员不能灵活地选择授权界限，而 TWC 不存在该问题。

TWC 和 DTC 分别属于两个不同的规则条例。一个是操作准则的通用代码（GCOR），另一个是东北部运转规章咨询委员会（NORAC）规则。GCOR 规则最初主要用于美国西部的铁路，而美国东部则使用 NORAC 规则。铁路运行可以选择使用 DTC，TWC 或两者组合；而对每条铁路来说，采用何种方式取决于哪种方式能让其提高运营效率。美国大约 40% 的列车都是通过这种方式来控制的。

6.2.2 信号指示

除去以上控制方式，美国剩余的 60% 的轨道都是通过信号指示来控制的。美国闭塞信号系统始建于 1872 年。其最简单的形式就是一段被称为"闭塞分区"（通常是几千英尺长）的轨道，这些轨道内存在低电压。每个闭塞分区通过导轨间的绝缘接头和下一分区分开，这样可以防止电流从一个分区流到下一个分区。列车或其他车辆用钢车轮及钢轴连接两个通电的导轨，使两轨道间形成电路，信号系统在该分区的入口处显示一个停止信号来通知下一个车辆。

1927 年，成组的信号和开关能够进行集中的控制，形成了铁路集中调度集中（CTC）系统，也称为交通控制系统（TCS），通过使用预定的间隔和位置信号，来提示列车驾驶员前方轨道区间的状态，并为列车运行提供权限。控制中心的列车调度员确定列车的行驶路线和优先级，然后通过远程操作来指挥列车的行驶。除了用跟踪电路来检测列车是否存在如轨道断裂等危险情况外，还特别设计了切换点检测器用于确定开关位置。

为了给驾驶员提供权威信息，一些 CTC 系统做了更进一步的改善，为驾驶室内的列车驾驶员提供路旁信号状态的直接指示。这些机车信号系统通过信息编码脉冲传输，沿轨道方向提供车载轨旁信号标志。它们的功能非常简单，即为驾驶室内部的可视化显示传达外部信号标志，使驾驶员更容易注意信号方面的问题以及所传达的相关指令。在信号系统总协调的情况下，铁路可以使用 TWC 或者 DTC 操作模式，同时运行效率也会相应降低。

6.3 现代列车控制技术的局限性

现在的列车运行控制系统技术，主要有列车自动停止装置（ATS）和列车自动控制（ATC）系统，可以减少因列车乘务人员未能遵守指示而造成的影响。无论是否存在列车信号系统，ATS 都会提供强制信号显示，但是 ATS 不强制运行速度。它只在车辆乘务员未做出反应的情况下，处理路边信号所提供的信息。另外，ATC 系统提供强制信号显示和强制运行速度。

ATS 和 ATC 系统是利用音频（AF）流，沿着轨道电路传输与 ATS 或 ATC 相关的信息。但是这种方式所发送的信息量有限。ATS 和 ATC 都是资本密集型系统。列车位置仅能确定轨道电路的分辨率。缩短轨道电路会提高分辨率，但这是以增加更多的轨道和轨旁硬件为代价的。铁路上所安装的轨道电路在数量和长度上面临着实际的限制（经济上的）。2003 年，美国七大主要铁路花费了 4.9 亿美元对所有类型的通信和信号系统进行运营、管理和维护，又用 1.53 亿美元对现有约 65 000 mi 的轨道进行折旧（STB，2003）。其结果是，不仅是 ATS 和 ATC，机车信号的部署都受到限制。因此，在美国，只有不到 5% 的铁路安装有这些系统（BTS，2003）。

6.4 精确列车控制系统

精确列车控制（PTC）系统是一种在不依赖于轨道电路，提供高精度列车位置信息的无线通信 SCADA 系统。该系统利用连续高带宽的射频（RF）数据通信网络，使列车到路旁系统和路旁系统到列车系统之间能交换控制和状态信息。路旁系统、中央控制系统、列车行驶过程中收到的列车状态和控制信息可以为列车的持续控制提供保障。PTC 系统为防止现有操作方法造成的失误提供了一些保护措施。PTC 系统的基本功能包括（FRA，1994）：

（1）防止列车与列车的相撞（主动地采取调度措施，使列车分离）；
（2）实施速度限制，包括土建限制和临时减速命令；
（3）确保工作人员和装备在特定指示下的运行。

PTC 系统克服了传统 ATS 和 ATC 的一个基本限制，即依赖于轨道电路。

通过利用编码轨道通信替换无线通信，PTC 系统还可以提高列车和路边基站之间交换的数据的数量，使轨道路边基础设施能够更有效地利用。其优点还包括具有通过显著减少路旁设备的收费，提高可靠性和降低维护费用的潜力。PTC 系统还有可以对无信号的领域提供基于信号的列车控制的优点。

6.4.1 功能需求

基于 5 种不同功能级别对 PTC 系统进行分类（表 6.1）（RSAC，1999）。0 级为最低功能水平，不提供保护功能。4 级最高，不仅提供主动的列车分离、速度强制、道路工人保护功能，还提供了诸如提高安全性、铁路运营效率等先进功能。每个更高级别的 PTC 系统功能都包含其下所有低级别的功能。

表 6.1　PTC 功能等级划分

PTC 等级	功能
0	无
1	防止列车之间相撞 限制速度的执行 保护铁道工人
2	PTC 1 + 自动数字调度
3	PTC 2 + 监控路旁所有开关、信号以及交通控制领域的保护装置的状态
4	PTC 3 + 监控路旁所有主线开关、信号以及保护装置 额外的保护设备，如滑道、高水位、热轴承检测器 先进的断轨检测 用于与调度员和列车通信的铁道工人终端

PTC 系统的分类还可以基于是否增加或替换现有操作方法。完整的 PTC 系统会替换现有的操作方法，覆盖型 PTC 系统在保持现有操作方法的同时提供功能。覆盖型系统相对于完整的 PTC 系统，在增强安全性能的同时显著减少了开发和实施成本，但在做出可能未经证实的假设时，要考虑人类对于系统的依赖，还有系统运营商迅速识别故障并采取纠正行动的能力（NTSB，2008）。

6.4.2 基础架构

通用的 PTC 系统架构如图 6.1 所示。它包括三大子系统，这些子系统通过通信链路互连。每个子系统包括大量的数据通信和信息处理设备的数据库。各子系统的特定的硬件和软件配置根据所实施的 PTC 系统功能水平的变化而变化。先进的 PTC 系统最重要的特性就是融合了精确导航和定位技术，如用于传输和说明关键性安全数据信息的现代 GPS、随行办公室、路边系统、车载系统以及内部通信系统等相关技术。

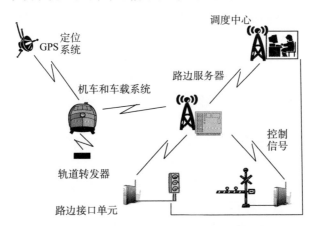

图 6.1 精确列车控制（PTC）系统体系结构图

6.4.2.1 车载子系统

车载子系统由列车或其他轨道设备组成，如车载计算机、通信和定位系统。车载子系统由办公室子系统和路旁子系统获取数据并进行分析，同时将分析出来的信息变成列车系统的具体操作内容。车载系统与办公室子系统通信，也会直接与路边子系统通信，按要求报告车载情况和接收到的信息，同时要求更多操作信息。车载系统会监控列车自身安全，当检测到失误时会自行处理。这可以保证即使子系统之间的通信信息全丢失，故障安全系统仍可以正常运行。

6.4.2.2 路边子系统

路边子系统由高速公路交叉处信号、开关和互锁装置构成。系统从车载系统和办公室子系统中接收命令。根据实施的情况，路边子系统可以直接与车载子系统进行通信，提供安全和状态信息。路边子系统也可能会从办公室子系统把要求转播到车载子系统，或者，它可能只与调度系统进行通信，通过办公室与车载系统通信。如车载系统一样，路边子系统会监视其自身的内部缺陷和故障，如发现问题，路边子系统就会进入一个安全的状态。

6.4.2.3 办公室子系统

办公室子系统控制着整个铁路。调度员可以通过它控制路旁单元的行为，如信号和开关的操作，准备并向车载系统发送指示，接收并说明来自路边子系统和车载子系统的数据，如果需要的话，可以作为路边系统和车载系统的中继。办公室子系统也与铁路所使用的各种其他 IT 系统相互联系，并转发操作数据，如列车的重量和长度，这对于车载系统及其列车人员维持列车的安全行驶是必需的。

6.4.3 美国通信系统

通过对现有操作方式的评估发现，民用航空局信号、ATS 以及 ATC 的部署非常有限，且不能很好地阻止人为错误、有效地包容冲突和避免事故，这促使美国安装 PTC。然而，系统的部署速度是值得关注的。美国国家运输安全委员会（NTSB）已经对 PTC 系统实施速度的缓慢表示了重视。美国国会也有类似的担心，PTC 系统的发展和实施的步伐是不够的，1994 年联邦铁路安全指示法案中的第 214 条中，在某种程度上，要求美国运输部秘书详细汇报 PTC 开发和部署的状态。PTC 系统的安装进展很缓慢，特别是铁路沿线那些主要的提供货运服务的公司。即使距离 PTC 系统首次被放到国家运输安全委员会改造名单上已经 12 年，那些有超大客流量的线路今天依然在很大程度上没有受到保护。

如今美国有横跨 21 个州的 8 条铁路，总里程超过 3 000 mi，其中包括 11 个正在运营或部署的 PTC 系统。所有这些系统都会提供 PTC 系统的 1 级功能，并在不同程度上提供 PTC 系统的 2 级、3 级以及 4 级功能。通常，这些系统的功能像设计时那样运行，尽管会遇到一些技术上的问题。虽然关键的安全功能的效能未受到影响，但其中一些问题可能对列车运行效率产生负面影响。所遇到的问题包括：有限的通信覆盖范围，如何对基础设施地点进行适当而准确的定位,如何精确地预测制动距离以及进行列车跟踪。

11 个在运营或部署的税收服务系统如下:
(1) 先进民用速度执行系统(ACSES);
(2) 增量式列车控制系统(ITCS);
(3) 基于通信的列车管理(CBTM);
(4) 电子列车管理系统(ETMS)第 1 版;
(5) ETMS 第 2 版;
(6) 配置 ETMS METRA;
(7) 重要的列车管理系统(VTMS);
(8) 防撞系统(CAS);
(9) 优化的列车控制(OTC);
(10) 列车哨兵(TS);
(11) 北美联合积极列车控制系统(NAJPTC)。

ACSES 由美国铁路公司开发,在波士顿的东北走廊(NEC)、华盛顿和马萨诸塞州(MA)、哥伦比亚特区(DC)共 240 mi 范围内,全部安装并完全运营。它支持全国铁路客运公司(Amtrak)的 ACELA,目前是美国最快的客运服务,速度可达 150 mi/h。ACSES 是一个基于应答器的嵌入式轨道,这可以作为现有的 NEC 机车信号/自动列车控制系统的补充。美国铁路公司还运营着 ITCS,以此来支持奈尔斯、密西根(MI)和卡拉马祖之间的高速客运业务。ITCS 目前速度高达 95 mi/h,运行在 74 mi 的铁路线上。ITCS 在 PTC 系统的实现中是唯一的,这在于它包括先进的高速公路、高铁交叉口的预警系统激活功能,并使用无线电通信,而不是轨道电路。据高速公路交叉口预警系统(HGCW)的报道,车载 ITCS 加强了车速的限制。一旦该软件的验证和确认完成后,将允许速度提高到 110 mi/h。

CSXT 准备在南卡罗来纳州(SC)的安德鲁斯和阿拉伯的居民区大约 200 mi 的范围内现场测试 CBTM 的最新版本。早期版本安装在南卡罗来纳州线的蓝岭和斯巴达堡。目前 CSXT 的主要工作都集中于用伯灵顿北圣太菲(BNSF)铁路的 ETMS 第 1 版和第 2 版,联合太平洋(UP)铁路的 VTMS 和南诺福克公司(NS)的 OTC 对 CBTM 进行统一,以支持互操作的货运业务。

BNSF 铁路公司已开始进行广泛的 PTC 系统开发和部署工作,以此来支持货运业务。适用于低密度列车运行的 ETMS 第 1 版已经得到联邦铁路管理局的认同，BNSF 也开始对其 35 个子部分进行部署。BNSF 也有增强版的 ETMS，即 ETMS 第 2 版，以支持在得克萨斯州的沃斯堡和红岩部分的高密度列车运行。用于芝加哥地区交通管理局、东北伊利诺伊州通勤铁路（METRA）的通勤铁路部门（ETMS 第 1 版和第 2 版的相关配置正在开发中）建成初衷是减少列车在通过岔路口时由于速度过快造成的致命事故，ETMS 的 METRA 实施目的是支持乘客，而不是货运业务。该系统在伊利诺伊州的乔利矣特和芝加哥贝弗莉等处都已开始进行部署。

芝加哥通勤铁路、CSXT 以及伯林顿北方圣太菲铁路在 ETMS 原有基础上进行开发，而 UP 和 NS 正在开发 ETMS 的全新系统。UP VTMS 已经开始在美国太平洋西北部的华盛顿州的 15 个区以及怀俄明州的粉河盆地进行系统测试。NS OTC 的系统集成了它们新的 PTC 计算机辅助设计系统和其他的特殊商业功能，目前已经在 NS 区的查尔斯镇到哥伦比亚的路线进行测试。CBTM，ETMS，OTC 和 VTMS 是同一个制造商生产的，基本代码架构相同，所不同之处是硬件配置是各自特定的。

阿拉斯加铁路正在对所有 531 mi 的轨道安装 CAS。同时设计了一个新的 PTC 系统，它的建立是为了实现与其他 PTC 系统一样的 PTC 功能的结构，但使用的是完全不同的硬件和软件方案。结合 DTC 和信号区域，CAS 加强了运行授权、速度限制，以及跟踪设备保护。所有的路旁和组件已安装和测试，车载系统测试作业也在阿拉斯加的安克雷奇的波蒂奇和惠蒂尔进行。

俄亥俄州中央铁路系统（OCRS）版本的列车 PTC 系统是列车监测装置（TS）。TS 目前被用于南美洲和中美洲各铁路。TS 的 OCRS 版本是基于目前安装在巴拿马运河运行着混合客运和高速货运服务的 TS，它连接着巴拿马共和国的巴尔博亚和巴拿马城。OCRS 已完成了办公室子系统的安装，现在进行的是哥伦比亚到俄亥俄州的纽瓦克沿线的综合办公室系统、路边系统以及车载子系统的测试工作。

由于通信带宽的技术问题，另一个系统即 NAJPTC 已经从服务中删除。为了给高速客运和货运服务制定一个开放的 CBTC 行业标准，NAJPTC 是联合铁路管理局（FRA）、美国铁路协会（AAR）以及伊利诺伊交通运输部门共同努力的结果。该系统迁至美国交通运输部（DOT）运输技术中心（TTC），在科罗拉多州普韦布洛进行测试实施，用于研究和解决在受控环境下的关于通信标准的问题。

最后，初步设计阶段是由纽约和新泽西州 CBTM 的港务局合作的。

该通道的设计是完全独立于 CSXT 和 CBTM 系统的。CBTM 通道将为横穿哈得逊河通勤铁路线提供 PTC 功能,并且在新泽西州和纽约市之间运行。

开发所有这些复杂的基于微处理器的软件与通信系统所面临的技术挑战,与创造类似的工业或商用的科学应用是类似的。不像过去,铁路部门所拥有的技术知识水平远远超过了厂商,而现在,铁路部门往往缺乏足够的专业知识,来独立地实施和部署 PTC 系统。现代微处理器和软件(数字系统)的设计已成为一个专业的领域,这使得铁路部门在做完善的采购和收购的决定,需要评估详细的技术和系统性能时,往往处于劣势。此外,对于许多与数字系统相关的详细信息,供应商拥有高价值的知识产权,并且通常不会或者永远不会把此知识产权转交给铁路部门。

2008 年,FRA 当前的工作是实施铁路安全改进法案(RSIA,2008)(USC,2008)的新法定要求,包括为促进该法规规定的 PTC 系统安装的互操作性而做出的大量的努力。这项工作涉及了监管改革,以鼓励标准的系统设计的使用。由于 RSIA 在 2008 年强制要求具有互操作性的 PTC 系统必须于 2015 年年底前完成安装,美国的主要客车、通勤车、货车受此法规的影响,已非正式地采用了基于 ETMS 或 ACS 的技术,作为其各自铁路标准的构建模块。这建立了事实上的行业标准,允许不同铁路之间的元件设计的重用。而市场的强制安装需求巨大(超过 24 000 辆机车需要安装车载组件,超过 1 200 000 的路边接口单元将安装在超过 10 万 mi 受影响的轨道上),安装对成本产生积极影响的程度是未知的。铁路部门决定采用两个具体的专有架构,却因此却形成了一个不受约束的垄断机制。

也许在美国最显著的非技术问题就是,以传统规范为基础的法规,向政府和行业双方共同制定的、以绩效为基础的法规进行过渡。从定义上讲,以性能为基础的标准,为调节者的实施以及监管实体的遵守创造了不确定性。习惯于执行规范标准的调节者不能适应宽松的特定性能标准。同样,监管实体也不能对松散的性能标准进行适应,因为他们觉得考虑执法问题或做合理的决策时,会给监管机构过多自由裁量权。

6.5 系统安全

铁路网络的规模和范围之大,超过了 PTC 系统的部署范围,这使得让

PTC系统免于攻击者的攻击成为一个意义非常重大的事情。PTC系统存在多项安全隐患,这些一旦被利用,对公共健康和安全会存在严重的潜在影响。

6.5.1 安全威胁

研究表明,铁路的安全威胁是确实存在的(Chittester和Haines,2004;GAO,2004;TRB,2003)。1995—2005年,全世界范围内已经有超过250起以铁路为攻击目标的恐怖袭击事件。基于无线网络的PTC系统,与其他无线SCADA系统有着同样的漏洞。PTC系统的命令协议在开放系统互连(OSI)模型的应用层运行,因此在协议的较低层或堆栈,以及在应用程序层上容易受错误和攻击者的影响。如果PTC系统未能充分解决这些问题,攻击者就会利用这些漏洞,从而降低系统的安全性能。监管措施(CFR,2005)和工业中为部署PTC系统所做出的努力增加了潜在风险的可能。美国国家安全电信咨询委员会(NSTAC)和美国政府问责办公室(GAO,2004)已经研究指出,攻击者有能力且会成功攻击控制系统。

最近在南卡罗来纳州发生了一起本来可以预防的PCT事故,虽然并不是PCT系统的妥协所导致的,但SC阐明了一次对PTC系统成功的袭击的潜在影响。在这次特殊的事故中,两辆列车相撞后意外泄漏氯气,造成9人死亡,554人受伤,紧急疏散5 400人,直接损失和间接损失累计超过4 000万美元(NTSB,2005)。幸运的是,通过PTC通信基础设施所实施的攻击造成的潜在影响可通过使用各种安全控制措施来缓解。因此,缓解潜在攻击的关键是要有效地实施和维护CBTC的安全优势。

6.5.2 攻击

攻击者的资源对于无线通信的攻击是十分重要的(ISST,2002)。详细的漏洞信息、利用这些信息的教程、完整的攻击工具在互联网和万维网上都能找到。美国国家安全局(NSA)主办的信息保证技术架构论坛(IATFF)已将这些信息划分为5种类型(见表6.2),包括被动攻击、主动攻击、近距离攻击、内部攻击和分布式攻击(NSA,2002)。

表 6.2　IATFF 攻击类型定义

攻击类型	定义
被动攻击	被动攻击包括流量分析、监测未受保护的通信、解密弱加密流量以及认证信息捕获。被动截获网络的操作可以给攻击方对于即将发生的动作的一些暗示和警告。被动攻击可能会导致未经用户同意的信息或数据文件的泄露
主动攻击	主动攻击包括企图包围或破坏保护功能、引入恶意代码、窃取和修改信息。主动攻击可能导致数据文件的泄露或散播、拒绝服务或恶意篡改数据
近距离攻击	在近距离攻击中，个人获得接近网络、系统或是用来修改、收集或者拒绝信息访问的权限。接近是通过暗中进入或开放存取，或者是结合两者实现的
内部攻击	内部攻击可能是恶意的，也可能是非恶意的。恶意的内部攻击故意窃听、窃取或破坏信息，以欺诈方式使用信息，或拒绝其他用户的访问。非恶意攻击主要是由于操作人员的粗心、缺乏知识或者故意规避安全性等良性因素
分布式攻击	分布式攻击主要是在生产或配送过程中对硬件或软件的恶意修改。这些攻击可以引入恶意代码并转化成产品，比如从后门来获得在未经指示的情况下访问信息或系统功能的权限

6.5.2.1　被动攻击

第 1 类攻击是被动攻击。攻击者暗中收集信息使得受害者并没有意识到自己正在被攻击。除非受害人从其他来源了解到可能会受到攻击，否则只要攻击者不主动发送或以其他方式干扰受害者的传输，受害者就不会采取任何防范措施。被动攻击特别容易，主要有两个原因：用户不会使用加密的无线技术；无线信号所固有的易侵入的特性，使得攻击者能利用任一点使系统瘫痪。

6.5.2.2　主动攻击

第 2 类攻击是主动攻击。攻击者可以在发送器和接收器的信息交换过程中进行攻击，这种攻击依赖于攻击者对消息参数的了解程度。其中一种攻击就是干扰攻击，在这种攻击中，攻击者使用一种机制使得发送器和接收器之间的信道完全瘫痪。原来的发送器和接收器之间无法识别它们之间的传输，导致其无法交换信息，因而无法沟通。攻击者不需要知道发送者和接收者之间传递的消息的任何参数，只需要一个能够阻断传输通信信道的设备就可以使通信瘫痪。

阻断发送者和接收者之间通信的一个更复杂的方法是，拒绝式服务（DOS）攻击或分布式拒绝服务（DDOS）攻击。DOS 攻击或 DDOS 攻击的具体机制依赖于通信协议和产品的实施，因为这些攻击都是利用通信协议本身和产品实施的弱点来进行的。无论是 DOS 还是 DDOS，都要求攻击者对发送者和接收者之间交换的消息的参数有很好的理解。使用这种技术，攻击者可以使信道充满无效的消息，阻止发送方和接收方之间有效信息的交换。这两种攻击的不同点是无效信息的来源。DOS 攻击源只有一个位置，而 DDOS 攻击源有多个。

其他主动攻击是基于和发件人有关的漏洞的开发（身份盗窃，未经授权的用户采用一个有效的发件人身份），或者与接收器有关的漏洞（恶意关联，即不知情的发送者被欺骗，以为该通信会话已经被一个有效接收器建立），或者与通信路径有关的漏洞（"中间人攻击"，攻击者模拟发送方授权的接收方，即恶意主张；模拟授权发送方所授权的发射器，即身份盗窃）。这些攻击主要是针对干扰以下几种形式的完整性：用户身份验证，数据源认证和数据完整性。

6.5.2.3 近距离攻击、内部攻击和分布式攻击

最后 3 类攻击策略描述了攻击者进行系统访问的性质，这刚好和攻击本身的性质是相反的（被动或主动）。近距离攻击、内部攻击、分布式攻击由被动攻击或主动攻击的一些形式组成，或者是这两者的组合。这些攻击通过一些深层次的专业技巧来提高其有效性，并以攻击者的形式接近系统。

6.5.3 必要的安全属性

美国政府的信息处理系统和通信系统使用的减缓通信系统攻击的策略已被编纂成法律（USC，2002）。给铁路安装 PTC 系统这一商业活动，虽然不在法律范围内实施，但这些策略仍然适用。这些策略具体包括机密性、完整性、可用性、真实性、问责制和认证。

6.5.3.1 机密性

机密性要确保数据和系统对于未授权的个人、进程或系统是不公开的。机密性的实施必须在两个不同的时间点上。一个是数据在发送器和接收器之间的通信信道中传送的时间,另一个是数据由发送者和接收者接收或保存的时间。一般来说,当数据位于发送器或接收器时,执行机密性遵循以下三个策略之一:强制的访问控制(MAC)、自主访问控制(DAC)和基于角色的访问控制(RBAC)。数据在传输中的机密性的实施策略通常来源于发送者或者接收者实施策略。

6.5.3.2 完整性

完整性确保数据保存其含义、完整性、稳定性、预期用途以及相关的代表性。同机密性一样,它也可以在多个方面进行考虑。一种更深层的完整性分类方法是根据分层设置属性。这些属性是:稳定性(最低的限制属性);没有不适当的修改;无未经指示的篡改,以及没有未被发现的变化。这些属性适用于发送者或接收者接收消息之后,以及在传输过程中。

6.5.3.3 可用性

对于信息和系统,可用性确保有及时的和不间断的访问。与数据的机密性和完整性不同,机密性和完整性是数据的属性或者是获取数据的一种方法,而可用性不仅仅是一个数据的属性。数据的可用性是系统为用户提供访问数据能力的功能,而不会在意系统是否会公开数据,抑或公开的数据是否已被改变。

6.5.3.4 真实性

真实性用于验证试图访问信息或者服务的用户或进程是谁或者自称是谁。它和身份验证一样,是问责制的关键组成部分。问责制的有效性不仅需要一个系统能够确定请求接入的实体是否为实体本身,而且事后需要此实体被唯一地确定。真实性和身份证明往往不视为单独的目标。用户的真实性和数据源的真实性不同,前者涉及实时发件人的身份认证,而后者涉及数据源的认证(不提供实时的保证)。

6.5.3.5 问责制

问责制允许重新创建事件，并追踪负责这些行为的实体。问责制包括两个方面，第一个是使用资源或信息的责任分配，第二个是其使用资源或信息的结果对实体的责任分配。问责制要求能唯一地确定谁是实体（标识）以及请求访问实体的有效性（认证）。

6.5.3.6 认证

认证是对每个用户或进程的唯一标识符的说明，同时允许问责制的分配。

6.5.4 需求分析

PTC 系统安全性相关的需求可以描述成是延缓攻击的必要措施，或者是 PTC 功能实现的基本要求。

6.5.4.1 攻击的需求分析

保密措施可以防御被动攻击。访问控制机制可以防止发送方或接收方未经授权的用户访问数据、服务和资源，也可以保护传输中的数据。为抵御被动攻击，需要通信双方的身份认证，或者是它们之间通信的详细信息，然而，这些需求尚未在 PTC 系统中完全建立。

防御主动攻击可以通过机密性、可用性、问责制、真实性和完整性机制几者的结合来实现。访问控制机制用来加强机密性，可以防止攻击者从不同的通信协议中获取信息，降低 DOS 或者 DDOS 攻击的可能性。在提供有效性的同时，也可以提供有效对抗 DOS 和 DDOS 攻击的能力。如果有效的信息发起者、接收者以及通信信道有足够的能力提供可用性，那么攻击者将无法中断通信。

确保完整性（或保密性）会限制可用性，也会带来一定的性能开销。在要求接近实时响应的环境中，加密代理以及传输中的消息可能会面临长时间的延迟。

身份认证机制提供了问责机制、打击身份盗窃、恶意组织以及中间人攻击。用户身份认证的方法从弱时间不变认证方法，如简单的密码，到变强加密的身份认证方法。在非敌对环境中，没有或者较弱等级的用户身份认证也是可行的；但在敌对环境中，需要提供高强度的身份验证。

数据原始身份认证既保证了消息的完整性，又保证了消息发送者的身份。对消息发送者进行验证的最常用方法之一就是使用对称或者非对称的数字签名。CRC 校验码可以在非敌对环境中提供消息的完整性，而在敌对环境中则不能提供消息的完整性。这是因为 CRC 校验码在其输入和输出之间存在多对一的关系。它可能拥有多个输入来校对单一的 CRC 数值。因此，数据可以通过一个正确的 CRC 校验码被替代，并且保持未被检测到的状态。一个加密的哈希函数，输入和输出之间存在一对一的关系，一个数据输入只能校验和一个哈希值，这提供了数据的完整性。输入值的任何变化将导致哈希值的变化，在哈希计算中当传输的哈希计算值和计算所得的哈希值不匹配时，接收端就能检测到（Menezes 等，2001）。

6.5.4.2 性能需求分析

列车是由有轨车的集合组成的。列车的"组成信息"是指长度、重量、载荷的分布以及计算保证正确的列车分离、速度控制、路边人车分离所需的安全制动距离的关键因素。如果列车无法启动刹车系统以避免超出其自身权限，那么如果低估了安全制动距离则会导致列车与列车发生碰撞。列车超出其权限范围，并且侵犯了另一列车的权限，则会引发潜在的碰撞，因为两列列车试图在同一时间占据同一段轨道。类似地，如果列车在维修工人完成清理轨道之前，超出其自身权限闯入维修工作区，则会造成维修工人伤亡的惨剧。

除了确定停止距离，重量和负载信息也用于计算制动器应用，需要降低速度以符合临时或永久的对速度的限制。在需要减速到正常速度时低估的制动器应用，必要时会产生"过速"的情况。如果因轨道几何形状或轨道维护情况而使用速度限制，那么超速就会导致列车出轨。当要把列车停在侧轨的时候，就要利用组合长度确定侧轨的间隙。后续列车在估计两车之间的距离时，也会利用此长度信息确定领先列车的尾部。

攻击者获得具体的组合信息是不会产生任何安全性问题的，因此，保密性是不需要的。然而，错误的组合信息可能是由于攻击者的行为没有造成安全问题。所以，确保组合信息的不变性（完整性）、确保能够获得正确的组合信息（可用性）、确保所提供的组合信息来源于可靠的出处（问责制），这些都是必需的。

获知列车位置对 PTC 全部功能的执行来说是强制的。此信息被用于测试速度和随后的制动距离，以及确定列车相对于开关、路边设备、工作区、速度限制、权限限制或其他列车和轨道装备的位置。列车位置信息在列车之间，列车和路旁设备之间，道路工人和列车之间，或者列车和调度/控制中心之间都会相互交换。和组合信息一样，攻击者获得列车位置一般来说不是问题，因此，并不需要保密。然而，由于列车的位置信息的使用，实际上是组合信息，因此有必要确保数据的完整性、可用性和问责制。也可能存在对于非机密性列车位置信息的例外情况。公开广播高价值的列车位置信息、极具价值或者危害的信息是不明智的。因为如果这样，攻击者就会了解到列车的位置，从而会更轻松地在列车上实行非通信的攻击。

轨道数据库根据 PTC 系统定义了铁路。同样，它包含轨道的位置说明，以及岔路口、永久的速度限制、行驶里程标记、铁路交叉口和路边的关键设备等的位置说明。这扩展了临时车速限制的位置、工作区，还有其他运动或操作限制。轨道数据库与组合信息一起定义了列车在铁路上的确切位置。如果没有此信息，PTC 系统的正常运行是不可能实现的。数据可以通过路边系统或调度中心被发送到列车。这些信息很容易获取，所以保密问题是不需要的。然而，考虑到数据库在 PTC 系统的正确操作中起着重要作用，数据的完整性、可用性以及问责制都是必需的。

官方为列车或道路工人占据一段特定的轨道提供了授权。一般来说，官方授权的内容、列车机组人员、调度员、道路工人等的身份信息等内容不是主要问题，因此保密性并不重要。然而，及时收到官方和路边信息对于安全的列车行驶是很重要的。这些信息必须来源于适当的资源（需要问责制），不可改变的（需要完整性），且要及时（需要可用性）。

6.6 补充要求

除了与机密性、完整性、可用性相关联的传统安全要求，问责制是支持 PTC 成功运营的另外一些功能需求。这些需求包括可互操作的性能管理、配置管理、统计管理、故障管理和安全管理。

由于铁轨权经常被铁路部门共享，所以要规定和实施这些需求往往很复杂。U.S. C49 卷 11323 条规定，州际商务法授权 DOT 的美国地面运输理事会（STB），强制实施相互切换许可、跟踪访问规定和设施的相互访问。这就要求铁路之间进行协商，不仅要考虑安全需求，还要有能够进行有效互动的补充需求，以此来实现共同的目标（Brodie，1993）。

不能保证租户铁路的车载 PTC 子系统会与主控的路边基站和调度子系统相兼容，这是目前面临的一个困境。即使在同一条铁路，也不可能保证 PTC 同时在整个道路上安装，所以不是所有的子系统都是可用的。这导致了一系列与技术和政策相关的重大安全性问题。

6.6.1 性能管理

性能管理能够评估系统性能的各个方面。这里存在两个争议的问题：要求所收集的数据类型不同，必须支持性能管理系统中不同类型的数据。首先，获得必要的数据以衡量系统服务的可靠性和服务质量协商所能达到满足的程度。其次，使资源使用的最优化得以监控。

该管理系统的开发需要保护自身安全和监控管理数据。要想不对整个系统的性能造成不利影响，通常需要巨大的财政支持和技术支撑。要建立合适的利益变量，收集性能数据，并确定基准是很困难的。设置适当的阈值以防止误报，并且不能错过合法的攻击，这些都需要调整和持续优化。

通过建立性能基准，并通过仔细选择和监控适当变量，如吞吐量、响应时间、带宽利用率等可以确定性能阈值在什么时候会超出。这将表明通信链路层可能会遇到攻击。

6.6.2 配置管理

美国 PTC 系统配置管理（CM）的实施有专门的法规要求，美国联邦法规（CFR）49 卷 236.18 条和 236907 条中有专门强调。CM 研究并跟踪系统硬件、软件配置以及成员资格，确保使用中的软件和硬件是正版。它也能防止给 PTC 装置安装、取代或使用网络中没有版权的硬件或软件，它还提供了一系列可以在故障安全性问题中应用的系统组件。

CM 也有不利的一面。CM 系统可以为攻击者提供用户网络中每个组件的详细信息。这可以更容易为攻击者提供利用系统漏洞的机会。因此就需要 CM 数据提供更高程度的问责制。谁访问 CM 数据、什么时间访问、访问哪些数据、为什么要访问这些数据变得越来越重要了。没有此信息，就不能保证篡改或修改不会发生。

6.6.3　统计管理、故障管理和安全管理

为了评估单个 PTC 系统及其应用，和性能管理一样，统计管理也提供了网络行为措施。它同样对非 PTC 系统越权使用资源提供保护措施，虽然不一定是实时的。通过仔细识别和控制单个 PTC 系统组件，可以防止越权使用。当已经超出资源的使用范围时，通过选择和监控适当的变量，如吞吐率、响应时间和带宽利用率等，就可以做出相应的决策。

故障管理主要为非恶意的技术问题提供保护，非恶意的技术问题即影响到 PTC 系统的网络操作，这主要会影响到系统的可用性。尽管故障管理的目的是检测、记录、通知和修复网络问题，它在解决安全问题上也非常有用，因为它可以帮助确定或排除潜在的系统问题。

安全管理根据网络的安全策略，提供并管理 PTC 系统的访问控制机制。访问控制是为了防止有意或无意的破坏，以及 PTC 设备和网络资源的滥用。安全管理子系统识别敏感的网络资源，并确定出这些资源和授权用户之间的关系。还监控网络的接入点，并警告对敏感源的不适当访问。

6.7　总结

正在设计的精确列车控制系统，通过引入电子强制限速、列车分离以及许多其他的要求，来达到减少铁路事故的目的。由于通信漏洞，导致对系统的滥用问题，在设计开发中必须增加一些额外的安全机制。

2008 年的美国铁路安全改进法（RSIA）要求截至 2015 年所有铁路线都必须安装 PTC 系统，这一要求对美国铁路行业和 PTC 系统供应商来说是一个非常大的挑战。对铁路进行评估所遵循的法律和法规都是基于现有的技术，所需资金是 30 亿 ~ 60 亿美元。这需要给受影响的铁路部分一个重大的、新的、计划外的资本，这是公开交易商业实体。当这些计划外的资本需求与 2008 年 RSIA（美国铁路安全改进法）系统互操作需求相结合，并且快速扩建时，引入了新的设计和实施限制。这些问题，铁路及其 PTC

系统供应商之前都没有考虑过。迁移现有的 PTC 技术，就是假设在部署比较受限、执行率较低、环境相对安全、不考虑系统的互操作性和成本的情况下，进行系统的设计和建设，对于 PTC 系统来说这会使其变得更安全，有更强的互操作性，支持快速的、广泛的部署且显著降低单位成本，不同于美国铁路部门之前面临的任何技术和管理的挑战。

本章围绕安全和性能问题，介绍了美国传统列车控制方法和精确列车控制方法的基本知识。在具体的实施政策和技术方面，要设计一个高效、有效、经济的 PTC 安全解决方案还有很长的路要走。若选择适当，鉴于组织和环境因素的考虑，管理、运营和技术控制的组合可以协同合作，以确保有一个安全、可靠、可互操作的、具有效益的 PTC 系统。

参考文献

[1] AAR (2007a) Mandatory Hazmat Rerouting. Policy and Economics Department, Association of American Railroads, Washington, DC.

[2] APTA (2007) Commuter Rail Public Transportation Ridership Report, Fourth Quarter 2007. American Public Transportation Association, Washington, DC.

[3] AREMA (2005) Communications & signaling manual of recommended practices, Volume 4, Part 16.4.50. American Railway Engineering and Maintenance of Way Association, Washington, DC.

[4] Banks, W. and Barclay, R. (1976) An analysis of a strategic rail corridor network (STRACNET) for National Defense. Military Traffic Management Command, Washington, DC.

[5] Brodie, M. (1993) The promise of distributed computing and the challenges of legacy information systems. Proc. Conference on Semantics of Interoperable Database Systems, Australia, eds. Hsiao. D., Neuhold, E. J., Sacks-Davis, R. Elsevier North Holland, Amsterdam.

[6] BTS (2003) National Transportation Atlas Databases (NTAD) 2003, Federal Railroad Administration (FRA) National Rail Network 1:100,000 (line) 2003 ed., Bureau of Transportation Statistics, US Department of Transportation, Washington, DC.

[7] BTS (2007) Amtrak ridership transportation statistics annual report, 2007. Bureau of Transportation Statistics, US Department of Transportation, Washington, DC.

[8] CFR (2005) 49 CFR Parts 209, 234, and 236 Standards for the Development and Use of Processor Based Signal and Train Control Systems; Final Rule. Office of the Federal Register, Washington, DC.

[9] Chai, S. et al. (2007) Surface transportation and cyber-infrastructure: an exploratory study. Proceedings of the 2007 IEEE International Conference on Intelligence and Security Informatics.

[10] Chittester, C. and Haines, Y. (2004) Risks of terrorism to information technology and to critical interdependent infrastructure. Journal of Homeland Security and Emergency Management 1 (4), Berkley Electronic Press.

[11] CRS (2005) Terrorist capabilities for cyber attack-overview and policy issues report RL33123. Congressional Research Service of the Library of Congress, Washington, DC.

[12] DOD (1985) Department of defense trusted computer system evaluation criteria. US Department of Defense, Washington, DC.

[13] Ferraiolo, D. and Kuhn, D. (1982) Role based access control. 15th National Computer Security Conference.

[14] FHWA (2006) Freight facts and figures 2006. Office of Freight Management and Operations, Federal Highway Administration, US Department of Transportation, Washington DC.

[15] FRA (1994) Railroad communications and train control, Report to Congress Federal Railroad Administration, US Department of Transportation, Washington, DC.

[16] GAO (2004) GAO Testimony before the subcommittee on technology information policy, intergovernmental relations and the census, house committee on government reform, critical infrastructure protection challenges and efforts to secure control systems US general accounting office, Washington DC.

[17] ISST (2002) Diversification of Cyber Threats. Institute for security technology studies at Dartmouth College, Investigative Research for

Infrastructure Assurance Group, Dartmouth, NH.

[18] Menezes, A., van Oorschot, P. and Vanstone, S. (2001) Handbook of applied cryptography 5ed, CRC Press.

[19] NSA (2002) Information assurance technical framework (IATF), Release 3.1. Information Assurance Solutions Group, US National Security Agency, Fort Meade, MD.

[20] NSTAC (2003) Wireless Security. The presidents national security telecommunications advisory committee wireless task force report, Washington, DC.

[21] NTSB (2004) NTSB most wanted transportation safety improvements 2004 – 2005. National Transportation Safety Board, Washington, DC.

[22] NTSB (2005) Collision of Norfolk Southern freight train 192 with standing Norfolk Southern local train P22 with subsequent hazardous material release at Graniteville, SC, January 6, 2005. National Transportation Safety Board, Washington, DC.

[23] NTSB (2008) Positive train control systems symposium March 2 – 3, 2005 Ashburn, Virginia. http://www.ntsb.gov/events/symp_ptc/symp_ptc.htm.

[24] RSAC (1999) Report of the railroad safety advisory committee to the federal railroad administrator, implementation of positive train control systems. Federal Railroad Administrator, US Department of Transportation, Washington, DC.

[25] Sandhu, R. (1993) On five definitions of integrity. Proceedings of the IFIP WG11.3. Workshop on Data Base Security, Lake Guntersville, AL.

[26] Sindre, G. and Opdhal, A. (2005) Eliciting security requirements with misuse cases. Journal of Requirements Engineering 10 (1), Springer, New York.

[27] STB (2003) Statistics of class I freight railroads in the United States 2003. Office of Economics, Environmental Analysis and Administration, Surface Transportation Board, Washington, DC.

[28] TRB (2003) Cyber security of freight information systems. Transportation Research Board of the National Academy of Sciences, Washington, DC.

[29] USC (2002) Federal information security management act of 2002

(Public Law 107 – 347). United States Code.

[30] USC (2008) Rail safety improvement act of 2008 (Public Law 108 – 432). United States Code.

[31] USS (2003) Senate report 107 – 224, Department of Transportation and Related Agencies Appropriations Bill. Congressional Record, Washington, DC.

7 车载网络的汽车标准

Tom Schaffnit
Schaffnit 咨询公司

本章重点介绍涉及汽车工业中车与车以及车辆与路边设施间直接通信的各种全球标准化活动。首先讨论了主要区域互操作性的基本要求，然后对为什么标准化是绝对必要的却不够充足提出了一些见解，以此确保互操作性。

本章前部分描述了开放系统互连（OSI）模型的概况，并根据 OSI 模型的相关层进行的相关标准制定工作。

本章后部分介绍了北美、欧洲和日本三个活跃地区的标准开发进度。本文描述了各种标准化进程中的差异以及标准制定组织之间的关系和相互作用，分别从区域和全球的角度为读者提供有关标准化进程的总体目标。

7.1 基本概念

在一定程度上，车内通信网络在过去的 20 年里已经标准化。特别是机动车辆中利用双绞线进行高速串行数据交换的控制器局域网络（CAN）协议，已经在国际标准（ISO 11898，2007）较低的协议层中进行标准化。该标准已经被大多数正在生产的车辆所采用，因为它为机动车辆内传感器和处理器的可靠互联提供了一种经济的方式。上文提到的在一定程度上，是指在车辆上实施CAN协议的上层部分很可能是制造商的专有协议。现在已经发生了这样的情况，即不同的制造商对他们的内部网络及其相应的传感器和处理器进行改进，并且试图保护其关键引擎和安全系统控制不受外界干扰或未经授权的操作。从CAN总线经验可以得到令人欣慰的结果，即机动车辆技术标准化的实现需要较长的时间，跨越几十年。由此得出的警示是，制定关于部分协议栈的国际标准并不需要向应用提供互操作性。

本章介绍了车载网络中汽车标准化的概念性动机，然后从全球角度讨论相关的标准化工作及进程。

7.1.1　车与车通信

车与车（V2V）通信具有为协作汽车安全应用提供机会来阻止事故的能力，汽车安全工程师的这种信念是构成车载网络汽车标准化走向的根本驱动力之一。根据最初部署的设想，协作防碰撞应用的类型为：

（1）识别附近的其他车辆；

（2）维持其他车辆的动态的状态图，包括它们的位置、速度、航向和加速度；

（3）基于动态图完成持续性威胁评估；

（4）需要驾驶员介入来识别潜在的危险情况；

（5）在适当的时候，以最合适的方式通知驾驶员。

当然，这些考虑中隐含了长期潜在的车辆自动干预以避免或减少事故。然而，需要一些时间进行现场体验，来验证配置自动响应的V2V通信的可靠性水平。还有，对于防碰撞自动干预的公众认可度，在切实考虑配置之前必须仔细衡量。最后，如上所述，为了支持无线通信技术中的这些应用，协作防碰撞应用的概念已经产生了一些内在要求。

7.1.2　车与基础设施通信

结合考虑上一节中描述的V2V通信，汽车安全工程师已发现使用相同的通信方式让车辆与基础设施进行通信的可能性。这将使采用相同无线技术的防碰撞安全应用车辆的范围扩大。致力于车－车/基础设施（V2X）

通信启用的车辆安全研究的主要领域之一是路口碰撞预防。例如，如果车辆知道自己的动态状态（位置、速度、航向、加速度、控制输入）以及路口形状，在信号相位和定时非常低的通信延迟的信号交叉路口，车辆可以向驾驶员发出违规的警告。这种安全应用的通信要求与上文所描述的 V2V 防碰撞应用是非常相似的。

相反地，"软安全"应用（如对拥塞或恶劣天气情况的提前通知）、移动性应用（车辆探测数据）和便利性应用（如驾驶员信息或电子付款）等，在建立延迟、范围和时间方面都减少了严格的通信性能要求。

7.2　互操作性

如在上一节中所述，使用各种无线通信技术与专有系统以及应用程序一起部署"软安全"、移动性和便利性应用是可能的，甚至是可取的。然而，防碰撞"主动"安全应用显然要求所有参与的车辆和路边单元能互相"听到"对方，并和它们"说相同的语言"。这个要求表明，在车辆正常操作的区域内，应该使用相同的标准化通信技术。

设想这样一种情况，部署不同的无线技术的初衷是来支持"软安全"、移动性和便利性应用。然后，经过这样的部署，希望通过包含防碰撞应用来提高车辆通信的整体效益。如果车辆 A 使用蜂窝通信而车辆 B 使用卫星通信，加强现有的系统以支持互操作性的要求是可能的，但是很难实现。但这也忽略了现有的技术尝试去满足防碰撞车辆安全应用的其他要求（如延迟和范围）。基于此，最终得出的结果是，认同首选的无线技术支持防碰撞车辆安全应用。

根据上述假设的情况，与防碰撞"主动"安全应用的基本原理比较，"软安全"、移动性和便利性应用的部署似乎存在不同的驱动力。然而，在很长时期，用于支持"主动"安全应用的技术也可以用来支持很多"软安全"、移动性和便利性应用。互操作性显然是防碰撞车辆安全应用的基本要求，对此必须详细地进行标准化。通过提供统一的技术部署环境，这种互操作性对于"软安全"、移动性和便利性应用都有长远的利益。与使用互联网或 GPS 的系统一样，对于车载通信而言，统一的技术配置环境不仅能够刺激创新，而且为拥有相同基础、标准化通信技术的专有化、差异化的产品和服务创造了广阔的市场。

然而，由过去几十年互联网和 GPS 的经验可知，为了实现这个机遇，统一的技术配置环境必须与逆向兼容性技术保持长期稳定。

这种互操作性的依据是广泛开放的标准协议，此标准在长达数十年的时间范围内都是稳定的。需要长期关注的不仅有基于此标准技术基础上的创新产品和服务的发展，还必须支持汽车（其中有许多保持服务超过 10 年）配置的生命周期。

7.2.1 区域性需求和差异

本节开始已经对标准化的互操作性提出了论点，并且在区域基础上取得解决频谱问题的资格是必要的。虽然全球的汽车制造商将从车载通信系统的全球标准化取得极大利益，但由于相关的经济规模和全球单一设计储蓄，这在目前是极不可能的。

无线电频率（RF）频谱根据国家基础来分配，有几个特殊例外情况，其国际性应用的频谱必须协调（如国际短波无线电频段或卫星链路）。这导致几乎所有可用频率范围频谱的分配在不同的国家和地区已经有各种各样的开发。现在，为了开辟一个可用于车载通信的特定频率范围，传统用户必须移出现有的频谱分配。这对于涉及生命安全问题的防碰撞应用来说是特别正确的，同时这些应用通常需要专用频谱或者至少需要接入最高优先级的频谱。这会是一个既消耗财力又花费时间的过程。

一般情况下，主管部门通过下面这些服务为车辆安全通信协调频谱分配：

（1）将现有服务迁移到其他频率而空出频谱（如数字电视或 DTV）；

（2）新的频谱（通用的较高频率）变得更经济实用。

因此，实现车辆安全通信的单一全球频率范围可能需要很长的时间。然而，如果有一个全球性的协议，可用于一般的频率范围（如周围的 5.8 GHz）、通道宽度（如 10MHz）以及无线协议（如 IEEE 802.11p），那么这将给经济规模和汽车系统设计带来重要的利益。如果全球都认可这些基本要素，那么就可以很容易地协调区域差异。例如，使用相同的无线芯片组，但是采用不同的程序设计。

如果车辆在它的整个配置周期内都在其所被购买的地理区域内驾驶，那么从用户的角度来看，这种区域差异将不可能产生任何显著的影响。例如，由于大部分车辆在北美购买和驾驶，而永远不会在欧洲驾驶，即使北美和欧洲的频率范围稍微有点不同，用户也很少会注意到这种差异。这是一个很好的情况，因为在不久的未来会经历这种地区之间的差异。

7.2.2 标准的必要性

在 7.2 节中，标准是互操作性所必不可少的。在本小节中，将要讨论必要的标准化领域以及不需要标准的界限。这种讨论会在标准化和通过专有技术创新以及潜在地创造市场优势的灵活性之间假定出一个平衡点。

首先，考虑车辆安全通信对标准化的特定频率的要求。试想一下，软件无线电（SDR）技术可用于：

（1）1ms 内详细扫描千兆赫宽的频谱范围；
（2）确定传输信号的宽度；
（3）调整信道边缘的过滤器，以消除相邻信号对所需信号的干扰；
（4）识别对检测到的信号所使用的调制方式；
（5）对检测到的信号采用合适的实时调制方案；
（6）识别并采用相应的实时协议栈；
（7）将最终得到的消息内容呈现在标准的应用程序编程接口 API。

即使采用先进的接收机技术，仍然会丢失许多帧测到的潜在汽车安全信息。例如，传输速率为 6Mb/s，一个 100 字节的车辆安全信息将需要约 133 μs 的广播时间。对这种信号，接收器的扫描需要为此信号初始的传输时间选择正确的频率，然后在整个数据包接收期间保持原状态。在保持频率或其他扫描频率期间，其他信号可以在与目前正在扫描或接收的不同频率上传输。这表明了对安全消息来说，所有系统节点监测的特定频率的标准化是十分必要的。

我们可以使用类似的例子来说明一个标准的调制方案和协议栈的必要性。应当指出，适应有限的协议分支似乎是可能的，例如，标准化的方法允许未处理的与已处理的数据包使用不同的协议路径。

正如在前面的部分提到，在标准协议栈的顶部，需要"说相同的语言"。这种语言可以是标准化的消息集，包括以标准方式连接的标准化数据元素。

标准的消息集允许不同的组织通过彼此之间的互操作性建立不同的应用。从汽车制造商的角度来看，这是一个有意义的区别。例如，制造商希望利用内部传感器单元的独特功能，以最好优势在接收到的消息基础上启动操作。于是专有的应用就可以将设置的标准消息和独特的内部传感器数据相结合。因此，标准的消息集可以有互操作的专有应用程序。

7.2.3 标准的不足

如上一小节中所述，互操作性的标准是必要的。然而，这些标准不足以保证互操作性。除了规定的标准，额外的使用规则对此来说将是必要的。例如，美国联邦通信委员会（FCC）设定了特定频率的最大传输功率，并提出了实施制裁的形式。这些规则也是必要的，例如：

（1）信道过滤的频谱包络线；
（2）消息的优先级；
（3）创建故意干扰；
（4）无线电通信运作等诸多方面。

另外，对于安全领域，它的标准也是必要的但还不够充分。在这种情况下，特定的安全计划可以被标准化，但认证机构必须给予其合法地位，例如，必须落实操作规则，并执行证书的有关分配和管理。

最后，除非有某种程度的协议能够使用特定的标准，否则这些标准不提供互操作性。这样的协议可能是行业自愿协议、政府授权或介于两者之间。在任何情况下，为了支持互操作性，必须遵守某种形式来使用议定的标准。

7.3 无线协议和标准化活动

本小节中，在分层协议模型下讨论无线协议和 V2X 车载网络通信的汽车标准化活动。

7.3.1 OSI 模型

OSI 模型（图 7.1）（ITU-T X. 2001994）最早用来将类似的协议功能归类成不同的层，这样每一层提供必要的功能来支持它的上层。现代的协议栈更趋于模糊定义的层之间的区别，使得难以直接将不同的协议映射到原来的 OSI 模型。然而，这种模式在讨论 V2X 通信车载网络标准化相关的标准制定活动中是非常有用的。

图 7.1　OSI 模型

在图 7.1 中的协议栈底部所示的物理层，代表发送和接收介质之间的物理连接。在此作用下，它向无线通信链路提供了机械、电气和过程接口。这包括无线链路的具体方面，如调制方式、频率和其他位级的细节。

数据链路层（第 2 层）的主要功能是将存于物理层的位元封装成帧（逻辑顺序）以及差错检测。一些第 2 层协议还提供差错校正。

第 3 层被称为网络层，它执行网络的路由功能。当一个来自较高层的数据包因太长而无法适应所使用传输介质所需要的帧大小时，它会为其提供分段和重组功能。

传输层（第 4 层）进行差错控制和流量控制功能，以允许可靠的数据传输到上面的层。

会话层，位于传输层之上，管理本地和远程应用之间的连接，包括设置和终止必要的连接。

第 6 层为表示层，提供编码功能，将来自应用层的数据包装成下面的层能够理解的一种形式。表示层可能还包括一些协议转换的形式。

应用层（第 7 层）位于协议栈顶部，它向整个协议栈提供了整体界面。一个需要与一个或一些远程位置交流的软件应用，就像本章其他处描述的车辆安全应用，它可以使用第 7 层访问协议栈中的所有功能来支持所需的通信。

7.3.2　与协议层相关的标准活动

IEEE 802.11 组（IEEE 802.11，2009），这是众所周知的 Wi-Fi 无线通信标准，它主要侧重于前两层协议栈。数据链路层的下半部分是媒体访问控制（MAC）子层的功能区。MAC 子层连同整个物理（PHY）层（第 1 层）是 Wi-Fi 标准化的主要侧重点。

本节的开始部分提到了车辆 CAN 总线（ISO 11898，2007）的 ISO 11898 标准，该标准详细说明了物理层（OSI 模型的第 1 层）和数据链路层（第 2 层）。

IP（IETF RFC 1122，1989）是网络层（第 3 层）使用最广泛的协议之一。它是由互联网工程任务组（IETF）（IETF，2009）开发和维护的。

映射到传输层（第 4 层）与会话层（第 5 层）的是互联网广泛采用的两个标准协议。它们是：TCP（IETF RFC7931981）和 UDP（IETF RFC7681980），其标准也是由 IETF 开发和维护的。

7.3.3 不同的标准之间的协作

基于下协议层必须为上协议层提供必要功能的考虑，协议层之间的合作是基本的要求。在理想的情况下，所有协议栈将由相同标准的组织开发，以确保所有栈具有一致的功能。然而，特定功能的专业知识与栈的下协议层表达的功能相关，它属于一个开发相邻层协议的标准开发组织。如果各层的标准由不同的组织开发，那么为了各组可以更好理解它们专注协议层的上层功能需求和下层技术限制，各开发组之间拥有频繁的联络是当务之急。

如果不按顺序开发，那么协作所需的水平就会变得更复杂。如果不同层的协议在同一时间开发出来，那么其中某一层的变化就会影响到其他层。这可能会影响某一特定功能区的专家对稍微超出他们专业领域的其他层的协议功能发表意见。对于研究其他协议层的专家来说，保证协议专家专注于他们最擅长的领域，并提供明确的功能要求以及规范的技术限制是他们最想要的。这其中包括各层接口的详细规格。如上文所述，当每一层详细的协议功能还没有完全确定时，如此详细的说明是非常困难的。

如果标准开发组织位于全球不同的地区或者由于区域差异而导致相似层的功能产生不同的协议方法，那么协调将会变得更加复杂。所以为了确保相互之间的协调，不同层协议之间的合作是非常必要的。这种情况应该寻求国际上的标准化。然而，对于车载网络 V2X 通信的标准化，只采用了部分方式标准化。对于 V2X 车载通信系统支持的应用类型，各个地区拥有不同的优先级，致力于各种标准的专家有不同的想法和各不相同的技术偏好。此外，最有可能受到影响的公司或国家对那些活动提供的资源（标准开发工作中投入的功能研究时间和资金）必须加以分配。除此之外，在特定相关领域遗留的系统可以作为一个全球性的解决方案，这个方案是用技术的既得利益来促进它，而不是全面考虑未来理想系统的需求来改进它。因此，国际标准开发中既有技术挑战，也涉及促进合作的政治挑战。

虽然国际标准的制定工作面临重大挑战，但是近年来仍取得了显著的成就。例如，蓝牙技术（蓝牙2009），现在已经进入全球基础广泛支持的互操作性阶段。这一成功需要大量的协调工作，而且必须需要以取得积极成果为目的的强大财团公司的支持。即便如此，如果要达到最终结果，与大多数团队在初始阶段预估的时间相比，实际花费的时间要更长。

在合作防碰撞应用的情况下，参与相关标准的制定和必要技术的开发来寻求经济效益从而在各自组织内获得重大支持，这对许多公司而言可能是很困难的。其中一个主要的原因是，估计的预期系统的安全效益的增加主要在公共部门核算流程领域。基于即时市场预测，车辆通信系统有望立即开发商业价值，并且还可以产生公共部门的安全利益，这使得一些参与者转向了车辆通信系统。这可能是一个可行的方法，只要所开发系统的技术能力能够继续满足合作防碰撞汽车安全应用的更加严格的要求。

7.4 区域标准开发进程

虽然许多标准发展组织有一个既定的国际焦点，但它们经常受到最活跃区域的具体问题和利益的强烈影响。在本节中，对为支持 V2X 通信面向车载网络的汽车标准化开展的大量开发活动进行了讨论。

7.4.1 北美洲

美国、加拿大和墨西哥关于频谱分配、相关标准开发，以及计划利用这些标准部署系统都表现得很协调。

1999 年，美国联邦通讯委员会（FCC，1999）分配给智能交通系统（ITS）5.850 到 5.925 GHz 之间 75 MHz 的频谱。在北美，这种频谱分配已经成为 5.9 GHz 专用短距离通信（DSRC）系统的发展重点之一。

7.4.1.1 美国测试和材料协会

2003 年联邦通讯委员会发布了一份报告,整理了关于 5.9 GHz 频谱在 ITS 服务中的应用(FCC,2003)。此指令规定美国测试和材料协会(ASTM) E2213-03——"路边和车辆系统之间的通信和信息交换的标准规范——5 GHz 频带 DSRC 的介质访问控制(MAC)和物理层(PHY)规格"。ASTM 标准严格根据 IEEE 802.11a 标准的要求,采用 5.8 GHz 免授权频谱的正交频分复用(OFDM)。ASTM 对 IEEE 802.11a 标准做出了一些调整,以适应车辆在高速公路上行驶以及对满足 V2X 通信的唯一预期要求的其他特殊情况。然而,ASTM 标准被 IEEE 802.11p 委员会中正在进行的工作所替代(在下一节中描述)。

7.4.1.2 IEEE 802.11p

经过仔细考虑 ASTM 标准,以此来更明确地说明 5.9 GHz DSRC 系统的 PHY 和 MAC,技术参与者决定将这项工作送回 IEEE 802.11 组。该决定在很大程度上依赖于 ASTM 标准大量使用的 IEEE 802.11a 协议,同时 5.9 GHz PHY 和 MAC 与持续演变的 IEEE 802.11 保持一致是预期的需要。

通常,IEEE 802.11p 标准化的重点是增强 IEEE 802.11 支持 ITS 无线短距离通信的必要性。一旦 IEEE 802 委员会通过 IEEE 802.11p 标准批准过程,那么目的就是请求 FCC(截至 2008 年底)改变从 ASTM E2213-03 至 IEEE 802.11p 的 5.9 GHz DSRC 频谱中所需的使用标准的命名。

正如上文所述,IEEE 802.11p PHY 已经采用 IEEE 802.11a 的 OFDM 方法,具有 52 个子载波,但使用的是 10 MHz 的信道宽度而不是 IEEE 802.11a 的 20 MHz 的信道宽度。IEEE 802.11p 的 OFDM 方法,使用与 IEEE 802.11a 调制方式相同的二进制相移键控(BPSK)、正交相移键控(QPSK)和正交幅度调制(QAM)调制(在 16-QAM 和 64-QAM 级别),但因为每个符号的持续时间是 10 MHz 信道宽度的两倍,导致每个调制等级只有一半的数据吞吐量。对于 IEEE 802.11p,强制的数据传输速率是 3 Mb/s,6 Mb/s 和 12 Mb/s,如果使用 64-QAM 调制,传输速率可能达到 27 Mb/s。防撞类型的安全应用中,电流测试使用的默认数据速率为 6 Mb/s,因为更高的数据速率会产生较高的相关错误率(IEEE 802.11p,2009)。

IEEE 802.11a 的修改使得 IEEE 802.11p 在以下两种车载环境中的运行更加可靠:车辆安全和其他应用的短暂通信,以及高速公路上车辆与其他车辆（或者路边设施）移动产生快速变化的多径情况。此外，由于涉及速度差异，许多道路场景可能无法实现正常的"加入"网络的无线局域网（WLAN）的途径。IEEE 802.11p 可以使车辆只需通过使用广播消息协议就可以交换信息，而不必"加入"网络。同时，IEEE 802.11p 也可以用于传统的 WLAN 双向通信模式。

7.4.1.3 IEEE 1609

IEEE 1609 代表运行在协议栈中间层的一系列标准。这些标准的设计是为了可以灵活支持使用短程 V2V 和车辆-路边通信的安全性、移动性和便利性应用。此标准支持的应用实例包括防碰撞车辆安全、交通管理、增强导航和公路自动收费系统，此外还包括一些很少提起的预期应用。下面确定并简要描述 IEEE 1609 系列的各项标准（IEEE WAVE，2007）。

（1）IEEE 试用标准 1609.1^{TM}-2006 – 车辆环境中的无线访问（WAVE）-资源管理器：这个标准是一个资源管理器，从某种意义上说，它管理着许多远程应用的命令响应通信流。IEEE 1609.1 也规定了数据流、资源、命令消息格式和数据存储格式。

（2）IEEE 试用标准 1609.2^{TM}-2006 – 车辆环境中的无线访问（WAVE）-应用和管理信息安全服务：IEEE 1609.2 定义了该协议栈的安全途径；特别是一种满足低延迟的应用需求而允许单向安全通信的认证方式。基于交换的目的，它进一步定义了使用安全消息交换的环境，并指明对这些消息处理的必要性。

（3）IEEE 试用标准 1609.3^{TM}-2007 – 车辆环境中的无线访问（WAVE）-网络服务：IEEE 1609.3 涵盖网络层和传输层中支持安全数据交换必要的服务。正如上述协议层预期的一样，这些服务包括寻址和路由。这个标准的另一个重要方面是它对 WAVE 短消息（WSM）的定义。WSM 提供了一种传送短消息的高效机制，如那些用于防撞车辆的安全性应用。从网络层和传输层向外延伸，该标准还定义了整个 IEEE 1609 协议栈的管理信息库（MIB）。

（4）IEEE 试用标准 1609.4^{TM}-2006 – 车辆环境中的无线访问（WAVE）-多通道操作：该标准一直被认为是功能方面的"上层 MAC"。它通过频道切换的方法向正常的 IEEE 802.11 MAC 提供一种增强型接口，从而允许多通道操作，一般同时操作只支持单通道。

（5）IEEE P1609.0 是一个较新的发展标准，它能对整个 IEEE 1609 系列标准提供一个体系结构的角度,以及与短程 V2V 和车辆-路边设施通信相关标准的关系。

(6) IEEE P1609.5 是在最近开始开发的 1609 系列中的另一个标准(2008)。P1609.5 主要面向 WAVE 提供通信管理服务来支持 V2X 应用。更具体地说,P1609.5 旨在利用获得的试用知识,在单一的文件中提取并收集 1609.3 和 1609.4 中嵌入的各种通信管理服务。

7.4.1.4 SAE J2735

汽车制造商已经表示出对标准消息集的强烈需求,它能通过提供互操作性来支持许多计划中的汽车安全应用,此外还有创新、非标准化等应用。通过使用标准化的消息集、数据帧和数据元素(USDOT, 2006),SAE J2735 提供了此项必要的功能。DSRC 系统的其他潜在用户都对应用设计中的灵活性与互操作性表示出类似的需求。

例如,SAE J2735 提供了车辆安全消息,称为基本安全消息(BSM),或者非正式的称为"心跳"的消息,该消息被明确地用来设计支持预期的防撞 V2V 通信。草案 BSM 集合包括速度、航向、加速度、位置(经度、纬度和海拔)、时间,强制性"第一部分"的临时标识和各种驱动器控制输入状态已被优化,以达到大约 40 字节。BSM 的"第二部分",包含可选的数据元素。这种方法允许特定的信息,这些信息不是经常需要的,但在需要时能很容易地连接到"第一部分"。

这个标准专门为 5.9 GHz DSRC 协议栈而设计,包括 IEEE 1609 系列标准和较为下层的 IEEE 802.11p。虽然消息集已经打算为 5.9 GHz DSRC 协议所使用,不过在很大程度上可能已经被设计,以便可以将其配置在其他无线协议中。因为相同的频谱在不同的区域可能无法使用,希望通过这样有助于国际协调。

7.4.2 欧洲

2008 年 8 月(EC, 2008),由于得到了从 5.875 到 5.905 GHz 的 30 MHz 的频谱分配,欧洲以 ITS 相关安全为宗旨的 V2X 通信已经开始加速发展。

这种频谱分配就是要使欧盟所有成员国之间协调统一。欧盟成员国接收到要在 6 个月内指定车辆与车辆之间安全通信频段的指令,一旦本地情况允许，就要为车辆与基础设施（V2I）之间的通信计划频谱分配与许可。一个国家不同的基于国家标准的频谱分配是欧盟达成此次协议的主要障碍。除了整个欧盟的统一的频谱分配之外，这种分配也提供了一定程度的与全球频谱分配标准发展相似的统一性。尽管这种频谱分配与北美 5.9GHz 的频谱分配并不完全一致，但是它可在其范围之内，有利于相同的无线电频率收发器芯片组和天线的使用。

通常，像欧洲这样的地区拥有将国际标准与区域特殊要求相联系的本土标准的组织。因此，欧洲有一个区域组织——欧洲标准化委员会（CEN）——代表国际标准化组织（ISO）标准的区域利益。同样地，欧洲电工标准化委员会（CENELEC）提供与国际电工委员会（IEC）的区域关系。第三个主要的欧洲标准组织是欧洲电信标准协会（ETSI），它与国际电信联盟（ITU）具有同样类型的关系。

欧盟的相关标准发展已经在很大程度上与北美类似的发展协调统一（关于全球协调活动的更多信息，请参见 7.5 节）。总之，目前的发展支持一种十分看好的趋势，即车辆安全通信标准在非常相似的基本技术方面已经全球化协调统一。这可能使全球视野朝着最佳安全效益规划，以及应用开发跨区域观念简易化的方面发展。

7.4.2.1 欧洲标准化委员会（CEN）

如上面所述，CEN 反映了与 ISO 国际标准相关的欧洲利益。它的职责是在电气技术和电信领域以外的技术领域，CEN 的成员是从欧盟内的各成员国家中吸引拉拢的。CEN 制定的标准被认为是推荐性标准；由"EN"指定，称为欧洲标准。

7.4.2.2 欧洲电工标准化委员会（CENELEC）

电气领域是 CEN 未解决的技术领域，CENELEC 是指定的区域性组织。如本节前面提及的，这个组织反映了与 IEC 标准相关的欧洲利益。

7.4.2.3 欧洲电信标准协会（ETSI）

作为欧洲区域电信标准制定组织，ETSI 已经设立了专门的技术委员会（TC），为 ITS（ETSI TC ITS）制定相关标准。该委员会一直在制定关于支持欧洲地区的车载设备和路边设备的互操作性的标准与规范，以响应欧盟委员会的政策指导。

统一的标准意在整个欧盟中得到广泛应用。ETSI TC ITS 目前从事涉及汽车各种 ITS 应用领域的统一标准的制定工作。这些领域之一是地面移动通信访问（CALM），正如其名，它主要研究汽车的中长期距离的通信。CALM 通过多种通信介质处理的应用领域包括安全和娱乐。用于车辆互联的特定无线通信系统的统一标准还正在开发制定中，其使用的是 5 GHz 和 63 GHz 之间的频谱。另一个主要应用领域是电子收费（EFC），包括正常收费和拥堵收费。这项工作的重点是在 5.8 GHz 范围内的 DSRC 提供汽车与路边设备之间必要的连接。

7.4.2.4　车-车通信联盟

欧洲汽车制造商已建立了车-车通信联盟（C2C-CC），通过实现两辆和多辆汽车之间的互操作通信来提高效率和安全性。除了汽车制造商外，成员还包括研究机构和供应商以及其他利益相关方。

C2C-CC 的技术构想是基于无线局域网的方法和现有的 IEEE 802.11 标准，包括紧邻两辆车辆之间的自动 ad hoc 网络连接的设想。该连接的网络是设想的，为了车辆间共享信息而提供的机制。该网络概念包括多跳通信，其中每个车辆可以用作分组路由器以连接不在彼此的直接无线电通信范围内的车辆（C2C-CC，2009）。该网络的概念包括多跳通信，其中每个车辆可以作为一个数据包路由器工作，连接另一辆不在其直接无线通信范围内的车辆（C2C-CC，2009）。

7.4.2.5　电子安全通信

电子安全通信（COMeSafety）项目包括提高合作性 ITS 的利益和增强 V2V 和 V2I 通信。从根本上说，COMeSafety 项目为关于欧洲利益的概念和要求的制定提供了一个关键点。这一组活动的宗旨是希望在欧洲和国际标准中建立和促成统一的欧洲观点。

7.4.3　日本

正如 2003 年日本首相所声明的，日本政府一直专注于一个目标：通过合作性的车辆安全支持系统，实现世界上最安全的道路运输（CAO，2004）。

在 5.8 GHz 频段中有运行超过 2300 万个电子收费转发器的部署基地，

在开发更先进的 V2X 通信性能时，日本必须考虑大遗留系统。这些系统的主要标准化活动由日本无线工业及商贸联合协会（ARIB）管理。

ARIB 是一个公共服务公司，提供与无线电通信技术的使用相关的多种服务。作为一个公共服务公司，为了社会利益，ARIB 专注于无线电技术的使用。此外，ARIB 作为一个标准开发组织，还进行广播和电信相关的研究和开发，包括基本无线电技术的研究。

日本正在进行有关未来车辆安全通信最合适频谱的研究。研究包括对 5.8 GHz 频谱范围以及 700 MHz 频谱范围的考虑。在模拟电视向数字电视的转换后，从 715 MHz 到 725 MHz 的频率具有上下 5 MHz 的频带保护空间能够使用。因此，除了 5.8 GHz 以外，我们正在研究的这部分频谱，可能用于支持 V2V 通信。

7.4.3.1 无线电工业及商贸联合会 STD-T75

作为 ITS 在日本的主要标准开发小组，ARIB 是关于 ITS 系统（如 V2X 通信）的技术考虑的焦点之一。ARIB STD-T75 标准包括在 5.770 ~ 5.850 GHz 的范围内使用不同频率用于上行链路（频带的上端）和下行链路（频带的下端）实现通信运行的目的。该标准定义了 OSI 模型的第 1，2 和 7 层的标准化对象。具体如下：第 1 层（物理层）的 ARIB STD-T75 使用 14 个独立的通道，每个通道宽度为 4.4 MHz。使用两种不同的调制 – 幅移键控（Amplitude-Shift Keying，ASK）支持 1 Mb/s 数据传输速率；QPSK 支持 1Mb/s 或 4 Mb/s 的数据传输速率。该标准还采用了（TDMA/FDD）方案，其包括 8 个时隙。同一区域内可支持的最大车辆数为 56。该系统的额定范围是 30 m，因此导致通信区域稍小于北美 5.9 GHz DSRC 区域（Abdalla，Abu-Rgheff 和 Senouci，2009）。通信能力可能需要地区之间应用的独特适应性。

7.4.3.2 无线电工业及商贸联合会 STD-T88

ARIB STD-T88 定义了一个应用子层（DSRC-ASL），它位于 ARIB STD-T75 协议栈的第 7 层的顶部。该标准的主要目的是允许多个应用程序使用现有的 DSRC 系统（ARIB STD-T75）的通信功能。DSRC-ASL 的功能支持网络协议（如 TCP/IP）以及非网络应用程序，允许更灵活地使用 ARIB STD-T75 通信系统（ARIB，2004）。

7.5 全球标准化

如 7.2 节所述，全球标准化可能向利益相关者提供了诸多利益，尤其是全球汽车制造商（及其供应商）。虽然这可能对于车辆安全应用的通用无线互操作性是非常有益的，但是在不同地区之间，甚至在不同国家之间的频谱分配的变化使得这在可预见的未来是一个很难实现的目标。然而，如果很小部分标准在全球范围内协调统一，那么全球标准化的益处就可能会被意识到。例如，如果用于信息交换的有关标准化的信息集和数据字典具有全局一致性，就可能相当一致地设计和部署 V2V 安全应用。如果这些区域的通信系统能满足 V2V 安全应用在延迟和范围方面的要求，即使频谱底部，物理层调制和中间通信协议在区域之间变化，全球标准化也可以实现。

全球标准化的另一种可能的情况是满足仅影响协议栈底部的全球标准。这种方法类似于目前汽车 CAN 总线形势。CAN 总线标准完全支持专有的消息集和数据定义，同时提供通过数据链路层由物理层向上的标准化的互操作性。这种较低层互操作性方法的另一个成功例子是互联网的 TCP/IP 协议。在这种情况下，会为传输层提供一个标准接口。如果一个应用使用这种标准接口，那么协议栈能够格式化和发送消息。然而，在通信的接收端，栈中的这种接口没有表现出互操作性，除非通信双方预先达成一个更高层的协议，或者双方已经同意使用相同的应用（以及应用程序直接使用标准接口）。为了使互联网的类比延续，例如，使用文件传输协议（FTP）或超文本传输协议（HTTP）达成 TCP/IP 定义的接口的协议统一。然而，对于合作性防撞汽车安全应用，通过数据字典和消息集，所需的标准应该包括 PHY 所有的协议层。

为了进一步讨论关于车载网络车辆安全的未来汽车标准化的理解，短距离无线通信的全球标准化的假设对其理解是有益的，全球标准化可以使位于不同的 PHY 或 MAC 不同层的节点被利用。但是，通过第 7 协议层顶部的标准化接口可以普遍允许传送类似 WAVE 短消息（WSM）。在主要地理区域使用 PHY 和 MAC 唯一明显的因素可能是范围、延迟等的要求。

在主要地理区域内所有的应用使用相同的频谱、PHY 和 MAC 是防撞安全应用互操作性的必要条件，这一点应该被重点强调，如 7.2.1 节中所描述的。

如果将下层标准化（最多到一个指定的点）和信息集的标准化（较低层以上）这两个概念结合起来，则可能有允许支持全球互操作性的方法。例如，允许不同的频谱在各个主要区域内使用，也允许专有的应用程序来支持安全的创新和产品差异化。防撞应用标准的未来全球统一是最有前途的值得考虑的方向之一。然而，目前正在努力实现有关车辆通信的，特别是车辆安全通信的共同的全球频谱。以下章节描述关于其他全球统一的标准活动的努力。

7.5.1 全球标准制定组织和机制

虽然一些区域标准制定组织认为其自身在一定范围内是国际化的，还有一些广泛认可的标准制定机构，代表了关于车载网络的汽车标准化领域中的特定标准的国际协议。

7.5.1.1 国际标准化组织

ISO 代表最有影响力的国际标准制定机构之一。它由来自不同国家和地区的标准制定组织的代表组成。该机构成立已经超过 60 年，并在许多领域促成全球标准化中发挥了重大作用。ISO 并没有任何直接强制执行标准的权力。然而，ISO 通过作为国家标准在不同国家内采取而具有强制性，在这些国家领域内 ISO 标准可以合法执行。在 7.4 节将对区域标准制定进度进行讨论，确定了与各种区域举措相关的 ISO 标准。特定区域举措产生的利益通常可以为 ISO 标准的制定提供动力。

目前在 ISO 中有超过 200 TCs 致力于从基本要点（字面意思）到细节的一切的全球标准。与车载网络相关的汽车标准化，其专注于 ITS 标准化的 TC——TC 204。在 ISO 内，TC 204 处理与 ITS 地面运输标准开发相关的活动，包括通信系统、控制系统及相关信息。关于 TC 204 活动的应用程序包括旅客信息和交通管理领域，重点是基于多式联运和多模态的 ITS 的各种运输系统。然而，"车载运输信息和控制系统"被明确地排除在 TC 204 的范围之外，这些区域已经分配给 TC 22。

TC 204 包含 13 个工作组（WG），其在 ITS 领域内强调了一个广泛深远的主题。如表 7.1 所示的"车辆"类别表中，这些工作组中的一部分直接参与到车辆网络相关的工作中，而工作组其他部分则可能没有参与到车辆网络的相关工作中。

表 7.1　ISO TC 204 CALM 工作组

种类	专注的领域	工作组
车辆	自动化车辆和设备识别	WG4
	旅客信息系统	WG10
	路线指导和导航系统	WG11
	车辆/道路预警和控制系统	WG14
基础设施	体系结构	WG1
	运输信息和控制系统（TICS）数据库技术	WG3
	收费	WG5
	车队管理和商业/货运	WG7
	公共交通/紧急情况	WG8
通信	TICS 应用的专用短程通信	WG15
	广域通信/协议和接口	WG16
设备	ITS 系统中的漫游设备	WG17

当提及车辆网络时，虽然许多工作组和车载网络的汽车标准化相关，但是目前认为最活跃的工作组之一是 WG16。WG16 一直专注于为 CALM 开发一系列国际标准。CALM 标准的开发工作主要集中在各种通信技术的空中接口上，可以让其在不同的频谱范围内工作。使它们在中期和长期通信领域中发挥作用是这些技术统一的主要原理。CALM 标准最有特色的是这些应用可以根据可用性、性能以及其他参数切换到不同的通信媒介的理念。因此，除了为 V2V，V2I 以及使用特定技术或媒介的基础设施制定标准，CALM 也为根据应用需求在不同媒介之间进行切换开发了标准化的机制。

WG16 正在进行一个庞大的标准开发计划，包括表 7.2 中列出的在不同的开发阶段的标准，其中一个已经发布。

表中的 IS 表示已经发布的关于红外媒介的 CALM 标准。相当成熟的相关标准的统一正在 CD 21215（IEEE 802.11p 的大力配合）和 CD 29281（IEEE 1609 标准组的大力配合）中进行。

7.5.1.2 国际电信联盟-射频通信部门

国际电信联盟-射频通信部门（ITU-R）在国际基准上为无线电频谱管理和卫星轨道建立规章和议案。由于无线电频谱是一种稀缺资源，需要制定一个公平和公正的方式，来将其分配到不同的用户以及适用于不同的用途。ITU-R 执行"无线电规则和区域性协议"，并通过安排定期的"世界和区域性无线电通信大会"（WRC/RRC）来处理持续的维护和这些规定的更新。ITU-R 也进行了研究，得出了无线电通信系统使用特性的"议案"。所有工作旨在促进无线电通信系统的协调发展和高效运营（ITU-R 2009）。

表 7.2 ISO TC 204 CALM WG16 活动

种类	描述	CALM 分类	相关文件号码
媒介	传统的和现有的数字蜂窝网络，称为第二代或 2G。该小组正在开发 2G 通信的空中接口和参数标准	CALM 2G 媒介	CD 21212
	具有增强数据承载能力的新型数字蜂窝网络，被称为第三代或 3G。该小组正在开发 3G 通信的空中接口和参数标准	CALM 3G 媒介	CD 21213
	提供一个比蜂窝网络更短范围的系统，各区域中使用了红外（IR）通信，例如，日本的 V2I 通信。该小组正在开发 IR 通信的空中接口和参数标准	CALM IR 媒介	IS 21214：2006
	提供更短距离通信的系统，在 5 GHz 微波频谱范围内运作（M5）。该小组正在开发 M5 通信的空中接口和参数标准	CALM M5 媒介	CD 21215
	毫米微波（MM）是指波长在毫米范围内，其数量级高于 M5 频率的范围。本组正在开发 M5 通信的空中接口和参数标准	CALM MM 媒介	WD 21216
	当前有各种通信协议被用于卫星通信。该小组致力于通信卫星为 CALM 通信寻求一个标准化的方法	CALM 应用（利用卫星）	WD 29282

续表

种类	描述	CALM 分类	相关文件号码
网络	该小组致力于开发使 IP 通信通过各种媒介的标准	CALM 网络的互联网联通	CD 21210
	该小组致力于使 IP 以外的协议能够支持各种媒介	CALM 非 IP 网络	CD 29281
管理	此标准开发活动集中在业务接入点，允许车辆访问基础设施中的服务	CALM 较低层业务接入点	DIS 21218
	由于 CALM 概念是在同一个系统中支持多个应用，需要有一种标准用于管理各种应用和对通信链路的访问	CALM 应用管理	CD 24101
	每个 CALM 站点对执行各种功能都有要求。该小组正在开发一种管理这些功能的标准化方式	CALM 站管理员	CD 24102
架构	CALM 标准工作的这部分定义了 CALM 系统的整体架构，并提供了对在各种通信模式下的应用程序如何灵活地采用不同的媒体的概述	CALM 整体架构	CD 21217

ITU-R 致力于 5.9 GHz 频谱的宽带通信标准的工作，但依赖于 ISO CALM M5 标准的实现。其目的是使 ISO CALM 标准保持与上层的兼容性。正如前面提到的，CALM M5 标准与 IEEE 802.11p 和 1609 标准正处于协调阶段。然而，ITU-R 将只专注于协议栈的物理层和网络层。

7.5.1.3 国际电信联盟 – 电信标准化部门

电信标准是 140 多年前 ITU 初始架构的第一批活动之一。国际电信联盟 – 电信标准化部门（ITU-T）是国际电联的当前部分，它专注于电信标准。许多由 ITU-T（及其前身）制定的标准已在全球展开，并为全球的电信网络提供技术基础。由 ITU-T（与 ITU-R）制定的标准被称为"议案"，这些标准在被国家合法的采用之前是没有强制性的。

应该提及的另一个国际组织是与机动车辆——APSC TELEMOV 相关的电信标准合作的咨询小组。作为一个解决机动车通信有关的标准统一的标准合作咨询小组，该小组已经正式成立。小组中的参与者包括国际标准制定组织和产业联盟。鼓励国际合作的主要目的之一是避免重复工作，将注意力集中在需要解决的常见问题上。

7.5.2 区域差异许可

正如本章前面提到的，特别是在防撞汽车安全应用的情况下，不同的地区可能无法分配完全相同的频谱来支持短距离 V2X 通信。目前，希望大多数地区能够在非常相似的频谱范围内为此用途分配频谱，允许相同的收发器芯片组在全球范围内使用。如果仅限于这样极小的差异，那么在区域部署的多样下可以在适当的标准中提供一些灵活性。这或许与可用信道和功率电平调整设置一样简单，例如，目前 5.8～5.9 GHz 正用于这些类型的应用。

考虑使用完全不同的低层协议或不同的频率范围时，这种情况变得更加复杂。然而，只要所提出的协议能够满足所支持的应用的功能性通信要求，这种多样性实现是有可能的。

在上层（或以上），如 SAE J2735 消息集标准的级别应该支持更多无线协议和频谱利用率的差别。然而，由于具体协议和频谱特性的传输范围、延迟、信道容量和其他相关参数在不同的环境中会影响应用程序的性能，因此从一个区域到另一个区域的应用可能需要一些调整。

最后，如 7.2.1 节中所讨论的，在车辆寿命周期内，对于防碰撞车辆安全应用的互操作性以及其他低延迟的应用，必须通过整个协议栈的上层使用相同频率和无线协议以及应用层以上设置的公共消息共同协定维护。

参考文献

[1] Abdalla, G, Abu-Rgheff, M. and Senouci, S. (2009) Current trends in vehicular ad hoc Networks. http://www.tech.plym.ac.uk/see/research/cdma/Papers/Paper%20for%20UBIRO%20ADS%202007.pdf.

[2] ARIB (2004) DSRC applications sub-layer, ARIB standard, ARIB STD – T88, Version 1.0, May 25, 2004. Association of Radio Industries and Businesses (ARIB). English Translation.

[3] Blue tooth (2009) Introduction to bluetooth. http://www. gsmfavorites. com/documents/bluetooth/introduction/.

[4] C2C – CC (2009) Car – 2 – Car Communication consortium—technical approach. http://www. car-to-car. org/index. php? id = 8&L = 0.

[5] CAO (2004) Cabinet office white paper on traffic safety in Japan 2004. International Association of Traffic and Safety Sciences.

[6] EC (2008) 2008/671/EC: Commission decision of 5 August 2008 on the harmonised use of radio spectrum in the 5875 – 5905 MHz frequency band for safety-related applications of Intelligent Transport Systems (ITS) (notified under document number C (2008) 4145) (Text with EEA relevance). http://eur-lex. europa. eu/LexUriServ/LexUriServ. do? uri = CELEX: 32008D0671: EN: NOT.

[7] FCC (1999) FCC Report and Order (99 – 305). Federal Communications Commission.

[8] FCC (2003) FCC Report and Order (03 – 324). Federal Communications Commission.

[9] IEEE 802.11 (2009) IEEE 802.11 wireless local area networks. The working group for WLAN standards. http://www. ieee802. org/11/index. shtml.

[10] IEEE 802.11p (2009) IEEE P802.11—Task group p—Meeting update. http://www. ieee802. org/11/Reports/tgp_update. htm.

[11] IEEE WAVE (2007) IEEE completes fourth "WAVE" radio communication standard. http://standards. ieee. org/announcements/PR_radiocomstd. html.

[12] IETF (2009) Overview of the IETF. http://www. ietf. org/overview. html. IETF RFC 1122 (1989) RFC 1122, Requirements for Internet hosts-communication layers. Internet Engineering Task Force.

[13] IETF RFC 768 (1980) RFC 768 user datagram protocol. University of Southern California Information Sciences Institute.

[14] IETF RFC 793 (1981) RFC 793 transmission control protocol. Defense Advanced Research Projects Agency.

[15] ISO 11898 (2007) ISO 11898 controller area network (CAN), Part 1:2003, Part 2:2003, Part 3:2006, Part 4:2004, and Part 5:2007.

International Organization for Standardization. ITU-R (2009) Welcome to ITU-R. http://www.itu.int/ITU-R/index.asp? category = information&rlink = itur - welcome&lang = en.

[16] ITU-T X. 200 (1994) ITU-T Rec. X. 200 (1994 E), Data networks and open system communications, open systems interconnection-model and notation, International Telecommunications Union, Section 6 - 7, pp. 28 - 52. ITU - T Telecommunications Standardization Sector of ITU.

[17] USDOT (2006) Fact sheet for SAE J2735—dedicated short range communications (DSRC) message set dictionary. http://www.standards.its.dot.gov/fact_sheet.asp? f = 71.

车辆与基础设施通信的标准化

Karine Gosse, Christophe Janneteau, Mohamed Kamoun,
Mounir Kellil, Pierre Roux, Alexis Olivereau,
Jean – Noël Patillon, Alexandru Petrescu
*CEA LIST, Département des
Technologies et des Systèmes Intelligents*
David Bateman
EDF R&D
Sheng Yang
Supelec

  从 2002 年开始,世界各地不同的标准化组织就已经发布了适用于车辆与基础设施(V2I)通信的无线通信标准。这些标准的覆盖范围从专用的短距离无线通信(Dedicated Short Range Communications, DSRC)车辆系统到无须高移动性支持的蜂窝系统。车载环境也可以部署为非车载应用开发和标准化的各种通信协议,并且这些协议在适当的时候需要改进以满足快速移动用户的需要。这些改进是通过一些与众不同的工作组来完成的,这些工作组致力于研究各种不同的标准化组织。

  本章对车载相关的标准化活动进行了全面的概述。包括 IEEE、欧洲电信标准协会（ETSI）和专注于车载通信互联网工程任务组（IETF）的工作。尽管没有包含在官方标准化组织体的日程中，但是本文强调了精选的研究项目，这些研究项目改进了通信协议以满足车载环境的要求。

8.1　引言

从 2002 年开始，世界上许多标准化组织已经发表了应用于 V2I 的无线通信标准。这些标准大致上可以分为两类：特定的车载通信系统和一般的蜂窝系统。一方面，DSRC 系统运行在为智能交通系统（ITS）分配的 5.9GHz 频带范围内，并且为车辆与路边基础设施和车辆与车辆之间的通信环境提供公共安全和个性化操作的中短距离通信。标准化的 DSRC 系统对于一些通信链路延迟小和相对距离小的通信区域是很有意义的，DSRC 系统为这些区域提供了很高的数据传输速率。另一方面，蜂窝通信系统不是专门为支持 V2I 连接而设计的，其为高速车载通信需求提供了有效的无线解决方案。因此 DSRC 系统又可以分为两类：①射频识别系统，专用于特定的应用，如收费、货运机车管理、存车管理和公共交通；②通用的无线局域网系统。为了简单起见，本章专注于第二种类型的系统，这种系统目前受到标准化组织的最大关注，并且本章详细介绍了支持 V2I 通信的 DSRC，WLAN 以及蜂窝无线通信标准。

为了部署 ITS 应用，无线通信的标准化方法必须补充网络解决方案来支持不同的车载应用。一些讨论会和标准化组织已经提出了改进的结构来提供端到端服务。特别是 IETF 设计了可应用于计算机网络的设计协议和体系结构。WG 也提出了一些在汽车工业中具有潜在价值的通信协议。本章将会讨论这些协议的细节，补充物理层（PHY）和介质访问控制层（MAC）的设计，以此得到一个针对汽车应用的优化的协议栈。

值得指出的是，还存在其他类型的无线通信标准，如支持火车和飞机的通信标准。特别是 ETSI 已经设立了技术委员会（TC）来研究道路运输（ETSI，2009）。TC ITS 有 5 个工作小组，为第 1 到第 5 工作小组，负责研究用户和应用之间的需求、体系结构、跨层和 Web 服务、传输和网络、媒体以及媒介相关的安全性。对电磁兼容性和无线电频谱问题（Electro - Magnetic Compatibility and Radio Spectrum Matters，ERM）进行研究的技术委员会（TC）在技术委员会的频谱管理任务工作组（TG）37 内部对智能

8 车辆与基础设施通信的标准化

传输系统进行研究，还包括超宽带雷达（TC ERM TG 31B）、航空应用（TC ERM TG 25）以及海上应用（TC ERM TG 26）。铁路通信是由铁路通信技术委员会工作组（ETSI RT 2009）负责的相关问题，负责规范GSM轨道系统，使该系统在专门的频率范围和协调的频率范围运行，并且加入了全球移动通信系统的功能来支持如下应用：火车内GSM-R移动基站（CAB广播）、票务、调度、后勤、信号和乘客信息。实际上，为了使铁路交通更安全和更具竞争力，欧洲铁路部门和欧洲委员会支持的供应工业部门已经建立了欧洲铁路交通管理系统来创立独特的信号标准。GSM-R是ERTMS两个基本组成部分之一；它的上行频带为876～880 MHz，下行频带为921～925 MHz。

本章分为三个主要部分：8.2节简要综述了V2I通信系统的主要标准；8.3节介绍了一些无线接入标准。这些标准有的专注于车辆的使用，例如IEEE 802.11p，有的致力于更一般的连接需求，例如全球微波互联技术（Worldwide Interoperability for Microwave Access，WiMAX）和第三代移动通信技术（Third Generation Partnership Project，3GPP）、长期演进技术（Long–Term Evolution，LTE）；8.4节介绍了支持车辆应用的经IETF标准化的关键网络元素。

8.2 标准的概述以及工业提供的车辆与基础设施通信的解决方案

8.2.1 频谱

智能交通系统（Intelligent Transporation System，ITS）频谱的全球分配使得V2I通信系统的发展成为可能。1999年，美国专门为智能交通系统无线服务（Intelligent Transporation System Radio Service，ITS-RS）分配了5.850～5.925 GHz频带；美国法规允许联邦通信委员会（FCC）47号法案规定（CFR）明确定义DSRC的部署（FCC，2006；FCC 47 CFR，2009a，b）。相关的使用规则被简称为"规则许可证"。虽然许可对于具有站点注册的操作区域是非排他性的，但是其不涉及获得使用权的任何经济补偿。

2008年8月5日,为了满足道路安全和移动应用的需要,欧洲委员会为智能交通系统(ITS)分配了 5.875~5.905 GHz 频带(EC,2008)。ETSI TC ERM TG 37 承担了相关的标准化工作,并于 2008 年 9 月提交了 EN 302 571 (ETSI ITS,2008) 说明书。它们为欧洲 WLAN 型 V2I 标准 (IEEE 802.11p 系统)的部署提供了法律基础。在日本,可以预见的是,2012 年 715~725 MHz 波段将成为 WLAN 的服务波段。

8.2.2 标准

考虑到美国早期智能交通系统(ITS)专用频谱的可用性,标准化组织已经开始系统规范的工作。

8.2.2.1 车载环境下的无线连接

IEEE 标准化组织内部正在制定一套 V2I 通信设计标准,称为车载环境下的无线接入标准(Wireless Access in Vehicular Environments,WAVE)。WAVE 由以下五个部分组成:

(1) IEEE 802.11p(物理层和 MAC 层)(IEEE 802.11p,2008);
(2) IEEE 1609.1(2006)(资源管理程序);
(3) IEEE 1609.2(2006)(应用和管理信息的安全服务);
(4) IEEE 1609.3(2007)(网络服务);
(5) IEEE 1609.4(2006)(多通道操作)。

如项目授权文件中的定义,IEEE 802.11p 项目的目标是对 IEEE 802.11a 标准的物理层和 MAC 层的协议提出改进,使其可以支持车辆之间的通信以及车辆与路边设施之间的通信。其中与车辆和路边设施有关的部分分别称为车载单元或 OBU、路边单元或 RSU。这个标准旨在支持在 5.850~5.925 GHz 波段的操作,因此侧重于北美范围,并且支持所有形式的地面传输,包括铁路和海上传输。现有的 IEEE 802.11 标准已经证明不适用于街道和高速公路。在这种环境下,为了适应 IEEE 802.11 对于 ITS 使用的规范,首先要解决车辆的速度问题(必须支持 200 km/h 的速度)和非常短的延迟问题(在 50 ms 内连接并完成多种数据交换)。8.3.1 节将给出 IEEE 802.11p 标准的更多细节。

通过描述 OBU 与 RSU 之间的无线数据交换、安全和广告服务,IEEE 1609 系列标准补充了 IEEE 802.11p 标准。IEEE 1609 描述了通信的物理机制以及命令和管理服务,并且为 OBU 的通信提供了两种选择,即 WAVE 短消息和互联网协议第 6 版本（Internet Protocol Version6，IPv6）。这两种协议给出了应用程序接口的基础设计,包括数据存储访问机制、设备管理以及消息安全传递的网络服务机制。WAVE 的协议栈如图 8.1 所示。

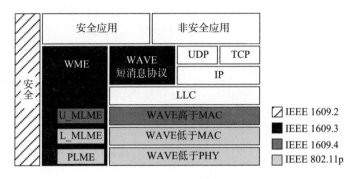

图 8.1　WAVE 的协议栈

8.2.2.2　ISO TC 204 WG16 CALM

在进行 WAVE 规范工作的同时,国际标准化组织（ISO）技术委员会（TC）204 WG16 正在起草一系列基于 CALM（陆地移动通信访问）的标准,这些标准旨在为应用与通信介质的分离提供一种架构和一系列的协议。其中包括媒介的选择,而且基本的网络协议（IPv6）也与综合管理堆栈一起被使用。

CALM 网络层的主要元素包含 IPv6 内核、移动 IPv6 单元的交接、网络移动性（Network Mobility，NEMO）（8.2.2 节）支持、报头压缩、互联网连接、快速 ad hoc 网络下的移动连接和路由、面向低层和管理服务的普通服务访问点（Service Access Points，SAP）。支持无线接入的技术和标准包括 WLAN（IEEE 802.11a/b/g/p）、基于 RFID 的 DSRC（专用短距通信）、2G/3G 蜂窝系统、卫星和 GPS、毫米级雷达波和红外线。

必须指出的是,另一个组织,车辆通信组织（C2C-CC）（C2C-CC，2009）,也致力于利用 V2V 通信的方法提高道路交通的安全性和效率,同时专注于 V2I 架构和协议。这是欧洲汽车制造商发起的,现在已经开放给其他合作伙伴。两个组织开发的体系结构和协议大多是互补的,但也有部分重叠甚至是冲突的。为了协调同时使 2C-CC 的需求包含于 CALM 协议,目前还需要做很多深入的工作。

此外，在频率和市场接入需求方面，欧洲电信标准协会也致力于 CALM 和从 CALM 到现有的电信网络的接口规范。

8.2.2.3 互联网工程任务组

欧洲电信标准联盟（IETF）是在计算机网络的基础上设计一系列协议和架构的组织。特别是它制定的互联网协议（IETF RFC 791，1981）形成了互联网所有通信的基础。从那时起，IETF 的一些工作组制定的通信标准在汽车工业已经颇有应用潜力。

最早处理车载环境的工作是受移动路由器的概念以及早期的 IPv4 标准中所提到的"汽车"所启发（RFC 2002，1996）。另一个关于信息的例子，由 Lach 等（2003）描述，在高速公路上通过通用分组无线业务（GPRS），利用 IPv4 和 IPv6 做了车辆接入互联网的实验，当接近热点区域 WLAN 接入点（AP）时则通过 WLAN 进行实验。

2002—2005 年，NEMO 工作组在 NEMO 协议中引入了汽车工业需求。该协议为适用于各种移动网络（一组电脑一起移动）而设计；它可以应用于汽车、轮船、飞机以及更多场合（Devarapalli 等，2005）。在这里，移动网络由所有车载芯片组成，并且通过 IPv6 栈连接到互联网。同时，移动自组网（Mobile Ad hoc Network，MANET）工作组致力于开发 IETF 协议，其中提到了车辆移动和利用 IETF 路由协议互联的话题，特别是针对防御应用。

显然，为车辆设计 IETF 协议的两项工作是相关的，因为这两种方案是为相同的目的而服务。因此，在 2007 年，IETF 的 BoF 所做的准备被提案，这也是官方工作组努力的结果。正如 MANET 和 NEMO（MANEMO）BoF 的名字所示，它们的目标是通过两种协议的结合获得双方的优势：一方面，在互联网固定基础设施不能使用的情况下，车辆仍能相互通信（使用 MANET 协议）；另一方面，在互联网固定基础设施可以使用的情况下，使用一种遵从互联网架构和路由的方式使车辆互联并连接到互联网（使用 NEMO）。尽管此种方法使用了来自其他汽车工业标准开发组织（如 ISO CALM 和 C2C-CC 或者 ETSI）的一些成果，但是只产生了一些基于问题描述和需求的短暂文档，并没有成为一个官方的工作组。

最近，移动扩展（Mobility Extensions，MEXT）工作组负责维护和扩展 NEMO 协议（Devaralli，2005），并且也已经显示出对汽车工业越来越大的兴趣。作为此项活动的一部分，已经确认人工长距离通信是 NEMO 协议使用的最重要的问题之一。"三角路由"问题源于移动互联网 IPv6 协议（Johnson，2004）：取代两个实体之间直接通信，在两个实体之间，向归属代理（HA）或从归属代理（HA）添加第三方通信。对于 NEMO 而言，因为路径中不仅包括实体的本地代理，还包括聚合移动网络（"嵌套的"移动网络）中 MR 的所有本地代理，因此它的问题变得更加严重（有时候称之为"多角"路径问题）。为了解决 NEMO 部署（路由最优化机制或者 RO 机制）中多角路径的问题，工作组从三个领域处理这个问题：消费电子、航空工业和汽车工业。汽车工业的需求已被详细列于《汽车工业对 NEMO 路由优化的需求》这份草案中（Baldessari 等，2009）。这可能是目前唯一解决来自汽车行业需求的最重要的 IETF 文档。它包含车辆行业的三个标准开发组织制定的需求：ISO CALM，C2C-CC 和 IEEE 802.11p。这些将会在 8.4.2 节中给予描述。

8.2.2.4 主要的欧洲项目

欧洲的一些合作项目已经开展了重大的技术开发和验证工作，根据合作伙伴的数量和标准工作项目范围的相关性，从 2006—2010 年开展的工作是：

（1）CVIS（车辆基础设施联合系统）（CVIS，2009）；

（2）SAFESPOT（车辆与路边基础设施协作的道路安全）（SAVESPOT，2009）；

（3）COOPERS（智能道路安全协作系统）（COOPERS，2009）。

车辆基础设施协作系统（Cooperative Vehicle - Infrastructure Systems，CVIS）联盟，拥有 61 个合作伙伴的强大实力，旨在实现：①在广泛的载波基础上，利用蜂窝网络、WLAN 终端、红外线和 DSRC 等技术，利用多通道终端保持互联网连接的不间断；②形成一个在路边连接车内系统、交通管理系统与远程信息处理服务为一体的开放体系结构；③增强的车辆定位技术和本地动态地图技术的创新；④通过车辆、道路和环境监测的扩展协议，保证车辆可以与其他车辆、基础设施以及路边服务中心进行数据交换；⑤更广泛合作的 V2I 服务的应用设计；⑥使能工具箱的部署。验证、提高和限制欧洲使用的 CALM 标准是 CVIS 的目标之一。

车辆与路边基础设施协作的道路安全项目（SAFESPOT），汇集了超过 50 家的合作伙伴，其主要目的是在一个开放、灵活和模块化的体系结构与通信平台的基础上，理解智能车辆与智能道路如何合作才能实现道路安全管理上的突破。为了防止交通事故，提供一个安全边缘助手，可以提前发现潜在的危险情况，时刻提高驾驶员对周围环境的意识。安全边缘助手是一个基于 V2V 和 V2I 通信智能协作的系统，开发出新一代基于基础设施的传感技术、ad hoc 动态网络、精确的相对定位和动态的本地交通地图。测试基于场景的应用以及实用的系统实施策略也正在考虑。SAFESPOT 方法与 CALM 和 C2C-CC 工作是紧密结合的。

智能道路安全协作系统项目（COOPERS）为车辆和驾驶人员提供实时的基于位置和安全相关的基础设施状态的信息，这些信息通过专用的 V2I 连接被分散到各处。这种方法通过添加由基础设施操作人员提供的实时交通信息，扩展了车载自治系统和 V2V 通信的概念。通过有效且可靠的数据传输，V2I 通信显著地提高了交通的控制和安全，完全适应了车辆（或全体车辆）的局部情况（COOPERS，2009）。在事故和交通拥堵风险非常高的密集交通环境下，这样的通信可以发挥重要的作用。基础设施和车辆之间的实时通信链路允许车辆作为浮动式传感器来验证作为交通管理措施主要来源的基础设施传感器的数据。

8.3 车辆与基础设施通信的无线接入标准

8.3.1 IEEE 802.11p

正如 8.2.2 节所提到的，IEEE 802.11p（2008）不是一个独立的标准。它的目的是修改整体的 IEEE 802.11 标准（IEEE 802.11，2007），因此依赖于 IEEE 802.11a 的正交频分复用（OFDM）PHY，和基于 IEEE 802.11e 质量服务（Quality of Service，QoS）机制修改 IEEE 802.11 MAC。综上所述，IEEE 802.11p 标准：

（1）运行在 5.85～5.925 GHz 频段；

（2）IEEE 802.11a 支持低移动性的室内 WLAN 系统，支持车辆的高速移动；

（3）正如传统 IEEE 802.11 一样，描述了快速变化环境下 WAVE 基站所需要的功能和服务，以及无须加入基本服务集（BSS）进行信息交换；

（4）定义了 IEEE 802.11 MAC 控制 WAVE 信号的技术和接口功能。

因此，射频（RF）、PHY 和 MAC 层的修改必须与 IEEE 802.11p 相符合，这些将在本节进行讨论。

8.3.1.1　IEEE 802.11p 的射频层设计

为了配合车辆的运行，需要使硬件设备符合 IEEE 802.11a 标准，这就需要对射频的前端设计进行一些限制，来解决传统操作范围有限的问题。在考虑的频段里，这个操作范围与最大发射功率存在本质的联系。

在基带水平，IEEE 802.11p 和 IEEE 802.11a 采用相同的 PHY 技术，导致出现相同的数据包错误率（Packet Error Rate，PER）。IEEE 802.11p 扩展的操作范围是通过增加每比特传输的功率量来实现的，可以通过下面的步骤来实现：

（1）增加最大传输功率，此功率在 5.2 GHz 频带段 IEEE 802.11a 被限制为 23 dBm，在 5.725 ~ 5.85 GHz 频带段（在美国）被限制为 30 dBm，还有 6 dBi 的天线增益；

（2）减少系统的带宽，有效地降低数据传输速率，但同时增加功率谱密度；

（3）在系统的接收以及发送方同时使用定向天线。

以上这些虽然在 IEEE 802.11p 标准中没有明确提到，但是可以为路边设备安装定向天线（Zaggoulos 和 Nix，2008）或者多用途天线，允许将单数据流透明的特征波束作为所有用户天线增益的增长；IEEE 802.11n 标准已经介绍了这个概念（IEEE 802.11n，2009），该问题超出了本节的范围，有兴趣的读者可以从参考文献中查找更多的信息。

必须要指出的是，CVIS 合作项目框架提出的首次性能测量的结果表明，IEEE 802.11p 提出的规范在视距（Line – of – Sight，LoS）限制的情况下可使传输范围达 800 m。这一标称范围限制了无线电系统解决车辆应用需求的能力（IEEE 802.11p，2008；Kaul 等，2007）。

8.3.1.2　IEEE 802.11p 的物理层修改

车辆无线电系统的两个基本性能影响了 IEEE 802.11a 的部署，这种影响类似于将 PHY 用于 5.9 GHz 频带，户外车辆信道的长度和特性刺激响应，并且在高速率的情况下阻碍了多普勒效应。在 IEEE 802.11a 场景中，用户速度目前被限制为 3 m/s，但在 ITS 系统中此速度必须扩大 10 倍。Cheng 等最近发表的文章已对这些问题做出了回应，以下便详细地说明此文章的内容。

8.3.1.3 车辆信道的特性

典型的 IEEE 802.11a 传播信道在室内，它有一个相对较短的脉冲响应。在室外的车辆信道中，远处物体反射明显增强，在郊区和农村环境下，信道冲激响应的时间分别为 1.5 s 和 0.6 s（Cheng 等，2008）。

对于宽频带信道的低复杂度均衡，IEEE 802.11a 使用 OFDM 调制，将频段划分成 64 个子载波。OFDM 码元中包含了保护间隔（Guard Interval，GI）（Nee 和 Prasad，2000），保护间隔的长度大于信道脉冲响应的长度，可以避免码元间相互干扰，同时实现简单的频域控制均衡方案。IEEE 802.11a 的保护间隔为 0.8 μs，不足以精确地解决较差的信道响应。然而，将系统的带宽从 20 MHz 降低到 10 MHz 和 5 MHz 就可以将保护间隔分别放大到 1.6 μs 和 3.2μs。因此，在室外车辆环境下，为了获得预期的抗码元干扰性能，IEEE 802.11p 运行在较窄的信道频带是至关重要的。

此外，随着车辆信道的增长，相干带宽则会变小。然而，在任何情况下，如果运行在 5 MHz，10 MHz 或 20 MHz，相干带宽仍然明显大于 IEEE 802.11a 的载波间距，同时系统的正常运作被保留。已经测量出的最坏情况下的相干带宽是 400 kHz（Cheng 等，2008 年），当 IEEE 802.11p 信道分别为 156.25 kHz 和 78.125 kHz 时，相干带宽分别大于 10 MHz 和 5 MHz 载波间距。

8.3.1.4 抗多普勒效应

最初设计的 IEEE 802.11a 标准可以支持的用户移动速度至多为 3 m/s 或 10.8 km/h，这明显小于车辆系统所需的 100 km/h。实际上，由于在帧开始传输的时候使用一个已知的前同步码来估计信道，IEEE 802.11a 系统对多普勒效应的抵抗程度是有限的。随后假设在整个帧长周期内，无线电信道不会改变。为了提高抵抗多普勒效应的能力，唯一的选择就是限制物理层帧的长度，但是，当前同步码和 MAC 的开销变大时，有关控制信号的有效负载的传输将会变少。已经测量出的农村环境下最小的相干时间（Cheng 等，2008）为 300 μs，尽管 5 MHz 和 10 MHz 信道的 OFDM 码元长度分别为 16μs 和 8 μs，包括压缩的 GI。IEEE 802.11a 的 PHY 包括一个 16 μs 物理层会聚协议（Physical Layer Convergence Protocol，PLCP）前同步码和一个用来定义数据包长度与速率等特性的单个 OFDM 信号化符号。

10 MHz 和 5 MHz 带宽的 PLCP 前同步码等效长度分别为 32μs 和 64μs。因此可以推导出一帧中物理层数据服务单元的长度为

$$(\text{Max. PSD length}) = 300 \ \mu s - (\text{PLCP length}) - (\text{OFBM symbol length}) \tag{8.1}$$

因此可以推导出一帧中 5 MHz 信道长度为 220μs，10 MHz 信道为 260μs。考虑到相干时间为 300μs 的情况下，一个 10 MHz 的信道，物理层服务数据单元（PSDU）总共可以传输 32 个 OFDM 码元，5 MHz 的信道则可传输 13 个 OFDM 码元。然后，可以根据被总体帧长度划分的 PSDU 的长度估计出 OFDM 帧中有效数据的百分比，同时分别分配给 5 MHz 和 10 MHz 的信道带宽以 72.2% 和 86.5%。因此，即使假设在困难的农村信道并且用户速度为 30 m/s 的情况下，一个合理的广播时间百分比对于用户数据而言仍然被证明是有效的。最后，先进的多普勒跟踪技术也会在本文中被提及，如使用直接决策反馈均衡技术。然而，这将需要设计一个新的专用芯片组，会阻碍硅的再利用，并且会在实施中引入明显的额外复杂性。因此，简单的解决方案是，通过引入"中间缓冲码"来取代 OFDM 前同步码，用于更新帧的信道估计。此计划已经被 IEEE 802.11p 提出并且投入使用（Oh 等，2008）。

8.3.1.5 IEEE 802.11p MAC 层的修改

考虑到 IEEE 802.11p MAC 的性能，必须区分安全相关和非安全相关的通信。安全相关的通信使用广播通信的方式，因为它用来满足附近范围内的所有用户。非安全相关的通信通常依赖于单播传输来访问远程服务。这些和常规的 IEEE 802.11a 数据包的处理是非常相似的。IEEE 802.11p MAC 提供了一系列有关安全数据包管理的独特功能，这些将在下面进行讨论。

IEEE 802.11a MAC 主要的变化是不需要与网络或 BSS（O'Hara 和 Petrick，2005）连接，终端也可以传输数据。放宽此限制的原因是：与 BSS 连接的需要对于安全应用来说时间太长了。然而，BSS 区域外的运行规定了一些确定的要求，具体如下：

（1）传统的 BSS 使用信标在 STA 之间进行同步，因此，在 BSS 影响区域，IEEE 802.11p 终端需要从其他信源获得时钟信息，如 GPS；

（2）发射器不能通过扫描确定使用的是哪一频段，因此需要提前知道所使用的频率，如根据规则成为固定分配集。

在移动环境中，采用广播传输模式进行安全相关的传输，存在一些相应的问题（Chen 等，2007）。基于这样的事实，安全性相关的消息通过广播模式发送到多个接收机，致使所谓的"隐藏终端"问题加剧，隐藏终端所在的区域可能位于所有接收机覆盖区域的交集处。因此，隐藏终端问题的模型是评价 IEEE 802.11p 性能的特别重要的指标。Chen 等（2007）分析了这一现象，并推导出了预计的延迟以及相对于交通密度来说可能的数据包接收率。为了简化分析，由于道路本身的几何形状，可以假定车辆的运动轨迹限制在一条直线上，由于与安全相关的信息在专用通道上进行传输并且消息长度本身很短，传输介质可以认为是非饱和的。

在所有情况下，预测的预测包延迟时间都低于 1 ms，很容易满足 DSRC 系统的 100 ms 要求。然而，对于较长的数据包和较高的信道密度，数据包的接收概率则显著下降。因此，使与安全相关的消息长度变短是很重要的，但即使这样，也难以满足安全相关应用的要求。

解决丢包的一种方法是考虑基础设施，此种情况下，终端之间的协调可以在 WAVE 协议内进行（Ferreira 等，2008）。或者，由于估计的包延迟远远优于所需求的，可以实施组播确认机制，以确保消息传输到一组已知的终端（Si 和 Li，2004）。

8.3.2　V2I 通信的通用广域无线接入标准的适用性

除了车辆无线接入方案的专用标准化工作，就一些使用案例和应用来说，广域通信技术对于寻址 V2I 通信链路来说是非常有用的，因为从本质上讲，广域通信是为处理广域覆盖部署和终端高速移动而设计的。

8.3.2.1　3GPP 的长期进化

2G 蜂窝系统经常用于以家庭、娱乐、工业和公共安全应用为基础的数据通信。尤其是，GSM/GPRS 网络在 ITS 中已得到了广泛的开发。例如，Catling 和 de Beek（1991）提出使用蜂窝系统，如 GSM，而不是短程通信网络，在考虑基于 WLAN 的情况下，以减少数据速率为代价，提供一种固有的移动性支持和更大的覆盖范围。在这样的网络中，不需要在道路两侧部署新的基础设施，因为定义了虚拟信标的概念来模拟一组规则间隔的短距离通信设备。虚拟信标包括一款依赖于特定数据结构的软件（位于车辆和基础设施中），此软件允许将车辆虚拟为路侧信标。

在欧洲，许多合作项目也将 GSM 网络用于道路运输工作，包括 SOCRATE，DELTA，CORDIS，PATH 和 CARTALK2000 等（Catling 和 de Beek，1991；Reichardt 等，2007）。最近，欧洲的一些项目已经考虑将第三代（3G）通用移动通信系统（UMTS）用于车辆通信，如 DREIVER 项目，为欧洲研究机构开发数字资源库基础架构；OVERDRIVE 项目，在车辆环境中利用动态多播无线电网络处理频谱有效的单向和多播服务（Toenjes 等，2002）。

由于 3GPP 长期演进（LTE）标准（3GPP LTE，2009）仍处于定稿阶段，V2V 和 V2I 通信没有使用该标准。然而，为了使 3GPP 适用于 V2V 和 V2I，其提供了一组通信功能。作为演进的 UMTS 标准，3GPP 开发的 LTE 标准与高速下行链路分组接入（High Speed Downlink Packet Access，HSDPA）规范同时发展，以支持更高的数据传输速率，使其适用于即将到来的多媒体应用。HSDPA 的部署已经出现在欧洲，LTE 的第一个商业分支预计 2010 年底完成。Holma 和 Toskala（2007）提供了 LTE 的 PHY 和 MAC 层的详细综述。

8.3.2.2 LTE 简要概述

3GPP LTE 标准，在 2009 年 2 月确定了其第一个稳定版本，具有以下几个特点：

（1）4×4 多输入多输出（Multiple-Input Multiple-Output，MIMO）系统（20 MHz 带宽，速率 1 和速率 4 的数据流，1 个符号的 PDCCH）的下行峰值速率高达 316.6 m/s；2×2 MIMO 系统的传输速率是 167.8 m/s，上行峰值速率 86.4 Mb/s（20MHz，速率为 1）；

（2）终端—基站—终端往返的延迟为 10 ms；

（3）频谱的灵活性增加，频率带宽的范围为 1.4 MHz，3 MHz，5 MHz，10 MHz，15 MHz 和 20 MHz，子载波间隔为 15 kHz；

（4）用户速度高达 500 km/h；

（5）基于单个数据流方法的先进天线技术（如时空编码或发送和接收阵列处理）和空间复用（MIMO 和 SDMA/多用户 MIMO）——在两侧的通道使用多天线可以线性地提高（天线的数目）数据流量（Telatar，1999；Wolniansky 等，1998），或者增加链接的鲁棒性（覆盖范围用于实现至少一个给定的数据传输速率）；

（6）在频率和时间上，采用面向连接的 MAC 和机会调度，从多用户的多样性获得好处（Knopp 和 Humblet，1995）［选择具有较好的信道条件的用户并送达，但是受到某些公平约束（Tse，1999）］，并允许控制用户应用程序的 QoS 参数；

(7) 协调干扰和避免干扰。

8.3.2.3 流动性对 PHY 性能的影响

一般来说，移动性为蜂窝系统带来了挑战和机遇。移动性带来的最主要的挑战来自于多普勒效应。后者主要影响子载波的正交性和估计的信道质量。信道状态信息的精确估计，对于接收机连贯地检测信号，以及发射端执行高效的闭环传输阵列处理，都是很有必要的。

解码过程中，为了正确地解码信号，接收机需要跟踪信道。在下行链路（Downlink，DL）（基站 BS 至移动站 MS 的信道）的情况下，为了执行接收端的信道估计，DL 帧的开头发送了前同步码中的训练序列。在接收到的前同步码的基础上，MS 导出了初始的信道系数。为了让 MS 跟踪信道，按照已知的模式，导引符号被嵌入到每个 DL 数据子帧中。在上行链路（Uplink，UL）（MS 到 BS 的信道）的情况下，可以使用所谓的上行链路探测。具体而言，就是 BS 利用 MS 发送一个专用的训练序列来估计信道。需要注意的是，根据系统执行情况，OFDM 的信道可以同时在时域和频域中进行计算。在 UL 和 DL 的情况下，如果信道的相干时间大于帧长度的 5 倍，信道估计器可以更好地工作。在这种情况下，接收机可以利用训练序列和导引符号估计信道状态信息（Channel State Information，CSI）。如果这种情况不能得到满足，在下行链路中，可以利用嵌入的导引信号粗略地估计信道；而在上行链路中，则可以利用探测序列粗略地估计信道。实验表明，高移动性造成的性能损失为 5 dB。

闭环预编码需要发送端的 CSI 来传输阵列处理信息，这也称为特征波束成型。BS 获得 DL 信道状态信息的一种方法是，对 MS 进行量化估计并将信息反馈到 BS。通过使用一个量化值，连续的有限集合可以实现标量量化和矢量量化，这些有限的量化值被定义为一个"密码本"，即"矢量量化以密码本为基础"。然而，这种机制容易带来延迟，并且会受到移动性的严重影响。例如，2 GHz 和 300 km/h 的信道相干时间为 0.9 ms，即从统计学的角度来讲，信道每 0.9 ms 完全改变一次。在 LTE 中，由于该子帧的长度为 1 ms，发射端的 CSI 几乎是过时的，在 300 km/h 时几乎无法使用。因此不建议在很高的速度下使用闭环预编码。

另外，移动性创造了如下所述的机会，以便人们去探索：时间多样性、各态历经性容量的收敛性以及用户多样性。对于前者，随着高移动性，信道会迅速地改变，可以实现额外的、暂时的多样性增益。在这种情况下，多个天线可以通过一种非常简单的方式来提高复用增益，既不需要时空编码，也无须闭环预编码。同样可知的是，在快速衰减的信道中各态历经性容量也是可以实现的，并且可避免中断事件的发生（Glisic，2007）。对于后者，用户多样性方案可以通过更快的衰减提供更高的增益。在这种情况下，可以显著改善信息的总吞吐量（de Courville 等，2007；Gross 等，2007，2009）。

8.3.2.4　LTE 的抗多普勒效应以及对 V2I 通信的适用性

从总体上看，LTE 是非常适合于广域 V2I 通信的。除了利用现有的 3GPP 标准如 GSM，UMTS 和 HSDPA 来实现切换的可能性外，非 3GPP 标准，如 WiMAX，LTE 用户单元也可以提供高达 500 km/h 的用户速度，这比典型的车辆速度高很多。必须指出的是，上述系统只是在较慢速度（15～30 km/h）的情况下实现最优化，在高速的情况下系统性能会有些许下降，这是因为多普勒效应对载波间干扰和信道估计准确性有影响（Dahlman 等，2007）。

不同于 UMTS，LTE 只能处理硬件切换程序。这个切换可以在两个相邻的 LTE 单元之间，还可以在 GSM 或 UMTS 基站和 LTE 基站之间。这样保证了原有基于 GSM 车辆系统和新 LTE 系统之间的平滑过渡。

在所有的情况下，设计的非实时交通服务中断时间最大不能超过 500 ms，实时交通则不能超过为 300 ms（Dahlman 等，2007）。因此，为了能够从最短的切换时间中获益，应当将关键的车载通信归类到实时服务中。

8.3.2.5　WiMAX

全球微波互联接入（Worldwide Interoperability for Microwave Access，WiMAX）是基于 IEEE 802.16 标准（IEEE 802.16，2004；WiMAXForum，2009）的无线传输技术。最初，WiMAX 用来实现最后一英里的无线宽带接入，以替代电缆和数字用户线路（Digital Subscriber Line，DSL）。随着 IEEE 802.16e－2005 标准的修订，对移动性的支持已经加入到 WiMAX 中。因此，移动 WiMAX 也成了第四代蜂窝技术的另一个可能候选技术。例如 Aguado 等所提议的，在 WiMAX 网络中应该有可能建立 V2I 通信系统（2008）。

（1）WiMAX 概述。

从理论上说，WiMAX 可以在任何低于 66 GHz 的频率下工作。正交频分多址（Orthogonal Frequency Division Multiple Access，OFDMA）用在不同的信道带宽下（通常为 1.25 MHz，5 MHz，10 MHz 或 20 MHz）。典型的峰值比特率，分为上行和下行，分别为 31.7 Mb/s 和 5.0 Mb/s，频谱效率为 6.3 b/s/Hz/sector 和 1 b/s/Hz/sector（802.16e WiMAX、Wave 2 MIMO、10 MHz 带宽、29/18 DL/UL 信号比和 TDD）。移动 WiMAX 在物理层和介质访问层的一些主要功能，大多与 LTE 类似，这些功能如下：

①先进的天线技术（单数据流或者空间复用方法）；

②移动性支持——在移动 WiMAX 的大部分信道带宽中，载波频率间隔设置为 10.94 kHz，这与在 3.5 GHz 时车速高达 120 km/h 是兼容的（要指出的是，IEEE 中定义的另外一个新标准（IEEE 802.16m）支持高级国际移动通信（IMT-Advanced）的要求，其速度可达 350 km/h，从而接近车辆通信领域的期望；同时支持单元间的切换）；

③根据可以映射到区分服务（Differentiated Serviced，DiffServ）的代码点的明确定义的服务流，MAC 层实现了端到端的基于 IP 的 QoS。

（2）WiMAX 的 MAC 层协议和网络结构。

对于车辆应用中的 WiMAX 适用性的评估，已经进行了一些初步的研究，如 Aguado 等（2008）和 Costa 等（2008）所描述的车载应用 WiMAX 所支持的交通类型，如下所述：

①对恒定比特率的固定大小的数据包的主动授予服务，以及可用于安全预警和辅助驾驶的周期性可变比特率流的实时轮询服务。

②非实时轮询服务以及最好的服务都可用于交通管理。

结果表明，安全消息 100 ms 的最大延迟可以满足移动 WiMAX；然而，网络接入过程的时间限制最多为 3 s。

Aguado 等（2008）提出在两种场景中使用 Opnet 评估移动 WiMAX 的网络架构，从而得出 WiMAX 是 V2I 应用的有效存取技术。虽然如此，需要强调的是通过不同接入服务实体网络（Access Service Network，ASN）的切换方案需要超过 50 ms 来切换延迟。

8.4 V2I 通信网络标准

8.4.1 处理关键消息的非 IP 网络技术

为了能够引进 V2I 通信的特定服务，目前正在评估传统的网络规范，使之适应新的设计标准。具体地说，与安全相关的服务在延迟和可靠性方面有非常严格的要求，正是这些要求推动着工作的进展。目前也在考虑其他的服务，如娱乐信息节目服务等。

本书提出的一个重要的范例是"地理路由"（Stojmenovic，2007）。传统路由的目的是使数据包到达最终目的地址，该地址识别网络中特定的节点（或者是广播或组播情况下的一组节点）。地理路由延伸了地址的概念，不仅包括节点的识别，而且包括节点的地理位置。在此基础上，数据包可以被传输到某个节点或某个位置，或两者的组合。此种传输方法更适合于节点是移动的情况，如车辆。

在 ad hoc 网络的情况下，也应考虑地理路由。即使路边的固定基础设施也会在未来的车辆通信中扮演重要的角色，为了给驾驶员和车辆用户提供新的安全服务，车辆彼此之间将组成 ad hoc 网络。在 ad hoc 网络的情况下，车辆通常会扮演数据包消费者、数据包提供者、数据包转发者和数据包路由器的角色。地理路由的典型使用案例是车辆需要检测其周围环境潜在的危险，如给定的道路区域有积冰的存在。即使车辆当时没有连接到任何固定的道路基础设施，它也会与相邻车辆分享其信息。车辆可以创建一个警告消息，然后依靠地理路由让此消息通过车载 ad hoc 网络（VANET）到达附近的所有车辆。

地理区域是由多个几何图形组合而成的。一旦地址信息包括地理位置信息，那么移动节点的节点地址的有效性将会有时间限制。

为了实现地理路由，修改路由算法是必要的。因为路由器有自己的职责，每个车辆的路由列表应该包括无线覆盖范围下的邻近车辆。由于邻近车辆的位置变化速度非常快，必须高速地更新路由列表。为了让给定的车辆能预测到每个邻近车辆的预期运动，应该在车辆之间交换运动特征。当车辆需要加速或减速时，则需要更频繁的信息交流。

为了发展路由策略,新的准则也正在制订。例如,为了将车辆转发的数据包发送到指定位置,最好的策略就是,在那些无线覆盖范围内的邻居车辆中,通过选择距离目标节点距离最短的邻居车辆来进行转发,同时还要减少总的跳数。

根据预计,除了地理转发数据包,还将需要地理信息转发。为在将消息转发给其他车辆之前精简车辆携带消息的相关性,车辆会根据自身所处的环境对接收到的消息进行说明和丰富。消息转发不会分离网络层和应用层。这在很多情况下会提高服务效率。因此可以预测出,数据包转发和消息转发在未来都会被使用,未来的标准应该对这两点予以考虑。

如8.2.2节中提到的,WAVE包括WAVE短消息协议(WAVE Short Message Protocol,WSMP),此短消息协议提供了移动节点之间交换短消息的功能,此功能的实现不必通过传统的IP协议栈。WSMP通过控制物理层特性来提供上层信息,如WAVE信道的数量或发射功率。当涉及安全服务时,必须保证网络的可靠性和低延迟,因此这种能力是非常有用的。这里存在一种需求,即不需要与非安全应用共享带宽,同时为安全应用之间提供非常严格的优先级机制。此需求甚至需要通过使用特殊的安全应用为独有的用途分配无线信道,并通过适当地控制所有WAVE信道的传输功率来减少对这些信道的干扰。

8.4.2 基于IP的车联网

8.4.2.1 ITS中的IPv6

IETF标准化协议是ITS标准化组织建立体系结构的重要组成部分。在这些组成部分中,IPv6的部署作为IPv4的补充,最终将替代IPv4(Deering和Hinden,1998),因此IPv6已经受到强烈的重视。

IPv4地址的短缺是一个众所周知的问题:2011年初IPv4地址空间将被耗尽的事实已被确定(Huston,2009)。鉴于到2050年预计将有30亿车辆进行IP连接,IPv4地址空间将被耗尽这一事实阻止了为每辆车分配唯一的IPv4地址的可能。相反,与IPv4提供的2^{32}个可用地址相比,IPv6提供的2^{128}个可用地址解决了这一问题。IPv6不仅提供车辆的地址分配,还提供全部的IPv6地址前缀,使得多个IPv6地址可用于车辆中的多个IP设备。分配到单个车辆的地址空间往往是足够大的,足以支撑多个层次级别的子网络（如传感器网络和乘客网络）。还必须指出的是，车辆的 IPv6 地址是公开的、全球性的，与个人 IPv4 地址不同，它是通过互联网服务提供商（ISP）提供给市民的，并且用户可以提出多于 1 个 IP 地址的请求。车辆的 IPv6 设备无须启动连接就可轻松地连接远程通信员，这不同于 IPv4 的设备，后者是位于网络地址转换（NAT）网关的后面。

IPv6 移动性协议（移动 IPv6——Johnson 等，2004；快速移动 IPv6——Koodli，2005；NEMOv6——Devarapalli 等，2005）采用了大的寻址空间、简单的地址自动配置机制、从外面到达车辆内节点的能力等方法。对应的 IPv4 还没有证明有足够的可扩展能力来适应大规模车队的网络。因此，IPv6 的使用限定在特定的领域，如军事/紧急车辆或公共运输等优质服务。

IPv6 协议提供的其他各种增强功能，如端到端的互联网协议安全（Internet Protocol Security，IPsec）和简化的组播支持，都与 ITS 网络和正在设计的特定服务高度相关。当伪造的、重要的、安全相关的消息传递到多个车辆时，必须对其加以制止，在此种场景中，可以采用某些特定功能的 IPv6 协议。

8.4.2.2 IP 移动性：NEMO 和车载网络

NEMO 协议内的 IP 协议扩展，用于管理网络的移动性，它是 ITS 领域重要的协议，ITS 表示的是在车辆、火车或飞机中，几个设备同时移动。详细请参考 Devarapalli 等描述的 IPv6 的 NEMO 版本（2005）。这是对移动 IPv6 的扩展（Johnson 等，2004），而 NEMOv4（Leung 等，2008）是对移动 IPv4 的扩展（Perkins，2002）。在下文中，我们使用 NEMO 指代 NEMOv6 或 NEMOv4，当需要表明 NEMO 具体指的是 NEMOv6 还是 NEMOv4 时，则使用具体的 NEMOv6 或 NEMOv4。NEMO 是车载应用关键的基础协议，CALM 的操作手册（CALM，2004）描述了在 ISO 标准中 NEMO 扩展协议的使用。

移动网络的显著特点如下所述。首先，移动网络中的所有计算机作为一个单元一起移动，并且需要改变它们的 IP 地址。当计算机 A 从节点 B 移动到节点 C 时，"移动"不仅仅指的是物理上的定义，而是指计算机从节点 B 移动到节点 C 的过程中其 IP 地址的改变。当计算机距离其当前的位置（如无线接入点或者以太网的 RJ-45 插孔）太远，就需要改变自己的 IP 地址。其次，移动网络中的整组计算机的移动性通常是由单个计算机指定的移动路由器（Mobile Router，MR）进行管理的。通常情况下，移动路由器的外接接口连接到固定的 IP 基础设施，内接接口连接到移动网络内的该组计算机。就像在单个移动网络中，一些 MR 需要内接接口和外接接口一样，在此环境中也需要这些接口。从可靠性方面来讲，接口的多样性可以为不同的接入技术提供输出接口，甚至可以分离移动网络的内部子网。在移动网络内，运行在 MR 和计算机上的应用不应该被移动性事件所中断。例如，在火车上的用户笔记本电脑与 Internet 上的服务器之间的应用视频流，因为 MR 会进入另一个新的区域，所以它会改变自己的 IP 地址，但是用户的视频流却不会中断。

图 8.2 描绘了适合于移动网络的典型网络拓扑结构。图的顶部描绘了固定的 IP 基础设施，其与互联网相连接，并将通信节点（Correspondent Node，CN）、HA 和接入路由器（Access Routers，AR）连接在一起。HA 与移动网络的本地链路相连接，当移动网络不在本地时，HA 为数据包重

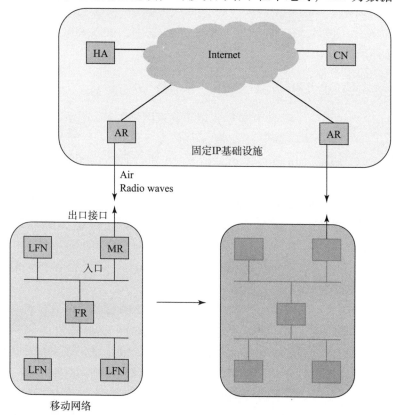

图 8.2 适合于移动网络的典型网络拓扑结构

新传输到移动网络提供服务。CN 是与本地固定节点（见下文）通信的实体，如网页或视频服务器。IP 基础设施通过使用两个接入路由器（AR）提供移动网络的无线接入。通过 AR，移动网络和互联网相连接。AR 类似于 UMTS 基站或 WLAN 接入点。

图 8.2 的左下方是移动网络。它包含一系列固定部署的计算机和移动的计算机，如车辆中的计算机。依据 NEMO 术语，这些计算机被称为移动路由器（MR）、固定路由器（Fixed Routers，FR）和本地固定节点（Local Fixed Nodes，LFN）。后者是终端用户系统。MR 是将移动网络连接到 Internet 的主要实体，通常具有无线设备的输出接口和有线的输入接口。这些接口的细节描述可能有所不同，但是这个描述已经很充分地解释了此细节。移动网络中的所有实体（LFN，MR，FR）互相联系在一起。当移动网络连接到另一个 AR 时，如图 8.2 右下角所示，只有 MR 出现在移动事件中，如改变它的转交地址（Care-of Address，CoA），而移动网络中的实体则保持其 IP 地址和其他 IP 数据结构不变。

从高层次的角度来看，NEMO 协议实际上是 MR 和 HA 之间的请求/应答消息的简单交换，如图 8.3 所示。简而言之，在 MR 获得新的转交地址之后，它发送具有标志 R set（"R"代表移动路由器标志）的绑定更新（BU）。该标志是针对特定 NEMOv6 而设置的，而不是针对简单的移动主机设置的。NEMOv6 可以使用两种可供选择的模式注册：隐式和显式。隐式模式只设置 R 标志。显式模式除了设置 R 标志外，还通过将移动网络前缀（Mobile Network Prefix，MNP）插入 BU 中来进行通信。接收到一个 R 标志的 BU 后，HA 根据 RFC 3963（Devarapalli 等，2005）指定的规则处

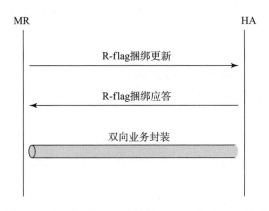

图 8.3　基于移动 IPv6 协议的 NEMO 信息交换描述

理请求,随后回复绑定确认(Binding Acknowledgment,BA)以及 R 标志。

NEMO 还为移动路由器嵌入动态归属代理地址发现(Dynamic Home Agent Address Discovery,DHAAD)扩展机制,这是由 Devarapalli 等(2005)提出的,有助于发现支持 MR 的 HA(一些 HA 可能只支持移动主机)。

IPv4 的 NEMOv4 扩展协议(RFC 5177)(Leung 等,2008)与 NEMOv6 是非常相似的,不同之处在于,NEMOv4 扩展协议用注册请求和注册应答消息代替了 BU 和 BA,以此来遵循移动 IPv4 的标准。NEMO 协议扩展已见雏形,并在一些场景中进行了演示,如 ANEMONE IST 演示(ANEMONE,2009)和 E-Bike 演示(E-Bike,2009)。ANEMONE IST 的演示依靠布置在大学校园的车辆,这些车辆配备移动路由器和网络摄像机以及 GPS 设备。而 E-Bike 演示则使用多组自行车,每个组指定一辆自行车作为移动路由器(MR)。E-Bike 演示是在 NEMOv6 扩展协议的基础上进行的。

为了简单起见,我们在这里不再讨论移动网络中从通信节点到本地固定节点的流量路径,HA 通过使用代理邻居发现截获这些数据包,MR 根据每次的运动自动配置一个新的转交地址(CoA)。网络环境联盟(2001)总结了现有的文献和有关这些问题的方法。读者也可以参考 RFC 3775(Johnson 等,2004),这是关于移动 IPv6 协议的基本描述。

8.4.2.3 移动 IPv6/NEMO 多重访问的同步使用

最初的设计中,NEMO 基本支持的一个重要特点是,移动路由器在同一时间只能注册一个到其本地代理的 CoA,这称为最初的 CoA。因为 NEMO 基本支持协议在同一时间只允许使用一个接口在移动网络节点与基础设施中相应的节点之间传输 IPv6 数据流,这对配备有多个输出网络接口的移动路由器构成了限制,同时使得连接到不同类型的网络接口成为可能。通过多接口移动路由器同时使用多接口网络具有极大的好处,因为它提供了以下功能:

(1)根据 QoS 的不同需求,允许不同的数据流映射到不同的无线接入网络。例如,IP 语音电话(Voice over IP,VoIP)流可以通过低时延和低抖动接入网络进行传输,而同步文件下载将通过高带宽接入来传输。

(2)在同一时间通过使用多个接口(可能对应于不同的技术)来增加整体的可用带宽。这对于没有 QoS 保证和每个终端的最大带宽(每个接口）有限的接入网络（如 GPRS）是非常有用的。

因此扩展 NEMO 基本支持协议是很有必要的，同时允许移动路由器用其内部地址同时注册多个转交地址。目前，IETFMEXT 工作组正在对解决方案进行标准化。以下是基于增强基本的移动 IPv6 协议的两个补充。

- 第一个增强包括扩展移动 IPv6（各自的 NEMO）协议，以使 MN（各自的 MR）为给定 HA 的本地代理注册多个 CoA（Wakikawa，2008）。该解决方案依赖于一个新的"绑定标识符选项"，该"绑定标识符选项"连同（归属地址/转交地址）绑定更新一起由 MN/MR 发送到其本地代理。这使得不同的 MN/MR 归属地址（HoA）绑定和不同的 CoA 之间存在分歧，因为不同的转交地址将关联到不同的绑定标识符（Binding Identifiers，BID）。因此，使 MN/MR 和其 HA 之间能够建立多个双向通道，每个通道被绑定到不同的 CoA（这通常对应一个不同的接入网络）。

- 第二个对上述提到的机制的增强补充，MN/MR 可以明确地告诉其 HA 如何把特定流映射到绑定标识符，以及相应的 CoA 和双向通道（Soliman，2008）。移动 IPv6/NEMO 绑定更新的进一步扩展包括流识别选项（如协议类型、端口号等），这样的话，MN/MR 相应的流量可以通过相关的双向通道传输到相应的 CoA。很显然，一些流也可以根据唯一的绑定标识符绑定到相同的 CoA，通过更新与绑定标识符（使用唯一的"BID 选项"）相关联的 CoA，这些流可以同时从第一接入网络的 CoA 移动到第二接入网络的 CoA。这为同时在两个接口之间处理多种流量的切换提供了一个简单而有效的方法。

值得注意的是，如下面所要描述的，Wakikawa（2008）和 Soliman（2008）所描述的解决方案并不局限于 MN/MR—HA 的双向通道，也可以适用于 MN/MR 和 CN 直接进行通信的系统，而此系统使用路由优化解决方案。在这种情况下，通信节点（CN）代替本地代理（HA）从 MN/MR 接收扩展的绑定更新（BU），并负责将流量传输到需要的 MN/MR CoA。

这种解决方案适用于移动 IPv6 和 NEMO，后者会给移动路由器（MR）带来额外的复杂性。移动路由器不仅要管理自身的流，还要管理其所服务的对应移动网络节点的流。图 8.4 表示两个这样的移动网络节点（Moving Network Nodes，MNN），MNN #1 和 MNN #2，其分别与通信节点#1（CN #1）及通信节点#2（CN #2）通信。MR 通过双向通道分别向 CoA #1 和 CoA #2 发送对应的流，以便更好地适应每个流对 QoS 的需求。在本地配置规则的基础上，MR 可以通过给定的网络接口（通过相关的 CoA）传输特定的数据流。另外，MR 可以根据与数据流绑定的 MNN 的参数或需求来传输数据流。虽然后一种方法更具灵活性，它引入了一个新的信令协议需求，使得这些需求的通信从 MNN 到 MR 成为可能，但这样的协议尚未标准化。

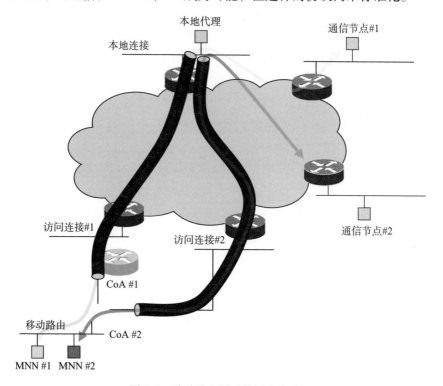

图 8.4　移动路由同时使用多个访问

8.4.2.4　NEMOv6 路径优化

常见问题：当移动网络漫游到其本地网络之外时，根据 NEMO 协议，NEMO 路径优化（Route Optimization, RO）问题（Ng 等，2007a）来源于 IP 路由的处理方式。在这种情况下，漫游移动路由器和其本地代理之间会建立双向通道，这使得数据包的发送/接收会在一个非最优的路径上进行。

NEMO RO 方案旨在解决或缓解在 MR 和 CN 之间建立最优的路由路径这一问题，从而大大提高其性能。首先，通信节点和移动网络之间的距离越短，传输延迟越短。其次，在移动路由器和通信节点之间使用优化路径，而不是 MR/HA 通道，这意味着以前在通道两端的通道操作和重复通道操作（图 8.5）将不再需要。其结果是，MR 数据包的处理时间将大大减少，并且发送相同数据量需要的带宽更少。除了提高了性能外，路径优化解决方案涉及较少的路由节点，同时减少了链接失败的敏感性。

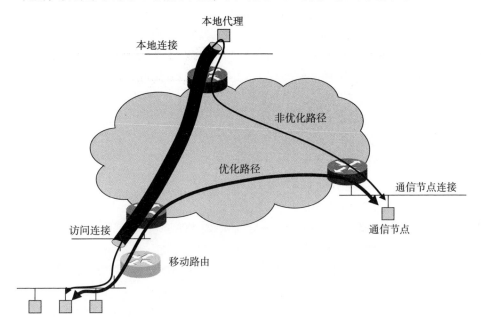

图 8.5　NEMO 优化路径对比非优化路径

路径优化与车载网络是高度相关的，特别适用于基础设施节点试图发送紧急数据到附近车辆或同一个区域的两个车辆互相通信的情况。非优化路由要求所有交换的流量要通过两个通信的移动路由各自的本地代理，从而导致性能改变。

Baldessari 等提出并介绍了的关于 NEMO RO 的两个标准制定（ISO 和 C2C-CC）。引用了以下案例：通知服务、端到端应用、上传和下载服务、车辆监控、信息娱乐系统应用以及导航服务。对以上这些场景和潜在的协议栈一起都进行了详细的描述，且这些协议栈可以被应用于 CALM 和 C2C-CC。此外，还描述了 RO 最新的需求：处理 RO 的安全性、绑定隐私保护、多宿主、最小信号以及 HA 的转换。由于 RO 是目前国内外研究机构最关心的问题和工作的重点，以下各节将进一步阐述其优化方法。

在考虑 NEMO 路由优化问题的解空间之前，需要简要地考虑 RO 是如何在移动 IPv6 协议中实现的（Johnson 等，2004）。IPv6 移动节点通过发送

BU（与发送到 HA 的非常相似）实现了 CN 优化路径的使用。BU 在其长期地址和当前的 CoA 之间建立了连接，并且在其当前位置的情况下是可以进行路由的。CN 确定了移动节点的 HA 和 CoA 的所有权，这一点已经得到安全保障。而这种安全保障通过专用的返回路由过程得以保障，在此过程中相应的节点会证实 MN 确实收到了发送给任一地址的数据流。

该移动 IPv6 RO 解决方案不能直接应用到 NEMO RO 问题中。其最接近的 NEMO 对应的是基于发送到 CN 的前缀范围内的绑定更新。通知 CN MR 声明拥有其全部的前缀并且请求发送到该前缀的所有流量被重定向到它当前的 CoA。然而，这一要求会引发严重的安全问题，因为没有简单的方法为 CN 检查 MR 的声明。一些其他的解决方案（Bernardos，2007；Olivereau 等，2005）从逻辑上与 IPv6 相近，提出 MR 发送 BU 到相应节点，这些节点仅代表 RO 执行的移动网络节点。也就是说，只有发往该节点的流量将被重定向到 MR 的 CoA，因此，这个由 MR 产生的地址的所有权（或者更确切地说，路由能力）必须由该 CN 进行检查。

必须考虑到的一个问题是 CN 端对 RO 的支持。虽然可以保证从 MR 到 CN 的直接路线是最优的，但不能保证每一个 CN 都支持 NEMO RO 的解决方案。因此，如 Wakikawa 和 Watari（2004）的建议，推荐 RO 使用专用的靠近通信节点的推动器［通信路由器（CR）］。MR 和 CR 之间的路由将会被优化，而 CN 不知道此优化过程的发生。这个解决方案同时也带来了一些问题。首先，必须仔细选择 CR 的位置：一方面，如果 CR 的位置较接近 CN，它将会提供一个更加优化的路由；另一方面，如果 CR 远离 CN，则 CR 可以为更多的 CN 提供服务。其次，CR 必须能被安全的识别，以使其能代表 CN 有权利处理路由优化问题。

另一个能满足车载环境需求的解决方案是基于移动的管理基础设施实体——HA 代理服务器（Thubert 等，2005），或者是分布在 MR 路径上的分层移动 IPv6（Thubert 等，2005）移动性锚点。这些实体设法使 MR 的移动性拓扑接近其自身的当前位置，因此，无须 MR 或 CN 做任何改变，便可实现整个 RO 任务。当然，这一系列解决方案的有效性是基于接近 MR 的智能实体的可用性。此外，必须给予 MR 可以使用的一种定位实体的方法和一种丢弃非信任不良实体的方法。

Ng（2007b）等已经提出了各种关于实现 NEMO RO 解决方案的详细信息。IETF 文档简要讨论了这些方法各自的优点和局限性。IETF 还强调了在一定的条件下不建议使用 RO 解决方案这一事实。事实上，RO 解决方案还带来几个问题，如信令开销、增加协议复杂性，还有可能增加切换时延。这意味着，MR 或 CN 的智能模块应该检测 RO 程序何时触发（如果有多个解决方案，该如何处理等）。

8.4.2.5 车载系统的群组通信

车载系统可以从群组通信技术中获得有益的应用，如软件下载或升级、大型设备监控等。IP 组播技术（Deering，1989）作为一种确保基于 IP 组通信的有效方法，可以在车辆通信环境中使用，特别是基础设施与车辆的环境中。IP 组播技术典型的应用是软件升级，即汽车制造商使用基于 IP 的车载设施将相关的信息从一个用户传输到一组车辆，这组车辆存在于城市、国家范围内。当然，所使用的车辆都假设装载有一个具有 IP 组播功能的设备（如 OBU）（IGMP/MLD 协议——见 Cain 等，2002；Vida，2004），OBU 可以从应用服务器上接收 IP 组播数据。如图 8.6 中的例子，基于 IP 的车载设备使用一组 IP 组播路由器将数据传送到不同的车载设备中去。

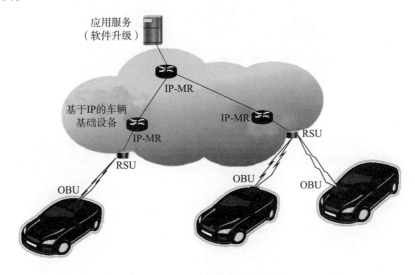

图 8.6 车载网络中群组通信的拓扑结构

IP 组播路由器是用来从应用服务器向接收者提供应用数据的。这些路由器运行组播路由协议如 PIM-SM（Fenner 等，2006）。组播路由协议有必要建立并维护组播路由器之间的逻辑链路（组播树）。

此外，车辆在移动时，可以继续接收本地组播数据，只要车辆处于相同的 IP 组播路由器的范围内（在网络架构的基础上，IP 组播路由器可以连接到车辆周围的许多 IEEE 802.11p 的无线接入点）。如果车辆移动到一个新的 IP 组播路由器的覆盖区域内，车辆可以通过新的 IP 组播路由器（远程订阅）重新连接到（通过 IGMP/MLD 报文重新发送消息认证）传递树，或者发起一个移动 IP 的双向通道（Johnson 等，2004 年；Perkins，2002），与其 HA 一起继续从旧的 IP 组播路由器接收组播数据（图 8.7）。当然，在车辆方面，不论车辆（接收者）的 IP 终端是移动终端还是 MR，这两个方法都适用。

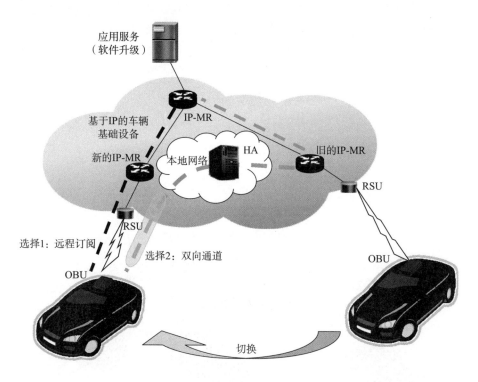

图 8.7 车载网络中的组通信：IP 切换场景

远程订阅选项可以优化从车辆到 IP 组播路由器的数据路径的长度。此种方法带来的主要问题是会增加成本（组播路由状态的更新和新路径的建立），导致车辆重新连接到传递树有一个额外的延迟。

与远程订阅方法相比，本地订阅避免了额外开销影响传递树。然而，这是以在车辆和传递树之间引入非最优路径以及潜在的 HA 开销（为许多接收者增加和封装数据包）为代价的。

为了实现远程订阅和双向通道的平衡，第三种方法存在，通常被称为基础代理。该方法包括将静态代理置于 IP 基础设施中（例如，基于 IP 的车载网络基础设施），使得在移动接收机移动时允许代理之间的切换。虽然这种方法已经在 IETF 得到很好的讨论（Schmidt 等，2008），但是到目前为止还没有形成标准。

8.4.2.6 车载应用的传感器网络

传感器网络已经在车辆中部署了很多年，通信系统中的新趋势使得传感器网络用于新的应用需求已经被考虑。特别是连接到固定基础设施的车辆将会提供更广泛的新服务，如传感器触发故障识别、远程诊断和维修、远程软件更新等。

车载传感器网络内部的通信模式目前已经由有线连接的静态组、非 IP 传感器互联发展到控制器区域网络（Controller Area Network，CAN），通过网关连接到 IPv4 骨干网络。特别是以下这些趋势推动了这种通信模式的发展：

（1）无线电技术的出现及多样化：专用无线电技术的出现，如 IEEE 802.15.4（IEEE 802.15，2009）或 WiBree 技术，是无线传感器网络的主要推动者。然而，当其功率消耗不再是关键指标时，即使是较旧的无线电技术，如 IEEE 802.11（WLAN）或 IEEE 802.15.1（蓝牙），也可以作为基础来使用。

（2）协议的多样化：目前正在开发运行在 IEEE 802.15.4 标准的顶层的多个协议栈，如 ZigBee（ZigBee 联盟，2009）、无线 HART（HART 通信基金会，2009）或 ISA-SP100.11a（国际自动化学会，2009 年）。Z-WAVE（Z-WAVE，2009），还有一些专有技术，如 SimpliciTI，MicrelNet，Cironet 和 EnOcean 等，都代表了更多可选择的协议。

（3）实体多样化：传感器网络正演变成由传感器和执行器组成的更多的异构网络。

（4）应用多样化：许多复杂的新一代设备（具有更强的计算能力和更多的存储空间）的参与意味着传感器网络有望可以处理越来越复杂的应用。

虽然车辆传感器网络从有线到无线的过渡是可以实现的（特别是就机械阻力、复杂性和成本方面而言），但无线传感器网络中无线协议栈的多样性使得其与固定基础设施的互联相当复杂,大幅度降低了其互操作性。图 8.8 表示了每种类型的无线传感器网络协议栈需要其特定的网关作为协议转换器或代理,以此来允许其与 IP 基础设施互联。另外,允许任何无线传感器节点成为真正的 IP 节点(即像任何电脑一样运行 IP 协议栈)就可以解决这个问题。IPv6 是该设计的关键因素,因为它的地址空间非常大,可以为所有车辆的传感器节点提供全球唯一的地址。

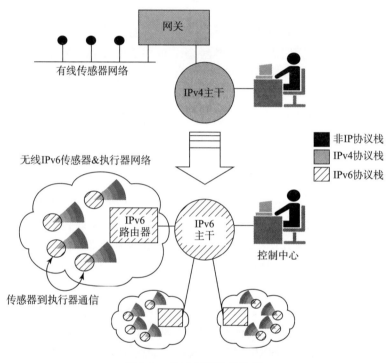

图 8.8　传感器网络的发展

全球 IPv6 部署可以实现从传感器到基础设施的扁平 IP 连接,从而避免专用协议转换网关和代理的需求。因此,在车载环境中,数据采集、远程管理和维护将会成为其关键的应用。此外,先进的 IPv6 具有流动性、安全性和组通信的特点,可被用于更复杂的场景。

IPv6 在小型无线设备上的部署,如传感器,需要协议栈对环境局限性的自适应。6lowpan(IETF 6lowpan,2009)就是其中一个自适应的例子,通过定义一个允许 IPv6 在 IEEE 802.15.4 链接(Montenegro,2007)上运行的汇聚层来完成自适应。优化的 IPv6 协议栈的部署还应当作为操作系统的一部分，并运行于处理权限有限且容量有限的设备上。例如，自 2008 年 11 月以来，Contiki OS（Contiki 操作系统，2009）已经包括了世界上最小的 IPv6 协议栈（uIPv6）。最后，IPv6 路由在未来应该可以适用于低功耗和有损网络。基于低功耗和有损网络（Routing Over Low Power and Lossy Networks，ROLL）工作组（IETF ROLL，2009）的 IETF 路由的目标是提供这种直接针对网络环境的路由协议。

8.5 总结

一些标准化组织目前正专注于车载通信的某些特殊的方面，因此将车载通信无缝地集成到现有的地面有线与无线基础设施中能够解决日益增长的商业需求。这篇文章简要介绍了关于该主题标准化处理中的"关键角色"。对当前标准化的车辆专用的技术方法给出了更深层次的观点和定性评价，包括 3GPP、全球微波互联接入（WiMAX）、长期演变网络（LTE）以及无线局域网（WLAN），给出了相应的技术方法。所有的技术标准都是基于 IP 基础设施而部署的。本章还讨论了互联网工程任务组（IETF）在解决车辆移动性问题上的重要性。最后还提到它显示了支持移动性的原始方法如何直接应用或增强以满足车辆通信的需要。

参考文献

[1] 3GPP LTE（2009）Overview of 3GPP Release 8 V0.0.3（2008–11）. http://www.3gpp.org/ftp/Information/WORK_PLAN/Description_Releases.

[2] Aguado, M., Matias, J., Jacob, E. and Berbineau, M.（2008）The WIMAX ASN Network in the V2I scenario. IEEE VTC 2008 – Fall.

[3] Ambient Network Consortium（2001）Deliverable d9 – b.1 mobility support: Design and specification. Technical report.

[4] ANEMONE（2009）ANEMONE Project Testbed. http://www.ist-anemone.eu/index.php/Testbed.

[5] Baldessari, R., Ernst, T., Festag, A. and Lenardi, M. (2009) Automotive Industry Requirements for NEMO route optimization. http://www.ietf.org/internet-drafts/draft-ietf-mext-nemo-ro-automotive-req-02.txt.

[6] Bernardos, C., Bagnulo, M. and Calderon, M. (2007) Mobile IPv6 Route Optimisation for Network Mobility (MIRON). IETF Internet Draft, work in progress.

[7] C2C-CC (2009) Car-2-Car Communication Consortium-Homepagehttp://www.car-to-car.org.

[8] Cain, B, Deering, S, Kouvelas, I, Fenner, B. and Thyagarajan, A. (2002) RFC 3376 – Internet Group Management Protocol, Version 3. http://tools.ietf.org/html/rfc3376. CALM (2004) The CALM handbook. http://www.tc204wg16.de/Public/TheCALMHandbookv2-060215.pdf.

[9] CALM (2009) CALM Homepage. www.calm.hu.

[10] Catling, I. and de Beek, F. O. (1991) Socrates: System of cellular radio for traffic efficiency and safety. Technical Report vol. 2.

[11] Chen, X., Refai, H. and Ma, X. (2007) A Quantitative Approach to Evaluate DSRC Highway InterVehicle Safety Communication. GLOBECOM07, pp. 151 – 155.

[12] Cheng, L., Henty, B., Cooper, R., Stancil, D. and Bai, F. (2008) A measurement study of time-scaled 802.11a waveforms over the mobile-to-mobile vehicular channel at 5.9 GHz. IEEE Comm Mag 84 – 91.

[13] Contiki Operating System, The (2009) Contiki: The Operating System for Embedded Smart Objects – the Internet of Things. http://www.sics.se/contiki/.

[14] COOPERS (2009) Homepage of the COOPERS Project. http://www.coopers-ip.eu.

[15] Costa, A., Pedreiras, P., Fonseca, J., Matos, J., Proenca, H., Gomes, A. and Gomes, J. (2008) Evaluating WiMax for vehicular Communication Applications. IEEE Conference on Emerging Technologies and Factory Automation1185 – 1188.

[16] CVIS (2009) Homepage of the CVIS Project. http://www.cvisproject.org.

[17] Dahlman, E, Parkvall, S. and Skold, J. (2007) 3G Evolution: HSPA and LTE for Mobile Broadband. Academic Press.

[18] de Courville, M., Kamoun, M., Robert, A., Gosteau, J., Fracchia, R. and Gault, S. (2007) Another resource to exploit: multi-user diversity. doc. 11 – 07/2187, IEEE 802.11 VHT SG (Very High Speed Study Group).

[19] Deering, S. (1989) RFC 1112 – Host Extension for IP Multicasting. http://tools.ietf.org/html/rfc1112.

[20] Deering, S. and Hinden, R. (1998) RFC 2460, Internet Protocol, Version 6 (IPv6) Specification. http://tools.ietf.org/html/rfc2460.

[21] Devarapalli, V., Wakikawa, R., Petrescu, A. and Thubert, P. (2005) RFC3963 – Network Mobility (NEMO) Basic Support Protocol. http://tools.ietf.org/html/rfc3963.

[22] E-Bike (2009) E-Bike Demonstration within the ANEMONE Project. images/a/ad/Ebike_demonstration_07.pdf.

[23] EC (2008) Commission Decision of 5 August 2008 on the harmonized use of radio spectrum in the 5875 – 5905 MHz frequency band for safety-related applications of Intelligent Transport Systems (ITS) (2008/671/EC). Official Journal of the European Union. http://ec.europa.eu/information_society/policy/radio_spectrum/ref_document.

[24] ETSI (2009) ETSI Structure-Organization Chart. www.etsi.org/WebSite/AboutETSI/EtsiOrganizationchart.aspx.

[25] ETSI ITS (2008) ETSI EN 302 571 v1.1.1 (2008 – 09) Intelligent Transport Systems (ITS); Radio communications equipment operating in the 5.855 GHz to 5.925 GHz frequency band; Harmonized EN covering the essential requirements of article 3.2 on the R&TTE Directive.

[26] ETSI RT (2009) ETSI Technical Committee on Railway Transportation (TC RT). http://portal.etsi.org/rt/summary_06.asp.

[27] FCC (2006) Amendment of the Commission's Rules Regarding Dedicated Short-Range Communication Services in the 5.850 – 5.925 GHz Band. Technical Report 06 – 110, FCC.

[28] FCC 47 CFR (2009a) Regulations governing the licensing and use of frequencies in the 5850 – 5925 MHz band for dedicated short-range communications services (DSRCS): Part 90 Private Land Mobile Radio Services. http://www.access.gpo.gov/nara/cfr/waisidx_07/47cfr90_

07. html. paragraphs 90. 371, 90. 373, 90. 375, 90. 377, and 90. 379.

[29] FCC 47 CFR (2009b) Regulations governing the licensing and use of frequencies in the 5850 – 5925 MHz band for dedicated short-range communications services (DSRCS): Part 95 Personal Radio Services. http://www. access. gpo. gov/nara/cfr/waisidx _ 07/47cfr95 _ 07. html paragraphs95. 639 and 95. 1511.

[30] Fenner, B., Handley, M., Holbrook, H. and Kouvelas, I. (2006) RFC 4601 – Protocol Independent Multicast-Sparse Mode (PIM – SM): Protocol Specification (Revised). http://tools. ietf. org/html/rfc4601.

[31] Ferreira, N., Fonseca, J. and Gomes, J. S. (2008) On the adequacy of 802. 11p MAC protocols to support safety service in ITS. ETFA 2008.

[32] Glisic, S. G. (2007) Advanced Wireless Communications: 4G Cognitive and Cooperative Broadband Technology. John Wiley & Sons, Ltd. Gross, J, Emmelmann, M, Punal, O. and Wolisz, A. (2007) Dynamic multi-user OFDM for 802. 11systems. doc. 07/2062, IEEE 802. 11 VHT SG Very High Throughput Study Group, San Francisco, CA, USA.

[33] Gross, J., Punal, O. and Emmelmann, M. (2009) Multi-user OFDMA frame aggregation for future wireless local area networking. IFIP Networking 2009, pp. 220 – 233, Aachen, Germany.

[34] GSM-R Industry Group (2009) GSM-R Industry Group Homepage. http://www. gsm-rail. com/.

[35] HART Communication Foundation (2009) HART Communication Protocol. http://www. hartcomm. org/protocol/wihart/wireless _ technology. html. Holma, H. and Toskala, A. (2007) WCDMA for UMTS: HSPA Evolution and LTE.

[36] John Wiley & Sons, Ltd. Huston, G. (2009) IPv4 Address Report. http://www. potaroo. net/tools/ipv4/index. html.

[37] IEEE 1609. 1 (2006) Trial-Use Standard for WAVE-Resource Manager.

[38] IEEE 1609. 2 (2006) Trial-Use Standard for WAVE-Security Services for Applications and Management Messages.

[39] IEEE 1609. 3 (2007) Trial-Use Standard for WAVE-Networking Services.

[40] IEEE 1609. 4 (2006) Trial-Use Standard for WAVE-Multi-Channel Operation.

[41] IEEE 802. 11 (2007) Wireless LAN Medium Access Control (MAC)

and Physical Layer (PHY) Specifications.

[42] IEEE 802.11n (2009) Enhancements for Higher Throughput, Draft Amendment to Standard for Information Technology-Telecommunications and Information Exchange Between Systems-LAN/MAN Specific Requirements-Part 11: Wireless Medium Access Control (MAC) and physical layer (PHY) specifications.

[43] IEEE 802.11p (2008) Wireless Access in Vehicular Environment, Draft Amendment to Standard for Information Technology-Telecommunications and Information Exchange Between Systems-LAN/MAN Specific Requirements-Part 11: Wireless Medium Access Control (MAC) and physical layer (PHY) specifications.

[44] IEEE 802.15 (2009) Homepage of IEEE 802.15 WPANTask Group 4 (TG4). http://www.ieee802.org/15/pub/TG4.html.

[45] IEEE 802.16 (2004) IEEE 802.16: Air Interface for Fixed Broadband Wireless Access Systems.

[46] IETF 6lowpan (2009) IPv6 over Low power WPAN (6lowpan). http://www.ietf.org/html.charters/6lowpan-charter.html.

[47] IETF RFC 791 (1981) RFC 791 – Internet Protocol. http://tools.ietf.org/html/rfc791.

[48] IETF ROLL (2009) Routing Over Low power and Lossynetworks (ROLL). http://www.ietf.org/html.charters/roll-charter.html.

[49] International Society of Automation (2009) Homepage of International Society of Automation. http://www.isa.org.

[50] Johnson, D., Perkins, C. and Arkko, J. (2004) RFC 3775 – Mobility Support in IPv6. http://tools.ietf.org/html/rfc3775.

[51] Kaul, S., Ramachandran, K., Shankar, P., Oh, S., Gruteser, M., Seskar, I. and Nadeem, T. (2007) Effect of antenna placement and diversity on vehicular network communications. 4th Annual IEEE Communications Society Conference on Sensor, Mesh and Ad Hoc Communications and Networks. SECON '07, pp. 112 – 121.

[52] Knopp, R. and Humblet, P. (1995) Information capacity and power control in single-cell multiuser communications. IEEE International Conference on Communications, pp. 331 – 335.

[53] Koodli, R. (2005) RFC 4068 - Fast Handovers for Mobile IPv6. http://tools.ietf.org/html/rfc4068.

[54] Lach, H. Y., Janneteau, C., Oliverau, A., Petrescu, A., Leinmueller, T., Wolf, M. and Pilz, M. (2003) Laboratory and Field experiments with IPv6 Mobile Networks in Vehicular Environments. http://tools.ietf.org/html/draft-lach-nemo-experiments-overdrive - 01. txt.

[55] Leung, K., Dommety, G., Narayanan, V. and Petrescu, A. (2008) RFC5177 - Network Mobility (NEMO) Extensions for Mobile IPv4. http://tools.ietf.org/html/rfc5177.

[56] Montenegro, G. (2007) RFC 4944 - Transmission of IPv6 Packets over IEEE 802. 15. 4 Networks. http://tools.ietf.org/html/rfc4944.

[57] Nee, R. V. and Prasad, R. (2000) OFDM for Wireless Multimedia Communications. Artech House Inc. Ng, C, Thubert, P, Watari, M. and Zhao, F. (2007a) RFC 4888, Network MobilityRoute Optimization Problem Statement.

[58] Ng, C., Zhao, F., Watari, M. and Thubert, P. (2007b) RFC 4889 - Network Mobility Route Optimization Solution Space Analysis. http://tools.ietf.org/html/rfc4889.

[59] Oh, H., Kim, S. I., Cho, H. and Kwak, D. Y. (2008) Midamble aided OFDM performance analysis in high mobility vehicular channel. doc. 11 - 08/112, IEEE 802. 11p Wireless Access for the Vehicular Environment WG.

[60] O'Hara, B. and Petrick, A. (2005) IEEE 802. 11 Handbook2nd edn. IEEE Press.

[61] Olivereau, A., Janneteau, C. and Petrescu, A. (2005) A Method of Validated Communication. Patent Publication No WO/2005/015853.

[62] Perkins, C. (2002) RFC 3344 - IP Mobility Support for IPv. http://tools.ietf.org/html/rfc3344.

[63] Reichardt, D., Miglietta, M., Moretti, L., Morsink, P. and Schulz, W. (2007) Cartalk 2000: safe and comfortable driving based upon inter-vehicle-communication. Technical Report vol 2.

[64] RFC 2002 (1996) RFC 791 - IP Mobility Support. http://tools.ietf.org/html/rfc791.

[65] SAVESPOT (2009) Homepage of the SAVESPOT Project. http://www.safespot-eu.org.

[66] Schmidt, T. C., Waehlisch, M. and Fairhurst, G. (2008) Multicast Mobility in MIPv6: Problem Statement and Brief Survey. IETF Internet Draft, work in progress.

[67] Si, W. and Li, C. (2004) RMAC: a reliable multicast MAC protocol for wireless ad hoc networks. International Conference on Parallel Processing.

[68] Soliman, H. (2008) Flow Bindings in Mobile IPv6 and Nemo Basic Support http://tools.ietf.org/html/rfc3963. draft-ietf-mext-flow-binding – 00.txt, IETF Internet Draft, work in progress.

[69] Stojmenovic, I. (2007) Position-based routing in ad-hoc networks. IEEE Communications Magazine 40 (7), 128 – 134.

[70] Telatar, E. (1999) Capacity of multi-antenna Gaussian channels. Europ. Trans. Telecommun, ETT10 (6), 585 – 596.

[71] Thubert, P., Wakikawa, R. and Devarapalli, V. (2005) RFC 4140 – Hierarchical Mobile IPv6 Mobility Management (HMIPv6. http://tools.ietf.org/html/rfc4140.

[72] Toenjes, R., Moessner, K., Lohmar, T. and Wolf, M. (2002) Overdrive spectrum efficient multicast services to vehicles. Mobile IST Summit.

[73] Tse, D. (1999) Forward link multiuser diversity through proportional fair scheduling. Bell Laboratories Journal.

[74] Vida, R. (2004) RFC 3810 – Multicast Listener Discovery Version 2 (MLDv2) for IPv6.

[75] Wakikawa, R. (2008) Multiple Care-of Addresses Registration. draft-ietf-monami6 – multiplecoa – 10.txt, IETF Draft work in progress.

[76] Wakikawa, R. and Watari, M. (2004) Optimized Route Cache Protocol (ORC). IETF Draft work in progress.

[77] WiMAX Forum (2009) WiMAX Forum Homepage. http://www.wimaxforum.org.

[78] Wolniansky, P., Foschini, G., Golden, G. and Valenzuela, R. (1998) V – BLAST: An architecture for realizing very high data rates over the rich-scattering wireless channel. URSI International Symposium on Signal,

Systems, and Electronics Conference, pp. 295 - 300.
[79] Z - WAVE (2009) Homepage of Z - WAVE. http://www. z-wave. com.
[80] Zaggoulos, G. and Nix, A. (2008) WLAN/WDS performance using directive antennas in highly mobile scenarios: Experimental results. *IWCMC Conference*.
[81] ZigBee Alliance (2009) Homepage of ZigBee Alliance. http://www. zigbee. org/en/index. asp.

车辆与基础设施协同仿真系统：多方面的评估工具集

Gerdien Klunder, Isabel Wilmink
荷兰应用科学研究院
Bart van Arem
代尔夫特理工大学

车路系统协同系统（Cooperative Vehicle-Infrastructure Systems，CVIS）受到了越来越多的关注。该系统通过车辆与车辆以及车辆与基础设施组件之间的通信来实现相互协同。这样便需要一个结构良好的、有效的开发流程，以及对这种系统进行有效、高效的开发和性能评估的支持工具。本章将描述一个工具集，其涵盖了车辆与基础设施系统设计的诸多重要方面，同时以同一的方式评估了技术功能、人为因素和交通流量等问题。

9.1 协同系统设计与评估简介

鉴于信息通信技术（Information and Communications Technology，ICT）的诸多优点和巨大的发展潜力，加之日益增长的交通量所带来的问题，车路系统协同系统受到了越来越多的关注。在此系统中，车辆与车辆之间、车辆与基于基础设施的组件之间能够进行通信，以实现车辆之间的协同行为。随着车路协同系统逐步投入运营和 ICT 发展潜力的与日俱增，权威机构和汽车制造业逐渐意识到如何能够推动交通运输系统的创新。通过信息交换以及向驾驶员发送定制信息及建议，导航系统、交通流量信息、交通信号灯、拥堵警告、局部危险警告以及动态限速系统等广义系统将会变得更加高效。

作为第六届欧盟框架项目（Kerry Malone 等，2008；Schulze 等，2008）的一部分，众多研究计划已经或者正在开展，目的就是测试协同系统，并且分析单个以及协同系统给交通效率、交通安全和环境所带来的影响。车辆与基础设施之间协同的复杂性决定了必须有结构良好的、有效的开发流程和支持工具，从而实现对这种系统有效、高效的开发和性能评估。本章将介绍工具集的应用，此工具集涉及车路协同系统设计的诸多重要问题，同时按顺序介绍了技术功能、人为因素和交通流量的评估问题。我们将使用综合全程速度助手系统（Integrated Full-Range Speed Assistant，IRSA）来指导并检验这套工具集的开发。IRSA 系统是一个功能集合，用以协助驾驶员在不同的交通条件下保持一个合适的行驶速度。配备了 IRSA 系统的车辆可以同其他车辆或基础设施进行通信。这套工具集的开发以及 IRSA 概念的产生都源于荷兰应用科学研究院（TNO）的研究项目：智能交通系统的可持续流通性方法（SUMMITS）（Driessen 等，2007；van Arem 2007；Wilmink 等，2007。）

本章首先分析协同系统的设计问题，然后给出多面评估法（Multi-Aspect Assessment Approach）的设计理念。接下来介绍 SUMMITS 工具集的不同模块。最后，在 IRSA 应用中阐述这套工具集的使用方法。在 9.4 节会给出系统目标和操作规程。我们将讨论两种仿真类型：采用多代理实时仿真器（Multi-Agent Real-time Simulator，MARS）对系统鲁棒性进行高精度仿真，以及采用 ITS 模型对交通流量影响进行更高级别仿真。

9.2 协同系统的设计问题

车辆与基础设施协同有望引领更高效、更安全以及更环保的驾驶时代。这是车辆与基础设施间（涉及车辆在特定路况下欲采取的动作），以及车辆与驾驶员（涉及驾驶员应该怎么做，或不应该怎么做）之间的协同成果。其中，通信是连接驾驶员、车辆、道路以及交通状况的重要方面。

在设计、测试以及评估协同系统性能时，上述所有要素均需考虑在内。系统必须能够不断地获取车辆的环境信息包括车辆的临近区域以及较远区域，处理这些信息并将之转变成车辆的行为，或是给驾驶员提供建议。所有的这些必要信息均来自自身车辆的传感器以及其他车辆和基础设施所转发的消息。这意味着还有许多问题需要解决：例如我们期望此系统能为交通流量带来多大程度的改善？而驾驶员和车辆又需要满足什么条件来支撑这种改善？驾驶员和车辆又需要怎样的信息？这些信息如何获得，有多精确？驾驶员在不同情况下仍遵从规范的可能性是多少？最后，为了开发成功的交通运输的协同应用，还需要考虑不同的性能指标。以下为几个重要的方面：

（1）对交通流量、交通安全以及交通环境产生的影响：协同系统是否改善了吞吐量和交通安全状况？是否降低了能源消耗以及噪声污染？如何设计此系统，以及调整到什么程度才能最大化上述效应？

（2）短期和长期内的驾驶行为以及用户接纳程度：用户是否愿意接受此协同系统？它对人类行为的支持程度如何？是否有副作用（例如，是否诱发了不安全行为）？

（3）协同系统的可靠性：此系统是否值得信任？鲁棒性是否足够强？是否能处理现实生活中的噪声干扰、通信信道失效以及信息不一致等问题？

（4）技术可行性及实施：此系统能否以较低成本实现？对于独立驾驶员的现实性能是否能如期望的一样？

本章讨论了问题（1），即对吞吐率、交通安全和环境的影响；同时也讨论了问题（3），即此系统的鲁棒性，以及处理现实生活中的噪声干扰、通信信道失效以及信息的不一致等问题的能力。此系统在投入实际应用之前，仍需要大量的仿真实验，以确保此系统的有效性、舒适性和安全性；在一个驾驶模拟器中已经完成了（2）方面的评估；利用一些协同车辆，已经在轨道上完成了（4）方面的测试（详见 van Arem 等，2007）。

9.3 SUMMITS 工具集以及多层面评估

9.3.1 多层面评估

由于车辆与基础设施之间的通信技术尚未普及，因此可以用来设计、测试和评估车路协同系统的工具少之又少。在 SUMMITS 项目中，我们同时引入并改进了一些工具，通过这些工具有针对性地解决协同系统的问题，该工具集被称为 SUMMITS 工具集。值得一提的是，不同评估层面对应的工具所使用的模型并不相同。例如，对于自适应巡航控制系统（Adaptive Cruise Control，ACC）鲁棒性的评估，需要知道车辆以及巡航控制器模型的具体细节。相反，对于交通流量等级的评估，只需简单的车辆模型信息。事实上，只有考虑计算的高效性时，才会需要这些模型信息。为了能够利用其他工具获得评估结果，并且对不同的评估结果进行优化，我们引入了多层面评估方法。此方法建立在通用的 V 模型基础上，但在初步设计阶段添加了一个迭代体，它由开发系统的通用数学模型的构想组成。这个"元模型"是对可以控制的功能行为和参数的高精度描述。作为特定模型构想的共同基础，元模型评估了专用场景中的不同层面（图 9.1）。对于此方法的详细介绍，请参考 Driessen 等（2007）的文献。

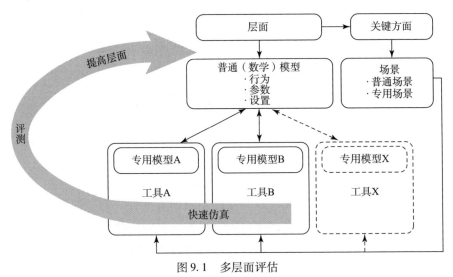

图 9.1　多层面评估

"元模型"可以理解为可以被影响或控制的功能行为（概念性算法）和参数。特定的模型都可以由此"元模型"中具体细化出来，然后用于不同的工具集。

9.3.2　SUMMITS 工具集

SUMMITS 工具集支持所有类型的车路协同系统的开发和评估。它包含不同的模块，这些模块涵盖了这些系统的具体方面，从交通流量分析到人为因素评估；从可靠的协同控制架构到容错型硬件安装。虽然具体实验中已经耦合了小部分模型，但是，大多数情况下，这些工具之间不存在物理链路（用来保持模型的可移植性）。不过，通过指定数据的统一格式，模块也可利用其他模块的输出作为自己的输入。以下简要介绍 SUMMITS 工具集中的不同工具。

MARS 是一种可编程仿真器，一般用于复杂的协同动态系统，尤其是配备传感器和通信设备的智能车辆。在 MARS 中，协同系统是内嵌在车辆控制或管理环境中的。为能够在真实交通环境中进行仿真，这个环境提供了仿真的（近似于真实的）感知输入、异常处理能力和附加功能。在各种退化功能模式以及某些非常规环境下，可以评估此系统的鲁棒性，如车队。

ITS 模型用于模拟配备设施车辆的交通流量。ITS 是由 TNO 开发的一个微型交通仿真环境，可灵活地实现车辆与基础设施的协同。在该模型中，车辆与驾驶者的行为模型不如 MARS 中的细致，但它能够在道路网络中为大量的车辆建立模型。此通信系统的实现包括三个方面：车辆以及路边信标处生成的消息，特定的范围内接收的消息，以及车辆所处理的消息。

车辆半实物仿真（Vehicle Hardware In the Loop，VeHIL）是 TNO 的实验平台，该平台用于开发和测试智能车辆系统以及协同系统。在惯性模拟系统中的随意移动车辆上运行测试的系统。使用移动基地来模拟车辆的局部交通环境，并（或）按照模型描述进行仿真。这样设置就允许在严格确定的、可再生的实验室条件下以一种安全的方式进行系统测试。可见，VeHIL 是完全虚拟仿真和在路测试之间的开发过程中的重要一步。另外，VeHIL 是基于 MARS 技术的实时仿真器。

驾驶模拟器可用于研究人机界面（Human-Machine Interface，HMI）、驾驶行为以及用户对协同系统的接受度。这其中的关键问题是预期的驾驶行为是否已完成，以及是否产生了驾驶行为的适应效应。另外还有系统的接受度，以及若使用此系统需要多少额外工作负载等方面的问题。TNO 拥有一系列的可操作驾驶模拟器，这些驾驶模拟器包括一个复杂的移动平台和低成本固定基地模拟器。这些模拟器可以单独使用，也可以相互之间组合使用，还可以和其他工具组合使用，例如 MARS。为了对驾驶行为进行路上评估，首先必须有一辆配置感知设备的车辆。

道路试验研究（包括测试路段以及公共道路），使用装备有智能车辆系统原型的测试车辆。TNO 使用两台汽车（汽车型号：奔驰 Smart）以及上面提到的感知车辆来测试协同系统。

9.3.3　此方法的实践层面

在建立元模型的团队中，成员具备不同的背景和专业知识。这些人中有交通工程师和汽车工程师，也有心理学家和数学家。为了"学习讲相同的语言"，工程师们花费了大量时间。虽然成员的专业背景不同，但是开发团队里所有成员必须能够并且愿意在其专业之外的领域开展工作。开发团队一起讨论元模型需要由哪些部分组成，是车辆与驾驶员的行为，还是智能的基础设施，或是通信等。同时他们也考虑了车辆、车辆集群以及交通流量的级别。综合全方位速度助理（Integrated Full-Range Speed Assistant，IRSA）系统中的所有层级都可以和相同的元模型一起工作。换句话说，在 ITS 模型、驾驶仿真器或道路环境中，都需要对 IRSA 系统进行评估。

理想的情况下，SUMMITS 工具集中不同的工具应该按照 V 模型中所描述的顺序使用，例如按照开发流程的顺序。但在实际情况下，由于时间的限制，SUMMITS 中的许多过程都是并行的。如图 9.1 所示，SUMMITS 中存在一个反馈回路，当 IRSA 的初版系统发现一些缺点时，可以对元模型进行改善。

9.4　综合全方位速度助理

速度是道路交通中的关键因素之一。速度与交通质量正相关，也就是说较高速度意味着较短的行驶时间，但是，高速行驶也会带来较高的交通风险，以及大量的废气与噪声。车辆的速度通常由驾驶员结合当地的交通状况和速度限制来控制。然而，驾驶员的决策和操作并非总是正确的。许多交通事故都与超速有关，其中不乏人为失误。在交通拥堵的情况下，驾驶员的控制能力通常会减弱。ACC（自动巡航系统）是 ADA（高级驾驶员辅助系统）的一个商用实例。通过给普通的巡航控制系统添加一个雷达传感器，车辆不仅可以维持一个预先设定的速度，还会根据前方车辆的速度来调整自己的速度。除了车辆上的传感器，ADA 也可利用无线通信技术从路边系统或其他车辆获得信息。这样，可将从多辆车辆处得到的信息进行综合考虑，而不仅仅是前方的车辆。综合全方位速度助理（Integrated Full-Range Speed Assistant，IRSA）就是这样的系统，即一个协同式的 ACC。它可以协助驾驶员在多选择的复杂交通环境下维持一个合适的速度，如接近交通拥堵区域、限速区域、超车区域、急转弯处以及交通灯处车队队首的起步。巡航控制功能的首要目的是提高舒适度。然而，巡航控制通常也要考虑速度建议和警报，因此，此系统也有望在提高交通流量、驾驶安全性以及减少排放等方面起到积极作用。

9.4.1 模式与功能

可通过不同的方式使用 IRSA 系统：可作为一个单纯的建议系统；可实现对车辆的部分控制；可全面接管车辆的速度控制。驾驶员可选择不同的系统模式来决定如何使用 IRSA 系统。系统的操作模式包括：IRSA 离线模式、IRSA 咨询模式、IRSA 介入模式、IRSA 控制模式。从抽象的或者系统工程的角度来看，控制模式和咨询或介入模式的主要区别是，控制模式下驾驶员不会"干涉"由 IRSA 系统计算得到的加速度。

在咨询模式下，IRSA 系统产生的期望加速度信息会以听觉或视觉信息的形式呈现给驾驶员。在介入模式下，这样的信息会以更主动的方式交付给驾驶员，比如通过可触的油门踏板。驾驶员对这些信号做出反应，并通过踩油门、制动或离合踏板给车辆一个新的理想的加速度。在控制模式下，IRSA 系统的加速信息直接用于车辆。

9.4.2 场景

IRSA 系统已经在一些场景中进行了测试。包括：①接近交通拥堵区；②接近限速区；③在超车情景下；④车辆离开车队头部（在交通灯处）。在前三个场景中，IRSA 的目标是以一个安全和舒适的方式协助驾驶员减速，而在第四个场景中的目的是以高效的方式协助驾驶员加速，并且提高安全性和信号灯处的车流量。本章中，我们将详细介绍"交通拥堵"场景下的解决办法，简要介绍其他场景中的测试结果。

9.4.3 IRSA 控制器

IRSA 的主要功能是类巡航控制功能。在 IRSA 的控制模式下可以激活此功能。根据车辆所处的状态 [例如，前方有无车辆，即车辆与车辆 (V2V)，是否可通信] 决定激活某个特定的巡航控制功能。巡航控制模式如表 9.1 所示。

表 9.1 巡航控制模式

巡航控制模式	前方车辆探测
传统巡航控制	不考虑前方车辆
自适应巡航控制 (ACC)	雷达（非 V2V）探测前方车辆
协同式自适应巡航控制 (CACC)	雷达或 V2V 探测前方车辆

通过向基础 ACC 自适应巡航控制器中添加通信功能，以及微调基于开展实验的控制器，开发了协同式 IRSA 控制器。本节简要介绍了三种控制算法：其中一种算法涉及了通用 ACC，另外两种算法是 CACC 的变型。Gieteling (2005) 详细解释了这三种算法。图 9.2 描述了由 n 辆车组成的车队场景。所有车辆都配备 V2V 以及能够监测前方车辆动作的目标传感器。如图 9.2 所示，车辆 i 和车辆 $i+1$ 之间的相对距离为 $x_{r,i}$；车辆 i 的纵向速度表示为 $v_{x,i}$。车与车之间的相对速度为 $v_{x_{ri}} = v_{x,i+1} - v_{x,i}$。此外，定义期望距离为 $x_{d,i}$，车头时距间隔误差 $e_{x,i} = x_{r,i} - x_{d,i}$；定义期望速度为 $v_{d,i}$，相对速度误差 $e_{v,i} = v_{r,i} - v_{d,i}$；车辆长度为 $l_{v,i}$。我们将用这些变量来解释不同控制策略的原理。

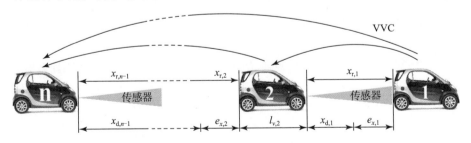

图 9.2 载有 V2V 通信技术和目标传感器的车队原理展示

9.4.3.1 ACC 控制器

基础 ACC 控制器用来保持当前车辆到前方车辆的参考距离，并且使两者的速度差异最小。

车辆 i 的 ACC 纵向控制器只考虑前车 $i-1$ 的相对运动，其相对运动可以利用环境传感器，如激光、雷达、视觉感应或者这几种相互结合的方式获取。除非测试到前方有速度较慢的车辆，否则 ACC 控制器总会保持预设的速度 v_{cc}。这种情况下，控制器车辆 i 与车辆 $i-1$ 保持相同的速度，且在期望的距离 $x_{d,i-1}$ 中。在速度控制模式下，ACC 以传统的巡航控制方式运行，期望加速度 a_d 由比例控制器得到：

$$a_d = k_{cc}(v_{cc} - v_x) \tag{9.1}$$

其中，k_{cc} 为恒定增益。在距离控制模式下，a_d 通常由距离分离误差和相对速度误差的比例反馈控制得到。显然，我们期望的相对速度是 0，相对速度误差等于两辆车之间的相对速度。所以，加速度可通过如下公式计算：

$$a_d = k_2 e_v + k_1 e_x \tag{9.2}$$

其中，控制器增益 k_1 和 k_2 绝对速度 v_x 和距离误差 e_x 的非线性函数。公式 (9.1) 可视为距离间隔误差的非线性的比例 - 微分（Proportional - Differential，PD）控制。

由于 CACC 利用车辆间的通信，前面车辆的加速度（只通过环境传感器很难估算）可以传递到后面的车辆。利用加速度 a，以及对范围和范围速率的更可靠的估计，得到的 ACC 控制公式如下：

$$a_d = k_3 a + k_2 e_v + k_1 e_x \tag{9.3}$$

其中，k_3 为前馈增益常数。利用加速度信号，可以使紧急制动的反应更加迅速。

IRSA 控制器同时也可考虑对象传感器视野范围之外的车辆。由于这些对象没有可以利用的直接的相对移动测量，因此必须通过其他车辆传来的绝对地理位置（通过 GPS 以及车上感应器获得）来确定。

CACC 控制器公式 (9.3) 只考虑了单个前方车辆的情况。还有两种方法考虑了更多的前方车辆，它们分别为 CACC1 和 CACC2。这些控制器都是基于 ACC 控制器公式 (9.2) 获得的。

9.4.3.2 CACC1

在许多配备有此系统的前方车辆中，通过基础 ACC 控制器测定单独车辆的 ACC 加速度，并从这些单独的 ACC 加速度中选择最小的加速度，从而得到最终的加速度，这就是 CACC1 控制器。假设有 3 辆配备有此系统的前方车辆，第一个前方车辆（无论是否配备了 IRSA 系统）的距离和速度由该车辆自己的传感器（雷达）获得。除了第一个前方车辆，也要考虑另外两个配备 IRSA 的前方车辆的特征（图 9.3）。

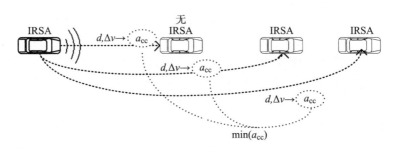

图 9.3　IRSA 的基础 CACC 控制器

车辆 n 的控制器会根据 ACC 控制公式（9.2）计算每一个前方车辆 i 的期望加速度 $a_{d,n,i}$。车辆 n 与车辆 j 之间的期望距离如下：

$$x_{d,n,i} = (l_{v,n-1} + x_{d,n-1}) + \ldots + (l_{v,i+1} + x_{d,i+1}) + x_{d,i} \quad (9.4)$$

发送到车辆 n 的低级加速控制器的期望加速度 $a_{d,n}$ 可通过取 $n-1$ 个前方车辆的加速度 $a_{d,n,i}$ 中的最小值而得到：

$$a_{d,n} = \min(a_{d,n,n-1}, \ldots, a_{d,n,1}) \quad (9.5)$$

由于此控制器中利用了期望距离，只有当一排中所有车辆都配备 V2V 时，此控制器才能正常工作。为了测定到前方车辆的期望距离 [式（9.4）]，那么就必须知道所有车辆的移动数据。

9.4.3.3　CACC2

CACC2 是 CACC1 的改进版本，它使用的控制算法是利用基于相邻前方车辆与本车的速度差，并添加了基于较慢前向的平均速度差。这里我们考虑有 3 辆前方车辆（均配备有此系统）的情况。和 CACC1 相比，这种方法的优势在于不用考虑车头间距。当此系统的普及率小于 100% 的时候车头间距是很难测量的（图 9.4）。

CACC2 控制器包含了额外的两部分。控制器的第一部分直行车辆的 ACC 控制法则 [式（9.2）]。第二部分包括了其余全部前方车辆的平均速

9 车辆与基础设施协同仿真系统：多方面的评估工具集

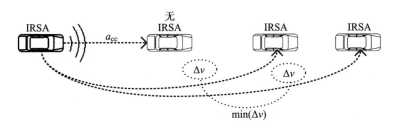

图 9.4 IRSA 的 CACC2 控制器

度的误差反馈。这样会引起一连串的衰减，因此，车辆 n 的期望加速度 $a_{d,n}$ 变为

$$a_{d,n} = (k_2 e_{v,n-1} + k_1 e_{x,n-1}) + \left(\frac{k_2}{n-1}\sum_{i=1}^{n-2} e_{v,i}\right) \quad (9.6)$$

由于不考虑距离因素，即使并非所有车辆都配备了 V2V，此控制器仍然可以正常运转。

在仿真过程中，CACC1 和 CACC2 控制器都完成了实现和测试。

9.5 系统鲁棒性——多代理实时仿真

9.5.1 仿真目标

IRSA 的 CACC 系统包括高度自主管理、非线性、互动的动态组件。此类协同系统的设计和校验没有通用的方法。但是，必须在完全受控的环境下进行复杂的仿真、测试和验证实验，才能缩小单独控件仿真与交互系统实际测试之间的差异。

IRSA 没有限定鲁棒性或者性能的应用需求，即便它们对于检验和校验是必需的。但是，在 IRSA 的控制模式下，可以定量评估其鲁棒性。为了完成评估，CACC 实施必须内嵌于车辆控制/管理环境中，这种环境可以提供模拟（但近似于真实的）传感输入、实现异常处理（在异常条件下该如何反应），以及增加新的功能，从而使评估接近于真实的交通环境。

介绍了使用的评估环境和扩展的控制机制（内嵌的控制或管理环境）之后，总结了不同的分解功能模式下，CACC 组件鲁棒性评估的结果。在

MARS 模式下进行仿真,使用的场景为"接近交通阻塞的区域",在此场景下,5 辆连续的 IRSA 车辆速度从 50 km/s 变为交通阻塞时的静止车辆。所有的车辆都配备 IRSA(控制模式为 CACC1)。为了分析系统的鲁棒性,引入干扰因素——比如噪声或传感器失效以及通信错误。

9.5.2 在 MARS 上实现 IRSA

9.5.2.1 多代理实时仿真器(MARS)

MARS 是针对高自主性多代理系统的连续时间或离散事件的模拟器。在 MARS 的术语中,仿真器的自主动力组件(如智能车辆、路边控制器等)称为实体,这是对代理的概括。MARS 有一个基于模型的架构,即所有信息存储在特定的实验模型中,在仿真初始化时,MARS 加载这些模型。各种各样的模型用来描述实体"生存"的环境,如实体本身的行为(动力学)、可视化等。MARS 引入一个新颖的、功能强大的建模代理方式,它们通过抽象的传感器和执行器相互作用。真实的传感器和执行器也可以作为抽象功能的扩展在模型框架中建模。MARS 为一系列新型工具提供基础服务,这些工具能够对协同车辆系统进行非常准确、实时的仿真和评估,从而可以有效地缩小桌面模拟工具和实地操作测试之间的差距。想要了解关于 MARS 建模概念、计算模型和一些典型应用的细节,读者可参考文献 Papp 等(2006,2003a,b)。

利用 MARS 模型得到的仿真结果可以回答一些问题,如 IRSA 系统是否具有足够的鲁棒性和可靠性?关注的焦点在于雷达通信的附加价值以及雷达噪声对于 CACC1 控制器鲁棒性的影响。

9.5.2.2 协同智能汽车的控制方案

为了可以在 MARS 上进行 IRSA 仿真,我们针对协同系统建模采用了一种高度结构化的方法。车内系统以及新一代拥有严格可靠性需求的协作应用变得日益复杂,从而使得系统的设计、实现、测试和验证面临更加严峻的挑战。其中的主要挑战之一便是找到分解方案:一方面,要保证灵活性、可扩展性和可管理性;另一方面,又要保证其安全、有效地实施。系统分解是应对这种复杂性的一种方式,良好的分解为系统的实施提供固有的支持。一种经典且常用的方法是采用分层的策略。控制过程(对我们的案例而言就是车辆）位于底层，其上层则是控制组件。每个控制组件包含一个明确的控制功能，这种控制功能沿着层级往上（如执行、动作、跟踪等）变得越来越复杂（越来越"智能"）。对于过程和环境，控制组件利用自己（足够的）认识生成基于观测的控制命令。分层策略有一个明确的信号流（自下而上的观测，自上而下的控制），这样更容易实现模块化。遗憾的是，经典方案并没有加入异常处理（偏离正常的操作）。

图9.5（a）给出了一种用于IRSA实验的增强型分层策略，可以解决上述问题。在此策略中，观测值（传感器读数、导出量或信号值）能够通过车辆内部的通信总线在各控制模块中传输。同时，控制模块还负责异常处理（图中向上的信号流）。图9.5（b）展示了组件内部的细节。除了控制功能（控制器内核），每个组件都执行"监控—评估—行动（MEA）"循环来追踪其自身及相关子系统的状态。如果一个组件接收到由下层或是本地产生的异常（监控器），将由评估器决定如何处理。如果本组件无法完全处理此异常，则将此异常递交给上层。

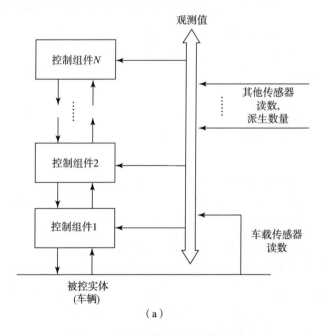

图9.5 带异常传输的分层控制模型

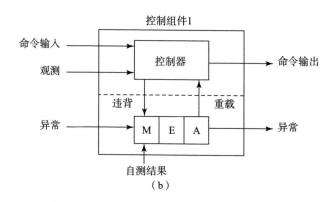

图9.5 带异常传输的分层控制模型（续）

此图还显示了安全方面的链接。控制层可以使用专用的硬件组件（如传感器、通信链路等）来实现其功能。如果这样的一个组件发生故障，控制器应调整操作以适应新情况，或者（如果不能处理故障）发送异常。对安全性要求较高的专用组件必须包括诊断（自我测试）的功能，并且当组件故障时必须通知监控模块。

实验中所用的智能车辆（包括控制器）的体系结构——可作为现实生活中应用的基础——正如前文中描述的概念框架。具体实现必须包含下列组件：

（1）探测器和设备：作为控制实体，每辆车配备以下设备和探测单元，通过内部模型（如下）以及观测总线向控制器提供主板上的传感器数值。

①雷达传感器感应的最大范围为150 m——噪声模型会带来不精确的测试结果（以距离和方向的百分比偏差表示）或遗漏探测（以短期的下跌表示）以及闭塞的情况。

②GPS可以获取车辆在仿真场景中的全局位置——噪声模型同样会带来不精确的测试结果，以及较低的采样频率。

③无线电发射器和接收器组——噪声模型包括传输延迟（由带宽限制造成），以及短暂的传输停滞；探测器和设备可以与理想的（无噪声）或有噪声的传感器一起使用。

（2）内部环境模型：每辆车都有一个内部环境模型，此模型代表了车辆基于有效传感器和通信数据对当前所处环境的"理解"。环境模型通过观测总线向控制器提供瞬时的监测信息，例如在CACC队列和堵塞车队队首车辆的位置和速度等。

（3）分层控制结构：每辆车都有一个如图9.5（a）所示的分层控制结构。每个垂直的控制层都有特定的角色和任务：监管、机动和协调（Netten和Papp，2005）。控制器处理纵向和横向运动，并躲避障碍。CACC可分解为三个层次：协同控制器（协调层）、车辆跟随（机动层）和油门制动管理层。

（4）车辆：车辆可执行横向和纵向的动态行为。对非线性效应（如发动机、制动、轮胎型号、驱动链特性等）进行建模，确保了在虚拟环境中接近真实的反应。

更多的细节可参见Netten等（2006）的著述。

9.5.3 IRSA CACC控制器的鲁棒性评估

IRSA采用了CACC系统，此系统包括巡航控制器，扩展了雷达（或激光雷达）传感器和探测器，以此维持安全车距（ACC）和用于V2V的短程无线电。在交通环境和传感器输入干扰下，作为IRSA系统的组件，MARS模型的评估解决了CACC1控制器的鲁棒性问题。

CACC1算法需要头车的输入信息，包括相对或绝对距离、速度与加速度。雷达会以较高的采样频率将这些信息提供给邻近的前方车辆。前方所有配备IRSA系统的n台车辆使用短程V2V交换信息，这些信息类似于雷达信息（位置、速度、加速度）。无线通信也可用于较高的采样频率（例如25 Hz或50 Hz）。在CACC1算法中，最重要对象（MIO）是前方车队中需要瞬时绝对最小加速度或最大减速度的车辆。一般来说，邻近的前方车辆，或车队的最后一辆车，或插入到车队中的车辆都将被视为MIO，它对于鲁棒性至关重要。但是，位于更远处的车辆也可以是MIO，这只能利用通信观察出来。

在CACC算法中，观测输入的干扰经常源于传感器和探测器处理过程的故障和错误。输入干扰包括：

（1）通信功能完全丧失；

（2）噪声（或不准确的）雷达数据在建模时视为白噪声，使得与前方车辆（精确）距离偏大。

9.5.3.1 通信失败

第一组 MARS 仿真提供了一列车队驶入因交通拥塞而静止的车队时 IRSA 控制器的工作信息，其中也包括通信错误。在雷达和通信正常工作时，它们提供邻近前方车辆的观测信息的冗余数据。车辆间的通信也可以使车辆能够监控其雷达感应范围外的前方车辆。这些信息可以预测下游的干扰（扰动）。图 9.6 展示了通信所起的作用。只有通信以及通信和雷达同时存在的情况下，交通拥塞场景观测到的车距和极端（最小）减速度才是非常相似的（因为当通信或者雷达都运行正常时，通过通信或雷达可以得到关于前方车辆的相同的信息）。但当通信失败时，车辆对于交通拥塞的预测会发生延迟。这表明了对于交通稳定性和鲁棒性，通信的附加价值超过了雷达的能见度。

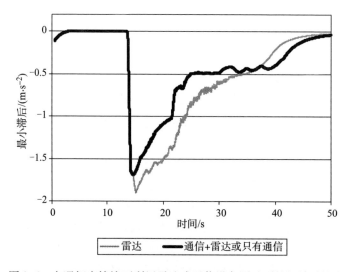

图 9.6 交通拥塞情境下利用雷达或通信设备测试到的极端减速度

9.5.3.2 传感器的鲁棒性

利用 MARS 进行的第二次试验是关于 IRSA 控制器对于雷达噪声的鲁棒性测试。CACC1 可在无噪声的条件下处理两种情况，即车辆预测下游的交通拥塞、保持稳定安全的车距和阻尼减速。图 9.7 在交通拥塞情况下，利用车队每个车辆的轨迹测出最小碰撞时间（Time-To-Collision，TTC），CACC1 的噪声输入影响，以距离偏差的平均百分比表示。较低的 TTC 值代表有较高的碰撞危险。在噪声值极高以及 TTC 没有到达临界值的情况下，最小的 TTC 值随着雷达噪声的增多而减小。噪声等级高的时候，最后一辆车的最小 TTC 值要比前方车辆的最小 TTC 值更为重要。最后一辆车的最小 TTC 值表明了系统的不稳定性。噪声等级低（高达到 25%，这比正常的雷达系统要高）的时候，TTC 值下降得比较慢，这表明此系统中精确度低（更便宜）的雷达系统与精准度高（更昂贵）的系统同样良好和安全。

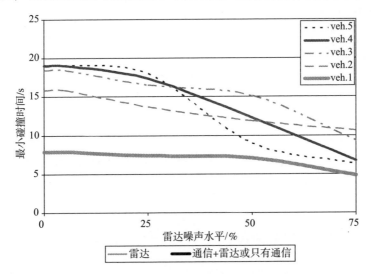

图 9.7　最小雷达噪声水平下面临交通堵塞地点的最小碰撞时间
（车辆编号表明在队列中的位置——5 号车为最后一辆）

9.5.4　MARS 仿真结论

智能车辆和交通系统的优势集中于局部（车载）智能、车辆与车辆以及车辆与环境的相互作用。如同配备传感器、通信设备和 CACC1 控制器的 IRSA 系统，随着操作模式和权限由咨询模式提升到完全控制模式，ADA 系统的可靠性变得越来越重要。缩小单一组件仿真和互动系统真实测试之间的差异，需要复杂的评估、测试和验证环境。当接近最后的高保真测试时，这些环境应该能提供完全控制场景、再现性，同时灵活地组合真实和虚拟组件。

在 IRSA 概念的发展过程中，获得了一些关于鲁棒性的观测结果。

（1）目标不同，控制算法的实施方式也不同。即使细微的实施差异，也可能导致控制器输出以及最终系统行为的重大变化。为了得到可以接受的输入和输出的变化，需要开发域内应用的需求（如车辆间的安全性和稳定性）。其他的实施应该在这些需求方面进行评估，并进行最终的测试和验证。

（2）雷达和通信的结合为 CACC1 输入提供了一些冗余信息，同时可以提高系统对扰动（如闭塞、通信带宽、噪声监测和设备故障）的鲁棒性。但是，CACC1 算法本身很容易受到这些扰动引起的变化的攻击。在某些情况下（如果没有检测到前方车辆的存在），在交通拥塞时，将 CACC1 算法切换到巡航控制（CC）模式，同时开始加速，而不是减速。改进的控制器 CACC2 不太容易受到这些变化的影响。

MARS 实验表明了基于评估和测试的高保真仿真的重要性。逻辑上，协同系统评估的下一步就是要逐渐地加入真实的硬件（传感器、DSP、车辆等），并且将实验移到"虚拟现实世界"中。TNO 的 VeHIL 部件恰好可以满足这样的要求。事实上，依赖于 MARS 技术的 VeHIL 可以比较容易地转向"虚拟现实世界"。

9.6　交通流量的影响——ITS 模型仿真

9.6.1　仿真目的

利用 ITS 模型进行仿真的目的就是要在交通流量层面上评估 IRSA 的作用。IRSA 系统在不同的条件下是如何帮助驾驶员获得安全、清洁和高效的驾驶体验的？换句话说，IRSA 是如何影响网络上车辆之间的相互作用的？由于在完整的基础设施（高速公路、合并部分、交叉路口、行驶规则、交通灯的控制和车辆通行）中需要模拟网络中的大量车辆，因此需要一个不同于评估系统鲁棒性的模型。利用 MARS 模型在广阔的道路网络中对大量的车辆进行仿真，需要大量的初始化工作和计算时间。而对于交通流量级别的仿真，则不需要非常详细地模拟传感器。IRSA 在多个方面影响交通流量，模式和设置不同，距离、加速度和减速度也会不同。这对吞吐量（以行驶时间、速度、体积等为特征变量）、安全性（以速度、速度分布、车距、碰撞时间为特征变量）和环境（以速度和加速度分布为特征变量）都会有影响。所有这些影响都可以在 ITS 模型中进行仿真和分析。

ITS 模型实验的目的之一是要分析一个渐进的系统部署所带来的影响。这些影响是否会随着普及率的增大而增大？或者是否有一个最佳的普及率？可选择如下的传播频率：

（1）0%——没有 IRSA 系统；默认的交通行为；

（2）20%：IRSA 普及率较低——一些预期效果；

（3）50%：IRSA 普及率中等——IRSA 车辆很可能影响没有配备 IRSA 的车辆；

（4）100%：IRSA 所有的车辆都配备 IRSA 系统。

可选的操作模式有咨询模式、干预模式以及控制模式。在设计 IRSA 系统时，重点是控制模式的设计。咨询模式和干预模式均源于控制模式中对驾驶行为的预测。

在 ITS 模型中，建立了 3 个场景以对 IRSA 的交通流量的影响进行评估，它们是"进入限速区域""进入交通拥堵区域""离开队首"。对于这 3 个场景，IRSA 想要达到的目标是不同的：

（1）"进入限速区域"：其目的是减少拥塞，从而提高吞吐量和安全性，最终减少废气排放。

（2）"进入交通拥堵区域"：其目的是帮助驾驶员以安全和有效的方式减速到最低时速，在某些情况下，也会有助于防止交通拥塞。

（3）"离开队首"：其目的是在不影响交通安全的情况下，提高交通灯处的车辆加速效率。

在本节中讨论的结果有助于回答"IRSA 是否以及如何有助于实现这些目标"这一问题。

9.6.2　ITS 在模型中实施 IRSA

在 ITS 模型中实施 IRSA，首先要制定元模型：IRSA 模型，以及使 IRSA 系统发挥作用的通信。为了保证 IRSA 中 MARS 和 ITS 模型类似，IRSA 控制器实施不仅基于与其相同的元模型，还使用了完全相同的 Java 代码。

ITS 模型仿真的具体方面如下：

（1）同其他车辆和设施的大范围通信；

（2）车内消息的存储和处理；

(3) 警告信息；

(4) 普及率；

(5) 控制模式与咨询模式或干预模式。

作为 9.4.3 节定义的巡航控制器的扩展，ITS 模型中的 IRSA 系统配备额外的 V2V 和 V2I 通信设备。CACC 控制器通常可以接收下游 3 辆车的位置和速度的连续信息，这些信息用于正常的跟车驾驶。此外，ITS 模型也可获知车辆是否以低于速度限制的 70% 的速度行驶（从 200 m 范围内的任意车辆处获取），也可以获知在更下游处的减速限制（从路边信标获知）。与普通 CACC 控制器不同，IRSA 系统可使用这些信息来控制速度，例如可提前制动。在以下的章节中，这些 IRSA 变量用"+"标出。获取信息的目的是增加交通的安全性，以及通过车辆提早减速和进行轻制动，使车流量更加均匀。

假定 ITS 模型的通信是无噪声且完美的（在接收器一定的接收范围内）。尽管如此，通信系统需要复杂的消息处理算法以保持其可管理性。由于网络中存在大量的车辆，接收和存储信息的数量将会以指数形式增长。因此，需要一套实现发送、存储和删除来自车辆或基站信息的标准。例如，需要"记住"从路边信标发送的信息，直到到达车速限制区；需要在一段时间内记住来自其他车辆的速度警告信息，过后则将该信息删除（在此期间流量可能已经加速）。在 ITS 模型的仿真中，可以通过不断地尝试来获得合适的时长，最终，来自路边信标的信息会保存 30 s。这是因为只有少数信标（位于限速区的上游）以 3 s 的时间间隔广播相同内容的静态信息，假设的广播范围为 300 m。

其他车辆的信息只能存储 0.1 s。配备 IRSA 系统的车辆利用广播消息警告速度较低的上流车辆（200 m 以外）。每辆配备 IRSA 的车辆每隔 0.1 s 发送一条警告信息。ITS 模型中，会使用不同的设置针对之前不同的速度界限进行测试。所选择的界限为局部速度限制的 70%。

当车辆接收到一条信息时，首先会检查这条信息是否与自己相关。例如，只有当这辆车在相同的车道上沿着相同的道路向下游行驶时，来自另一车辆的信息才是相关的。在这种情况下，车辆会储存和复制这条信息。但是，当接收车辆的速度低于限速 70% 时，这些信息是非紧急的。然后，接收车辆删除所有存储的警告信息。

接着，每台配备 IRSA 的车辆会根据接收到的警告信息决定是否进行制动。只有当车辆速度比消息来源车辆的速度至少高出 10% 时，才会考虑此条消息。对于这些消息，车辆根据其自身的速度、发送车辆的速度、到发送车辆的距离以线性减速的方式进行必要的减速。

对于来自车辆的警告信息，期望减速度为警告消息中所有必要线性减速度的最低限度。对于来自信标的警告消息，根据所需的线性减速度选择其中最紧急的消息，通过检测车辆测量得到的制动形式计算最终期望减速度。驾驶员对于改变的速度限制或者急转弯的反应方式也受到了调查，其目的是使 IRSA 系统能够以相似的制动形式制动，这样的制动策略非常合适，并且与驾驶员自己制动的方式相似，仅仅是制动提前，且制动方式也不太强硬。在控制模式下，这种制动方式用于减速区的模型制动。测量的制动曲线的形状被近似并且并入 IRSA 的制动算法中。测量的制动方式逼近一个标准曲线，此标准曲线包含三段：线性增加的减速度、常量减速度以及线性减小的减速度。除非后方车辆的加速度有更多的限制，否则汽车自动地根据这条曲线进行制动。

9.6.3 "进入交通拥堵区"场景的结果

在"进入交通拥堵区"场景中，拥有一条三车道的高速路，以及一条中途驶出高速路的车道。交通情况接近于饱和，所以在驶出车道会发生拥塞。以低于限速 70% 的速度行驶的配备 IRSA 的车辆发出警告信息。设想的情景是 IRSA 利用警告并帮助驾驶员以使他们以安全舒适的方式减速，从而提高安全性和降低拥塞。因此车辆应该以合适的速度驶入拥塞区域。

ACC 和 CACC 控制器的所有版本都以 20%，50%，100% 的普及率进行了测试。

在咨询模式中，系统会建议驾驶员减速的时机，以及制动的力度。当车辆速度比发送信息车辆的速度高至少 10% 时，系统建议驾驶者开始制动，如同控制模式一样。理想情况下，减速是通过释放油门踏板的方式实现的。但是，我们假定驾驶员使用和控制模式中相同恒定的减速度进行制动（区别在于，咨询模式中的车辆没有配备 ACC 或 CACC 系统）。

通过拥塞环境下的 IRSA 仿真可以看出，此系统对交通流量有积极的影响。车辆提前减速，并且非强制性制动。车辆驶出车道的变换过程受益于此（尽管 IRSA 系统并不直接影响车道变换行为），同时，交通拥塞减轻，且安全指示也保持在相同的水平，或者有轻微的改善。图 9.8 展示了在不同 IRSA 变体的实验中行进总时间的变化,并将其同没有 IRSA 的情况进行比较。当测试整个区域时,行进时间和速度变化都下降了(平均速度有略微上升)。快要进入拥塞区域时,速度变化实际上是增加了(随着车辆在不同时间基于同队列中车辆的速度差异和相互距离开始制动)。整体而言,加速度变化的减小(可达40%)证明了流量更趋于均匀。从而可以得出结论,在该场景中,IRSA 能够提高交通的安全性,降低废气的排放。在 CACC 版本中,延迟(在相关条件下由多出的 10% 的行进时间导致)降低了至少 30%;在 IRSA 的咨询模式中,延迟降低了至少 20%。

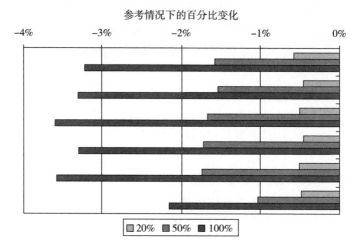

图 9.8 在进入交通拥堵区的场景中不同版本、不同普及率的情况下总的行进时间的变化

CACC2 版本的表现最佳。利用前方配备 CACC2 的车辆的速度信息能够使道路更加顺畅。从时速低于限制速度 70% 的车辆处获得的信息,其附加意义对于 CACC1 控制器以及拥有较低普及率的 CACC2 控制器都是明显的。当 CACC2 的普及率为 100% 时,仅仅从前方 3 辆车处得到的信息就足以获得最大效果。

在较高的普及率下,速度分布随着更快的平均速度变化。车辆之间的车距和时间变化不大,因为 IRSA 系统设置中,车距非常短(1 s)。但是 TTC 降低了,这表明两辆相互跟随的车辆的速度差异比没有配备 IRSA 系统时要小,因此流量也会变得更加均匀。

9.6.4 "进入减速区域"场景的结果

减速限制的应用需要一些理由，例如提高空气质量或安全性，或者疏导交通和避免拥塞。为了提高空气质量，降低噪声污染，受位于 Overschie（鹿特丹）的 A13 号高速公路实施的降低速度限制的启发（Riemersma 等，2004），在同一场景中，通过车牌识别的摄像机观测平均速度，使降低速度限制（本次实施从 120 km/h 降低到 80 km/h）得到了强制执行。因为驾驶员在进入此区域时进行了紧急制动，因此速度限制的很大差异导致了震动波。假定认为 IRSA 可以通过给出的速度或减速度建议来协助驾驶员以安全舒适的方式减速（比平常减速提前）。在一些情况下，这样可以预防交通拥塞的发生。限速区以及限速区的开始位置会通过两个路边信标传送到其他装备 IRSA 的车辆中，一个路边信标位于距离限速区开始位置 1 200 m 处，另一个位于限速区的开始位置处。在路边信标的 300 m 范围内的车辆都可以接收到信息。

在控制模式下，由于 IRSA 系统的存在，车辆会自动地利用从感知车辆处得到的制动方式进行减速。在咨询模式下，驾驶员会接收一条消息，开始制动到减速限制。在我们的仿真中，假定当 IRSA 处于咨询模式时，其制动比控制模式中的稍晚，但是比没有此系统时仍提前。将两种版本进行了比较：IRSA "far" 版本（提前开始制动）和 "close" 版本（稍晚进行制动）。由于驾驶员对于建议的反应时间不同，当驾驶员进行制动时，一些变量引入到两个版本中。这里测试了 20%，50% 和 100% 的普及率的情况。

仿真实验清楚地表明，配备 IRSA 系统的车辆会比未配备 IRSA 系统的车辆提前进行制动。对于整个道路网络，并未发现对吞吐量或安全性有显著的影响。但是，在此场景中 IRSA 系统的一个重要影响是车辆的聚集程度，尤其是对于高普及率的情况，速度之间的差异变得更小。当普及率为 100% 时，TTC 值都较大。当普及率增大时，其性能（对于安全指示器）也会提高。并且在控制模式中比在咨询模式中更有效。在控制模式下，当普及率较小时，刚刚进入降低速度限制区域时，车辆速度参数通常都会很大。

9.6.5 "离开队首"场景的结果

"离开队首"场景与上面两种场景的不同之处在于,其着重于加速度而非减速度。此场景配备有一个交通灯。假定 IRSA 能够帮助车辆或驾驶员以安全有效的方式进行加速。在实践中,可以是建议或者干涉的形式,促使驾驶员能够较快地加速,仅在加速度过大或与前方车辆的车距过小时给出警告信息。

在普及率为 20%,50%,100% 三种不同的情形下进行了系统测试,目的是增大吞吐量或者安全性(需权衡这两方面,因为较快的加速度可以增大吞吐量,但是会降低安全性)。第一种设置为基础 IRSA CACC 控制器,这样的设置导致了从静止开始仅有较慢的加速度。因此,在对 IRSA 的第二种版本进行仿真时,使用优化的参数设置,被称为"IRSA 加速"。更进一步,使用第三种控制器以期望得到更好的性能。此控制器尝试将车距保持在一个固定的值,因此被称为"固定的车间时距"。这是基于一种假设,即保持一个较小的固定车距对于安全性是必要的。

此场景的实验结果清楚地表明了不同的方法和设置对吞吐量和安全性的影响。最初的 IRSA 控制器(CACC1)与参照示例相比表现得稍微"谨慎"一些。(图 9.9)。这表明吞吐量(单个循环中经过交叉路口的车辆总数)小于参考示例,参考示例已经使用实践中获取的加速度值进行了校

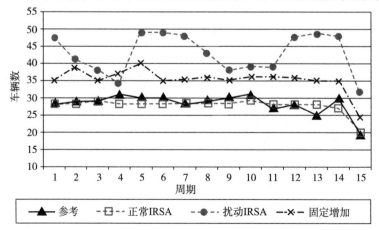

图 9.9 在"离开队首"场景中,一个周期内经过
交叉路口的车辆数目(普及率为 100%)

正。在"IRSA 加速"版本中,在绿灯时间内经过交叉路口的车辆数目比较大,这是由较低的平均行驶次数导致的。相比于参考示例,简单的固定车距控制器得到了更好的吞吐量,但是吞吐量仍低于"IRSA 加速"版本。这表明仅仅保持固定的车距并不能优化离开车队队首起步时的吞吐量。由于两种控制器都有相同的车距(1 s),这就表明需要一个更复杂的协同式控制器来提高吞吐量。

9.6.6 ITS 模型仿真结果得到的结论

ITS 模型与 IRSA 类似,是一种能有效评估协同系统的工具。它使得用户可以调整车辆和驾驶员的行为,以便能够容易地执行不同的算法和设置。通过交通模型的用户接口(路上行驶的车辆的动画)能够立即观察出交通模式的变化。完整运行的输出可以随后用于评估交通流量的影响。针对不同的测试场景和假设,使用了不同的指示器评估其影响:从聚合参数,如平均行驶时间和速度,到非聚合结果,例如速度分布。所有的这些指示器都提供了用于评估协同系统的全貌,尤其是在有大量交叉路口的密集交通处。

9.7 结论

人们期望车路系统有益于吞吐量、安全性和环境。但是,它又是一个复杂的系统,需要广泛地测试才可以安全有效地进入日常交通中。仿真在这个过程中发挥了重要作用。测试模型包括车辆和驾驶员模型,二者必须能够体现出系统是如何改变它们的行为的,除此之外,测试模型还需要包含通信协议。

目前仍有许多研究问题亟待解决,比如传感器的噪声数据是如何影响系统性能的?什么样的交通和安全状况是我们所期望的?这都需要对应着不同细节层次的模型。为了保证不同细节层次评估的一致性,需要开发系统元模型,这个元模型能够实施在用于系统开发、测试和评估的所有工具中。当某种工具的分析可以提高控制器算法的性能时,就需要将这种变化应用到所有工具中,这需要在掌握不同工具的团队之间进行积极主动的合作。

本章所介绍的多方面评测方法已经成功地应用在 SUMMITS 工程中。SUMMITS 工具集提供了面向车路系统评估的模型。接受彼此对于项目的愿景后，SUMMITS 工程团队顺利开始了合作。要想"学会对方的语言"需要时间，但是令人欣慰的是，最后还是从不同的细节层次分析中得出了一致且前景广阔的结论，测试车辆也在道路上实现了"进入交通堵塞区域"的场景。

此工具集可以很好地完成任务，但是仍有提升的空间。人为因素的影响和通信模型的建立有待完善。人为因素的信息，例如在 IRSA 中人们对速度建议如何反应（是否遵守？是否紧急制动？）还无法获取。获得这些信息需要花费很高的成本；驾驶员们的行为有差异并且是随机的、不可预知的，但是需要准确的建模以获得实际的结果。对于构建通信模型，其挑战在于设计这样一个系统：系统中的消息数量是有限的（除了到达关键点的车辆），从而使仿真可以保持较短的运行时间。

致谢

作者谨向 SUMMITS 团队成员表达谢意，是他们提供了本章所论述的成果。

参考文献

[1] Bennett, C. and Dunn, R. C. M. (1995) Driver deceleration behavior on a freeway in New Zealand. Transportation Research Record 1510, pp. 70 – 75.

[2] Brouwer, R., Hogema, J. and Janssen, W. (2003) System evaluation of a stop-and-go system with subjects. Soesterberg, TNO report TM – 03 – D003.

[3] Driessen, B., Hogema, J., Wilmink, I., Ploeg, J., Papp, Z. and Feenstra, P. (2007) The SUMMITS Tool Suite: supporting the development and evaluation of cooperative vehicle-infrastructure systems in a Multi-Aspect Assessment approach. Delft, TNO Memo 073401 – N017, available at www.tno.nl.

[4] Gieteling, O. (2005) Co-operative vehicle controllers for the SUMMITS 4

IRSA Pilot. Helmond, TNO report 05. OR. AC. 031. 1/JPL.

[5] Malone, K., Wilmink, I., Noecker, G., Roßrucker, K., Galbas, R. and Alkim, T. (2008) Final Report and Integration of Results and Perspectives for Market Introduction of IVSS. Deliverable D9 & D10 of the eIMPACT project, available at www. eimpact. eu.

[6] Netten, B. and Papp, Z. (2005) Conceptual Design of intelligent vehicles in MARS. Delft, TNO Memorandum IS-MEM – 050016.

[7] Netten, B., Papp, Z, den Ouden, F. and Zoutendijk, A. (2006) High-fidelity Evaluation of Cooperative Vehicle Systems in MARS Environment-SUMMITS/IRSA Experiments. Delft, TNO report MONRPT – 033 – DTS – 2007 – 00413.

[8] Papp, Z., den Ouden, F., Netten, B. and Zoutendijk, A. (2006) Scalable HIL Simulator for Multi-Agent Systems Interacting in Physical Environments. In: Proceedings of the 2006 IEEE Workshop on Distributed Intelligent Systems, Prague, pp. 177 – 182.

[9] Papp, Z., Dorrepaal, M. and Verburg, D. (2003a) Distributed Hardware-In-the-Loop Simulator for Autonomous Continuous Dynamical Systems with Spatially Constrained Interactions. In: Proceeding of the Eleventh IEEE/ACM International Workshop on Parallel and Distributed Real-Time Systems, Nice.

[10] Papp, Z., Dorrepaal, M., Thean, A. and Labibes, K. (2003b) Multi-Agent Based HIL Simulator with High Fidelity Virtual Sensors. In: Proceedings of the IEEE Instrumentation and Measurement Technology Conference 2003, Vail.

[11] Riemersma, I., Gense, N., Wilmink, I., Versteegt, H., Hogema, J., van der Horst, A., de Roo, F., Noordhoek, I., Teeuwisse, S., de Kluizenaar, Y. and Passchier, W. (2004) Quickscan optimale snelheidslimiet op Nederlandse snelwegen. Delft, TNO report 04. OR. VM. 016. 1/IJR (in Dutch: Quick scan Optimal speed limit on Dutch motorways).

[12] Schulze, M., Mäkinen, T., Irion, J., Flament, M. and Kessel, T. (2008) IP_D15: Final report. Final report of the PReVENT project, available at http://www. prevent-ip. eu/. van Arem, B. (2007)

Cooperative vehicle-infrastructure systems: an intelligent way forward? Delft, TNO Report D – R0158/B, available at www. tno. nl

[13] van Arem, B. , Driever, H. , Feenstra, P. , Ploeg, J. , Klunder, G. , Wilmink, I. , Zoutendijk, A. and Papp, Z. (2007) Design and evaluation of an Integrated Full-Range Speed Assistant. Delft, TNO Report 2007 – D – R0280/B, available at www. tno. nl.

[14] Wilmink, I. R. , Klunder, G. and Mak, J. (2007) The impact of Integrated full-Range Speed Assistance on traffic flow-Technical report of the SUMMITS-IRSA project. Delft, TNO, TNO Report 2007 – D – R0286/B.

10

基于通信的列车控制系统中无缝切换技术的设计与概念验证实现

Marc Emmelmann

柏林工业大学

过去几年中,专利设备在商业和公共应用的无线通信系统一直占据着垄断地位,在关键任务的通信系统中更是如此。由于这些设备未被大量生产,因此价格十分昂贵,所以最佳的选择是利用普通商业设备来替代这些设备。以 IEEE 802.11 技术为例,它是目前最成熟的、低成本的、商业性的无线局域网技术标准。因此,本章将关注基于 802.11 芯片组的、处理实时关键任务的车辆控制系统,实现此系统无缝切换技术的设计与概念验证。本章涵盖了系统需求分析、设计、实施与性能分析四大部分。系统设计部分详细分析了 IEEE 802.11 通过独立分类系统进行快速切换的能力,发现其同时适用于所有需要快速切换技术的场景,甚至超过车辆通信的范畴。

10.1 引言

过去几十年里,高鲁棒性并且可靠的无线网络通信已经成为关键任务通信领域的重要组成部分。其在车辆方面的应用起源于军事应用,之后涵盖了本土、公共安全和应急响应场景，直到现在的工业应用场景。所有应用的共同点是：这些应用严重依赖无线通信链路的可靠性和有效性。虽然专业化的系统已经开发和部署，但是保证系统的高可靠性需要花费相当高的代价。相比之下，商业成品设备利用较低的成本便可获得较高的可靠性，如 IEEE 802.11 无线局域网（WLAN）设备。因此，在后来衍生出的应用环境和场景下，采用低成本设备的情况变得越来越普遍。

本章将主要关注车载环境下使用 IEEE 802.11 设备的无缝、快速切换技术。以基于通信的列车控制（CBTC）系统为实例，描述了系统需求、系统设计、系统验证性实验和性能分析等方面。设计阶段的重要工作是阐述系统无关的网络切换分类和 IEEE 802.11 设备能否理论上满足应用需求。由于此部分分析了一般情况下 IEEE 802.11 的能力，所以 IEEE 802.11 可以适用于所有需要快速切换服务的系统，甚至超过车辆环境的研究范畴。同时，本章也论证了 802.11 在满足快速切换需求的前提下，其能否在兼容标准的模式下工作；或者在非标准兼容模式下，802.11 组件是否需要运行在封闭环境中。

本章的整体结构如下：10.2 节介绍了一种评估 IEEE 802.11 能否为 CBTC 系统提供快速切换服务的系统性方法。本节首先介绍了 CBTC 系统在快速切换服务方面的性能需求。然后，通过对切换阶段进行分类来分析兼容 IEEE 802.11 标准的系统的理论可达性能。对于所有的应用场景，如果切换过程中限制服务中断时间到某个阈值，以上分析可以帮助读者评估 802.11 是否能理论上满足服务质量的要求（QoS）。了解现有的标准中如何针对 CBTC 进行修改后，我们采用独立分类法分类现有的工作，评估当前的切换场景是否已经达到 IEEE 802.11 切换服务的性能极限。10.2 节最后简单总结了以上结论，并且将重点转向设计一个 CBTC 快速切换系统所面临的挑战层面上。

10.3 节全面描述了利用 802.11 网卡实现此系统的相关概念及设计方法。以系统架构需求为出发点，本节引入了建立在 802.11 带有冲突避免机制的载波监听多点接入的媒体接入控制层的确定性接入方案。这个方案能够保证信道的无冲突接入，在一个闭合系统中，即使信道高负载也可保证无冲突接入。最后，这个小节描述了快速切换技术所达到的效果。

最后，10.4 小节主要关注系统的概念性验证和性能评估。首先总体介绍了系统的设计和方法论，保证代码从开始的设计到最后实现的正确性。然后，给出了一个度量标准：接入点过渡时间（APTT），这是衡量 WLAN

切换性能的标准，后面的经验性评估部分也采用这个度量标准。尽管系统实现采用自动生成的没有优化的代码，但是性能显示切换延迟小于500 ms，这样短暂的延迟完全可以满足类似 CBTC 等实时性应用的需求。

10.2 基于 Wi-Fi 的 CBTC 系统快速切换技术

10.2.1 CBTC 系统快速切换技术的需求分析

如果通信系统能够为车辆及路边设施提供无线通信，则认为其是主动车辆控制（PTC）系统，CBTC 系统就是其中之一。通常，根据可靠性和提供的功能可将 PTC 系统分成五个等级，级别最低的是"尽最大努力"的通信，然而只有最高的两级才能够保证 CBTC 系统对总线开关和引擎的远距离、实时控制，如列车位置信息的实时查询等。

通过无线控制信道查询车辆位置信息的服务是 CBTC 通信系统的重要需求之一。无线系统的功能应不依赖于无线链路中所携带的信息。例如，CBTC 系统可以利用位置信息来调高系统性能，但是需要独立获取这些信息。因此，位置信息是允许存在误差的，这是由于 PTC 系统的功能函数不使用该信息，如速度计算、停车距离计算或列车引擎的控制等功能都不使用该信息。

第二个需求是保证数据包到达间隔时间（IAT）和往返时间（RRT）的上限。对于像 CBTC 系统这样的实时应用，数据包到达间隔时间的上限是 10 ms，往返时延的上限是 100 ms（Virtual Automation Networks Consortium 2006）。这些数值表明介质访问延迟要小于 10 ms。注意：这里的值是上限值，因此不需要非常准确地每 10 ms 访问一次。对于控制最大系统负载或者用户数的系统，Carvalho 和 Garcia-Luna-Aceves（2003）已经验证了随机 MAC 机制（IEEE 802.11，2007b）可以满足上限要求。但是在最大系统负载的情况下，如果要求准确的访问时间，则需要混合的或者确定性的 MAC 机制（IEEE 802.11e，2005）（Fettweis，2007b）。

最后，数据包转发率需要达到 99.9%，以满足转发的高可靠性。要达到这样的性能，需要使用鲁棒性高的调制和编码机制减少数据包丢失量，这些对切换技术的设计与实现提出了很高的要求。特别对于那些高速行驶的车辆（速度大于 450 km/h），实现切换技术是极大的挑战，因为此时的网络切换，不再是"偶尔的事件"；网络中车辆的停留时间很容易低于 10 s，这将导致频繁的网络切换，此时的切换性能和开销成为系统设计考虑的重要因素。

10.2.2 网络切换阶段划分

无论使用何种底层技术，网络切换都由三个阶段组成：网络发现、决策和指标切换以及链路层重建（图 10.1）。针对底层的网络切换机制，以 MAC 层为例，添加前向分类群（高层协议），对于明确地处理高层和低层的交互偶尔是有用的。这三个阶段不一定按顺序发生，事实上，不同阶段的功能可能并发执行，也可能当用户从一个无线小区移动到另一个小区之前就已经执行（Dutta 等，2006；Emmelmann 等，2007a，2006，2007b）。

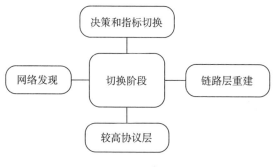

图 10.1 切换分类

10.2.2.1 网络发现

在网络发现阶段，移动用户通过无线蜂窝系统以及潜在的切换接入技术获得消息。这里有两种方法：移动用户自身发现目标基站或者通过当前通信链路获得目标基站的信息。由于无线链路通常划分为空分复用、时分复用、频分复用和码分复用等多种方式，所以第一种方法需要中断当前通信，离开当前子信道，同时在新的子信道内开始访问。请注意：在理论上，软件无线电（SDR）允许通信和网络监测方案运行在不同的子信道，该软件无线电前端拥有极宽频带的无线电频率。但是，到目前为止，该技术的计算成本和硬件成本非常高，因此这里不再讨论这种情况。显然，通过当前链路获得的可用切换目的地的信息有一个明显的优势：通信不会中断。这样很容易把"怎样获取目标网络信息"问题从移动用户转移到以下两类用户：一类是提供网络静态配置信息的管理者，另一类是中断当前通信，在附近区域主动寻找替代接入点的静态或移动节点。

10.2.2.2 网络切换决策

网络发现阶段创建了一组潜在的目的地进行切换操作，在切换决策阶段中，这个决定了何时何地进行无线电蜂窝的切换。决策的通用标准包括网络低层的参数（接收信号强度、数据包丢失和抖动延迟等）和网络高层的参数（链路整体负载等）。以上所有参数都需要在移动切换过程中进行本地测量，还可以在持有移动节点的当前位置的网络层或者接入点（Access Point，AP）进行远程测量，甚至是在这组潜在的目的地的所有接入节点中测量）注意：由于信息采集结果要传输给切换决策过程的管理者，所以远程测量会导致额外的系统开销。因此，决策过程可以结合移动节点在本地进行，也可以在网络（主干网）上完成。

10.2.2.3 链路层重建

链路层重建阶段是在移动用户和新接入点之间初始化一条通信链路，通过这个链路交换用户数据，即 MAC 服务数据单元（SDU）。这一步通常涉及物理层 PHY 同步，以及目标接入点资源的重新分配。链路层重建有两个分支：原有链路在切换之前中断（硬切换）；在原有链路中断之前就已经完成切换，即两个链路同时保持一段时间（软切换）。上述两种情况都可能会发生数据包丢失和数据包排序混乱现象，由于在两个接入点的交界区域，数据包可以通过任意接入点进行数据传输，所以，软切换可以减弱数据包丢失和排序混乱的影响。

链路层重建也包含安全证书交换或者接入控制方案等其他方面，这些因素则可能增加移动用户在此阶段的驻留时间，因此，应该将此部分时间添加到总体切换延迟中。

10.2.3 IEEE 802.11 快速切换技术

IEEE 802.11 设备的网络切换性能严重依赖于制造商，设备制造商的特定算法对于控制切换延迟具有巨大的影响。Mishra 等（2003）利用经验分析了切换延迟的影响，结果表明设备制造商不同，带来的延迟也不同。一般的切换延迟是几秒数量级的，其中网络发现阶段所占用的时间比例较大。经过优化的主动网络发现能够将延迟时间有效地缩小到 150～200 ms，但链路层重建却可以缩小到 3～4.5 ms。

从这些方面来看，IEEE 802.11 似乎非常不适于车联网的快速无缝切换。但是这个假设可能是错误的。直至今天，也没有一个关于 IEEE 802.11 标准的理论性能极限的全面分析。因此，接下来的工作就是探讨这些问题，分析本章提出的方法如何减少 IEEE 802.11 的切换延迟，使其接近性能极限。

10.2.3.1 802.11 网络切换的理论性能极限

1) 网络切换决策

对于何时初始化网络切换过程，IEEE 802.11 标准（2007a）没有指定任何算法。因此，为了与标准完全兼容，在网络切换中，决策切换过程的最小延迟可能是 0 s。

举例来说，当系统的接入点密度非常大时，接入点覆盖范围存在非常大的重叠，那么系统内的接入点可能就处于邻居接入点覆盖范围内。如果预先知道每个接入点的位置信息，那么对于移动用户来说，可以很容易地切换到最近的接入点，并触发网络切换过程。

2) 网络发现

终端基站（终端）可采用两种方法发现替代接入点：主动式扫描和被动式扫描。由于一些频段和监管区域内不允许主动扫描，所以终端至少能够实现被动扫描。扫描过程中，终端可以等待一个引导帧或者主动同周围的接入点交换信息，这两种方案都是可以的。用户终端如果能够从接入点接收到一个帧，则说明它在基站的范围内。有趣的是，促使主动式扫描和被动式扫描成为网络切换强制性特征的不是网络发现机制，而是网络同步机制。事实上，在如何发现其他网络方面，IEEE 802.11 没有加以任何特殊限制，因此，该阶段的最小延迟可能是 0 s。

3) 链路层重建

IEEE 802.11 设备通过无线链路进行数据交换之前，需要进行以下三个步骤：加入目标接入点的基本服务集（BSS）、授权、（重新）建立连接。接下来将要讨论这三个步骤中的延迟。

MAC 子层管理实体（MLME）加入 BSS 的请求不需要通过无线媒介进行数据交换，这个步骤仅仅需要开启终端和接入点的本地时间同步功能

(TSF)。实现同步功能的方式是主动式扫描或者被动式扫描。如果终端以前采用任何一种扫描方式进行网络发现，那么它可以利用同步时间信息检索以前扫描过程中发现的所有接入点，然后立即同步或者加入 BSS。由于网络发现过程不是强制性的，所以终端以前可能没有进行主动扫描和被动扫描，但是可以通过其他方式来获取可用的接入点信息，例如 IEEE 802.11k - 2008 邻居节点报告机制。在这种情况下，通过在指定信道扫描指定接入点，实现终端同步。

对于被动式扫描，终端仅仅返回其射频前端，等待接收来自接入点的信标消息。该过程中的延迟 $\delta_{\text{PassiveScan}}$ 是一个随机变量，其在区间 [0，TBTT] 均匀分布。

$$P\{\delta_{\text{PassiveScan}} \leqslant \xi\} = \begin{cases} \dfrac{\xi}{\text{TBTT}} & \xi \leqslant \text{TBTT} \\ 1 & \xi > \text{TBTT} \end{cases} \quad (10.1)$$

这里，目标信标传输时间（TBTT）指的是两个连续信标的传输时间间隔，其值一般为 100 ms 或者 200 ms。

主动扫描涉及请求探测帧和回复探测帧的交换过程。图 10.2 是包含了时间参数的消息序列（Message Sequence）。由于终端只是切换通信信道，并不知道任何信道状态的信息，所以需要通过"基本接入流程"等待分布式帧间间隔时间，最终保证信道空闲。分布式帧间间隔的后面就是通常的信息交换过程。有两种情况说明主动扫描阶段已经结束：收到了确认探测帧的已经收到确认帧（ACK）并经过强制性分布式帧间间隔（DIFS）；请求探测请求帧传输序列过期，传输后退避（PTB）已经开始。先前事件决定了主动扫描阶段的持续时间，因为这时间代表着终端开始同接入点（AP）交换消息的最早可能时间。图 10.3 表明了主动扫描阶段持续时间 $\delta_{\text{ActiveScan}}$ 的累积分布函数。对于最具鲁棒性的调制编码方式，延迟时间是 2 050 ms。对于鲁棒性更高的调制编码方式，传输后退避的影响开始占据主导地位。值得注意的是：增加数据传输速率并不能无限制地减少主动扫描阶段的持续时间，其原因就是 IEEE 802.11 管理帧的包头总是以较低的固定基本速率进行传输。图 10.2 也描绘出了无限大的调制编码方式的理论性能极限，即便它在理想情况下允许一个正交频分复用（OFDM）符号携带无限大的数据位，最小的持续时间也位于 290 ms 和 740 ms 之间。为了达到这个极限，终端需要非常靠近接入点，因为只有这样才能够保证数据在高数传输速据率的情况下正确传输。因此，在车联网环境中，接入点切

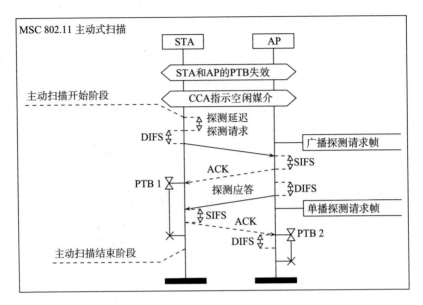

图 10.2　IEEE 802.11 主动扫描的 MSC

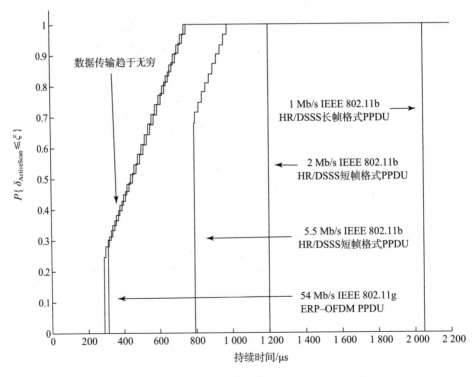

图 10.3　IEEE 802.11 主动扫描阶段的持续时间

换经常发生在网络单元边界，下限值实际上很难达到。

总结链路层链接的建立过程，IEEE 802.11 的终端需要相互交换证书和网络容量信息。当前 IEEE 802.11 版本强制化了这个过程，图 10.4 说明了消息交换过程及其涉及的时间参数。在"四次握手过程中"，终端和接入点各自都要用相对较小的帧发送两次消息。因此，必须考虑 PTB 对这个阶段总持续时间的影响。在图 10.4 中，即使信道是空闲的，终端也会因为 PTB2 而延迟发送消息。这些延迟基本占据了高数据率传输的整个阶段，这也意味着不能够仅仅将传输时间简单地累加在一起来计算总接入时间。图 10.5 描述了特定的数据率情况下总时延的累积分布函数，其中也考虑了无线数据传输的理论性能极限，最佳的可达延迟范围是 480 ms 到 1 480 ms。鲁棒性最高的数据率（1 Mb/s）导致延迟增加到 2 465 ms 和 3 397 ms。

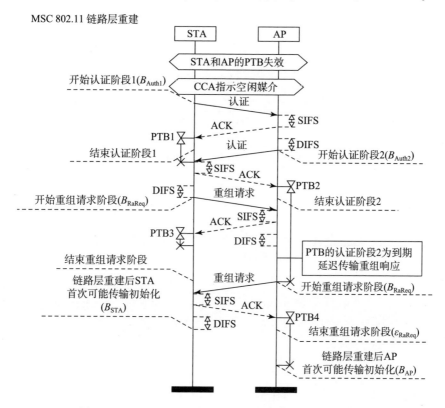

图 10.4　IEEE 802.11 链路层重组的 MSC（消息序列图）

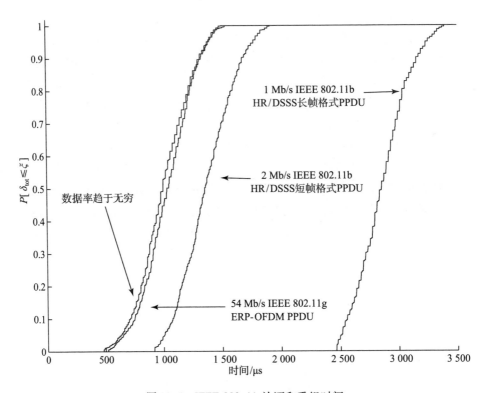

图 10.5　IEEE 802.11 认证和重组时间

4）未来修订的标准

表 10.1 总结了每个切换阶段所带来的延迟。很明显，对于最具鲁棒性

表 10.1　IEEE 802.11 切换的理论性能极限

	预计平均持续时间（$E[\delta]$）		
	依照 IEEE 802.11（2007a）		
切换阶段	假定无线数据速率	1Mb/s HR/DSSS 长帧格式 PPDU	IEEE 802.11p（2009）
交递决定	0 μs	0 μs	0 μs
网络发现	0 μs	0 μs	0 μs
链路层建立	1 441 μs	4 887 μs	0 μs
同步	440 μs	2 050 μs	0 μs
身份认证关联	1 001 μs	2 837 μs	0 μs

的数据率来说，4.8 ms 的延迟对于 CBTC 或者其他车联网应用已经达到可以接受的数量级。IEEE 工作组认为车联网环境的缺点是定义了一个所谓的"非基本服务集（BBS）流程"模式。这里运行的所有终端都没有采用 IEEE 802.11 标准里的同步流程。对于这些终端，认证和重连接是没有必要的（IEEE 802.11p 2009，Cls. 5.2.10，11.3，和 11.20）。如果当前版本批准了此标准的修正案，那么链路层的持续时间也可以降到 0 s。

总体来说，IEEE 802.11（2007a）结合了 IEEE 802.11p 修订标准，理论上可以支持 CBTC 的快速信道切换和其他车联网应用。然而，这些需求以获得网络切换所需要的信息为代价，通过标准之外的方法，从网络切换探测和决策开始，并包括网络发现以及链路层的（再）建立过程。设计这样的方法仍然存在很大的挑战。下面的小节概述了相关工作，即如何在理论上实现零延迟的网络切换。相比于提供一个完整的文献调查，实践才是最好的例子。

10.2.3.2　IEEE 802.11 快速切换技术的相关工作

仅有很少的一些学者关注能否实现零延迟切换，并且精确地测试了决策阶段时间。检测网络切换必要性的常用方法是基于测量当前接入点信号 RSSI 强度的。如果 RSSI 值低于某个阈值，那么就初始化网络切换过程。Zhang 和 Holtzman（1994）使用极其简单的假设条件设计了一个框架，为了实现零延迟的网络切换，这个框架分析了相邻网络所需的最小重叠区域。Emmelmann（2005）借鉴了他们的工作，并提炼了他们的假设和分析方法，反映了现有无线设备的设计局限性，最后利用高速车辆环境的信道轨迹验证了该分析模型（Emmelmann，2008）。尽管没有优化快速切换，但是现有的很多实现方法都采用连续丢失 N 个信标来触发一个网络切换过程。因此，Velayos 和 Karlsson（2004）的工作非常重要，因为他们分析了由于碰撞而丢失 N 个信标的概率，而不是离开接入点的覆盖区域而丢失信标的概率，这样有效地区分了移动性触发网络切换和网络拥塞触发网络切换两个过程。基于这个研究成果，在丢失三个信标之后，触发网络切换是非常准确的。因此，相关的延迟介于两个和三个 TBTT 之间。

在实际过程中，因为就引起的网络判断时间（又名切换时延）而言，网络切换过程中代价最高的步骤是网络发现（Mishra 等，2003；Velayos 和 Karlsson，2004），所以人们投入了大量的精力来减少这个步骤的持续时间。一个方法就是向所有接入点提供潜在的候选切换接入点的先验信息，这些信息能够减少需要扫描的信道数量。邻接图就是其中的一种方法。Shin（2004）记录了接入点之间的切换过程，动态地创建了邻接图。他们证明单一信道的探测时间能够缩小到1.8～11 ms。对于采用三频段、非重叠的蜂窝布局网络，发现阶段的延迟缩小到平均7.3 ms。另一类方法将网络发现阶段移动到网络切换决策之前，这样当前的通信仅中断很短一段时间，上层应用的服务质量不会受到影响。例如：通过确定性的方法，SyncScan算法（Ramani和Savage，2005）将短暂的监听周期和相邻接入点之间的周期性信标信息进行同步，持续追踪附近的接入点。这需要知道信标信息何时传输，并且通过中央管理实体累积这些信息实现。作者确定了相关的延迟大约为15 ms。Singh等（2006）以及Chui和Yue（2006）将SyncScan集中式演变为渐进式，他们引入了接入点协同和信令机制，将此分布式系统中的所有接入点信标同步到一个给定的、短暂的时间表内，这样可以允许终端将他们的信道扫描与潜在的信标传输相匹配，但是扫描不关注其是否在传输信标的接入点覆盖范围内，这导致了不必要的扫描尝试。Chen等（2008）解决了这个问题，他们的DeuceScan算法将邻接图法、SyncScan算法以及接入点的辅助（地理）位置信息相结合，将相关服务中断时间降到3.5 ms。这和扫描单一信道的理论上限仅相差1 450 μs。加上调整射频接收器的时间（Ramani和Savage，2005），DeuceScan的总切换时延为13.5 ms。

机会扫描是另一种网络发现的方法（Emmelmann等2009a，b），这种方法没有将任何基础设施的要求施加到同步信标传递上。这个机制的总体思想如下：如果网络中断时间非常短，并且不会影响到应用程序的服务质量，那么上层应用相当于经历了一次"无缝、零延时"的网络发现。因此，在很短的一段时间内机会扫描利用标准化省电特征暂停了当前的通信，并消极地扫描另一个信道。因为在这个短暂时间帧内，不能完全保证可以接收到信标，因此，作者给出了在 n 次扫描中能够发现一个信标的概率。尽管没有针对车辆环境中这种机制进行分析，但是机会扫描能够实现的中断时间小于2.3 ms。相比于主动扫描，这个机制没有强加于所扫描的信道任何额外的系统负载，而仅仅要求终端在相邻接入点重叠区域内停留0.2～1.2 s（基于系统负载）。

为了将网络切换的延迟逐步向零推近，学者们开始探索非标准方式来避免链路层的建立（或重建）。例如，Amir（2006）提出了一种基于802.11协议的网状网络，该网络所有的接入点都运行在相同的信道上。因此，相邻接入点能够接收到来自彼此覆盖区域终端的传输信号。作者在分布式系统中提出了基于组播的信令，通过信令交换如"哪个接入点可以收到另一个接入点"这样的信息以及信号强度信息。基于信号强度的测量值，除了正在为终端工作的接入点之外，通过最有可能的切换候补接入点传输数据。这种"双播"的方式需要较大的网络开销，因为每发送一个数据包无线介质链路都需要分配两次。此外，移动终端会频繁地进行数据包复制。这种方法省略掉了网络发现阶段，并且能完成零延迟的网络切换。但是，为了发现处于邻接入点覆盖区域的终端，作者阐述此阶段需要 2~3 s 的时间，然而这个时间只适用于节点移动速度较慢的网络。

总的来说，现阶段所有的解决方法在顾及网络切换所有阶段的时候，都无法保证一个零延迟的网络切换性能。消除链路层重建是唯一有前途的方法，但不适用于大规模的车联网，因为它只适用于单频网络，最后还需要终端从一个频段切换到另一个频段。因此，将当前的解决方案和一些新颖的网络切换机制相结合，从而解决多频的问题才是实现零延迟的解决之道，尤其是在节点移动速度很快的网络环境中。

10.2.4 基于 Wi-Fi 的快速切换技术在 CBTC 系统中所面临的挑战

基于通信的列车控制（CBTC）服务要求网络切换延迟远低于 10 ms 以及延迟介质访问。移动终端的高速性导致了相邻无线小区存在短时间的重叠，因此，部署终端通常禁止接入点密度过高，否则将会增大重叠区域。同时，由于上述原因，移动终端有且仅有一个网卡。

综上所述，基于 Wi-Fi 的快速切换技术面临的挑战主要有三个方面：①网络切换可接受的延迟已经到达单次切换过程的数量级，如网络重连；②相邻蜂窝重叠区域的停留时间太短，以至于不能够完成触发及切换过程；③移动将会跨越一个（单）频域的边界，同时它的射频收发机会从一个信道切换到另一个信道。尽管现有的方法已经局部地解决了以上问题，但是至今没有提出一个能够综合考虑每个网络切换阶段的方法，在本章接下来的部分将介绍解决以上问题的方法。

10.3 系统概念和设计

对 IEEE 标准兼容设备网络切换性能的技术极限进行的分析表明，只有在特定情况下才能达到 CBTC 系统的需求，即在切换决策阶段和网络发现阶段所需要的任何信息都不会中断 MAC 层的任何信号，这是因为产生的网络中断会破坏 CBTC 系统的服务质量要求。由于现有的标准重新建立链路层连接所需的信令过长，因此必须避免。相关工作表明，从 MAC 层采集移动信息是可能的，但需要牺牲一定的系统性能。但是，系统概念和设计由以下五个关键假设为出发点，以达到最佳的网络性能。

（1）尽量减少终端可以察觉到的网络切换。也就是说车辆所发现的系统行为一直是相同的，如同车辆没有移动一样。

（2）移动终端仅配备一个 IEEE 802.11 网卡。（如果存在第二个卡，那么第二个卡的目的只是提高系统的冗余和可用性，对于成功的切换支持，它不是至关重要的。）

（3）系统支持移动终端在不同信道之间进行网络切换。

（4）系统将低成本、现有的商用 802.11 设备用于无线。但是，所有设备工作在封闭的环境中，允许固件（以极小的成本是可行的）更新。

（5）无论网络负载多少，系统性能应该稳定。

接下来介绍我们设计的系统架构、MAC 层和快速切换支持的机制。

10.3.1 系统架构

本文中提出的体系结构由一个宏蜂窝系统或者微蜂窝系统组成，工作在同一频段的多个微蜂窝系统可以归为一个宏蜂窝，这样，相邻宏蜂窝的工作信道不同且互不干扰，标准的 802.11 网卡能够覆盖每个微蜂窝区域。所有的微蜂窝系统通过基于以太网的分布式系统（Distributed System）连接到一个中央控制单元。架构中无线电控制单元（Radio Control Unit，RCU）的作用是在 802.11 的 CSMA/CA MAC 方案上添加一个确定的"叠加"MAC 层。下文中，我们统一称这种微蜂窝系统为远端基站（Remote Base Station, RBS）。事实上，基于光纤的无线电网络已经提出了这种设计原则（Kim 等，2005），整个系统的结构如图 10.6 所示。

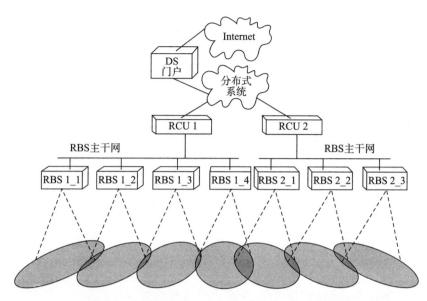

图 10.6　快速和无缝切换技术的系统架构（Emmelmann 等，2008CACM）

RBS 是一台配备两块网卡的标准 Linux 机器，分别是 IEEE 802.11 无线网卡和标准以太网有线网卡。如图 10.7 所示，RBS 下的 802.11 驱动与 RCU 下的"叠加 MAC"相连接。修改后的 802.11 网卡固件能够使数据包在 RCU 和无线接口之间互相传递。对于无线传输，"叠加 MAC"的数据包和管理信息只能封装在 802.11 广播帧内。避免单播传输的强制性即时确认是必需的，并且允许在没有链路重新建立的情况下通信。（注意：未来一种类似的"透明模式"得直接作为 802.11p 标准的一部分。）在移动终端

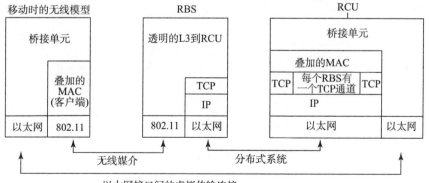

图 10.7　快速切换支持：系统组件的协议组成

上，除了无线广播内容转发给自身的有线网接口，其他大部分的结构与 RBS 基本相同，相应地"叠加 MAC"也同样部署在桥接单元内。

因此，这个体系结构提供了车辆节点的以太网接口和蜂窝网络中 RCU 间的无线连接，用户获得了"即插即用的组件"，它仅仅使用了低成本、商用组件，特别是用于无线通信设计的 802.11 网卡。

10.3.2 MAC 机制

RCU 上的"叠加 MAC"通过有规律地调度进行下行传输，实现了确定性的时分多址（TDMA）方式，如图 10.8 所示。移动终端在收到下行数据之后，立即响应。而传输的数据有一个最大长度上限。如果 RCU 当前没有要传送给移动终端的数据，那么就传送给移动终端一个 802.11 空数据帧（Null Data Frame）。如果移动终端没有需要上传的数据，那么也同样发送一个空数据帧。这能够使 RBS 来评估当前链路的质量。而且，每 N 个时隙，RCU 就会重新发布一次随机的接入周期，在这个周期内，移动终端利用 802.11 分布式协调控制功能（Distributed Coordination Function，DCF）向 RCU 发布信号请求时隙分配。它的帧划分策略及编址策略和当前的 IEEE 802.11 相同。

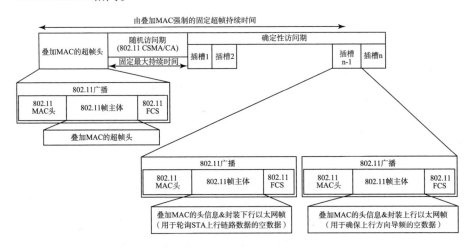

图 10.8　802.11 顶部的叠加 MAC

由于 RBS 会立即转发从 RCU 接收到的数据包给移动终端，所以在安排传输时隙的时候，RCU 需要在安排传输时隙时补偿 RBS 和 RCU 之间数据传输的时间。该协议可以同步系统内的所有本地时钟，以微秒级别的误差来估算转发延迟，这是通过精密时间协议 IEEE 1588（2002）实现的。

此 MAC 机制和微蜂窝构架相结合的另一个特征应该注意：当移动终端处于相邻网络接入点的覆盖范围内时，尽管总是通过一个 RBS 发送数据包，但是可以通过多个 RBS 收到数据包。由于所有 RBS 都将接收到的数据包转发给 RCU 的"叠加 MAC"，RCU 利用接收到的数据包增加接收概率。同样地，连接到移动终端的所有 RBS 所接收数据包的特征，本质上是用于无缝透明的微蜂窝切换。

10.3.3 可预测的快速切换

文中所提的系统有两种切换类型：宏蜂窝组内的切换，它完全受到单一 RCU 的控制；宏蜂窝间的切换，它需要不同的宏蜂窝的 RCU 间相互作用。

10.3.3.1 蜂窝组内的切换

宏蜂窝内的所有 RBS 都工作在相同频段上，如果移动终端在 RBS 的重叠覆盖区域，那么多个 RBS 可以收到同一个上行链路的信息，因此宏蜂窝内的切换对于移动终端来说是透明的，不需要额外的无线链路信令。对于每个接收到的数据包，RBS 将信息和接收信息的信号强度转发给 RCU，反过来 RCU 决定哪个 RBS 可以用于下一次的数据传输。总的来说，这个方法类似于 Amir 等（2006）文中的方法，但是不需要移动终端在微蜂窝附近的覆盖区域内长期停留，因为当前 RCU 决定了宏蜂窝内的切换决策，微蜂窝附近的覆盖区域因此应该缩小为最小值（Emmelmann，2005a，b，c）。

10.3.3.2 宏蜂窝间的切换

系统要求的切换延迟已经到了信道切换时间和链路重建时间的量级（10.2.4 节），因此，可预测的快速切换机制避免了所有已经公认的涉及无线 MAC 层信令的切换过程。

RCU 总是掌握用于下一次传输数据包的 RBS，所以它可以追踪宏蜂窝内移动终端的轨迹，也可以发现何时终端到达宏蜂窝的边界，这里的边界是指一个微蜂窝与另一个宏蜂窝的微蜂窝的重叠部分。如图 10.6 中的 RBS 1_4 和 RBS 2_1。当移动终端到达宏蜂窝组边界的时候，其 RCU 通过

DS 发送信令给邻居 RCU，立刻进行切换，然后邻居 RCU 预测性地开始传输下行链路给目标移动终端，同时 RCU 发送信令给移动终端，告知邻居宏蜂窝的工作频段。移动终端则根据当前接收信号强度决定是否进行切换。在相邻网络有覆盖区域的前提下，这个决策过程并没有增加任何延迟（Emmelmann，2005a）。一旦切换到新频率，移动终端立即开始接收下行数据，在没有链路重建的情况下，也可以传输上行数据。这里有两个问题还需要解决：怎样获取不同蜂窝网络组间相邻接入点的信息；怎样保证要传递给移动终端的数据在相邻 RCU 之间同步。

接入点的位置信息可以是预先设置的，或者快速切换失败时动态学习的。当蜂窝组间切换失败时，目标 RCU 不会预测性地为移动终端服务，这迫使移动终端利用随机接入周期初始化新链路连接。在初始化的过程中，移动终端将网络切换之前的 RCU 信息通知给目标 RCU。新 RCU 也依次通知原始 RCU 切换失败的信息，并将新 RCU 信息和 RBS 信息全部通知给原始 RCU。这个信息交换建立了一个新的邻居关系。这里也可以使用其他的机制，例如 Chen 等（2008）和 Shin 等（2004）采用邻接图方法和移动预测技术结合的方法。

基于组播的方法用于保证所有的相关 RCU 收到移动终端的数据包，因此，每个移动终端接入系统的时候，我们为每个终端分配了唯一的组播 MAC 地址。这个 MAC 地址和终端的 IP 地址一起发送给 DS 入口。DS 入口轮流改动自身的 ARP 表，利用组播 MAC 地址为每个终端转发所有数据包。在可预测的快速切换阶段，相关的 RCU 支持通用属性注册协议（Generic Attribute Registration Protocol，GARP）或者组播注册协议的相关组播群，这些都频繁用于现有的商用交换机和路由器。Festag（2003）深入研究了这种基于组播的方式，Amir 等（2006）也再次使用该方法，而且已经证明它没有增加任何切换延迟。

10.4 实施

10.4.1 方法

当代码正确性较高时，工作实现的目标驱动了设计、规范以及实现快速切换支持的方法。图 10.9 描述了相关的工作流程：所有添加到 Linux 系统标准函数的功能组件都是由 SDL 语言描述的。接下来为了保证函数的正确性，我们验证了所有的规范，包括协议中可能发生死锁的深度搜索，这些都是利用 Telelogic 的商业工具 TAU（Telelogic TAU，2008）自动实现的。随后，利用相同的 SDL 代码自动生成 Linux 操作系统可执行的 C 代码。很明显，"新颖"功能自动生成的代码和 Linux 操作系统（Langgärtner，2007）需要交互。同时，Linux 系统所提供的函数功能也能够在 SDL 代码中实现，以能够自动化测试函数的正确性及是否存在死锁。这些都通过在 SDL 中引入一个功能模块实现，这个功能模块相当于 Linux 环境的适配层，如图 10.10 所示，SDL 中所有新的功能模块接口都是不可变的。取代此适应层的，可以是 Linux 系统驱动接口外部 C 代码交互的实现，也可以是仿真 Linux 功能的 SDL 虚拟功能块，到底由哪一个替代，取决于所有部件自动生成的代码是作为 Linux 下的本地代码运行还是仅仅是 Telelogic TAU 攻击分析得出的。这样 SDL 虚拟功能块就可以很简单，就如同从 SDL 环境中发送信号到另一个环境中。由此来看，我们还可以得出结论：当 SDL 使用其内部计时器信号时，在 Linux 下无法运行已生成的 C 代码。因此，只使用自定义的 SDL 信号来设置、触发计时器时间。SDL 信号再次与虚拟层交互，此时，外部 C 程序使用本地 SDL 计时器实现的计时器功能替代虚拟层。

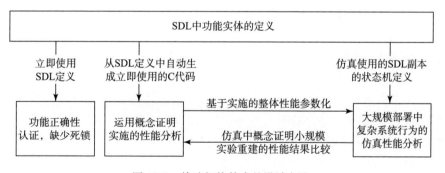

图 10.9 快速切换技术的设计方法

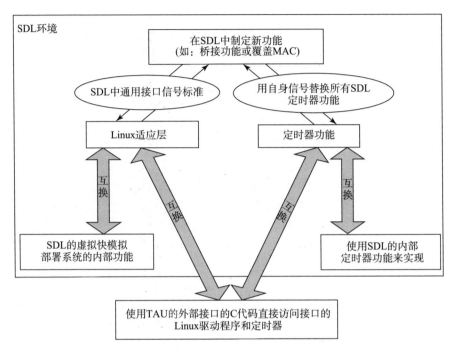

图 10.10　外部 C 代码和 Liunx 的 SDL 接口

下文中所讨论的概念验证所用到的代码是采用上文所描述的方法自动生成的。同时，由于程序能够自动生成，应该更加重视如何保证功能运作正常，而不是如何优化目标系统的程序。

10.4.2　概念验证

原型系统对应着图 10.6 中体系结构的一个子结构，它由三个微型蜂窝网络组成（RBS 1_ 3，RBS 1_ 4 和 RBS 2_ 1），这三个网络分布在两个蜂窝网络组内。我们用 IEEE802.11 原型卡（IHP Microelectronics，2008）来搭建原型中每个 RBS 的功能模块，我们完全更改这个网卡的固件，并且 Linux 系统驱动可以在网卡和主系统之间进行信息交互。在移动端，给系统添加一个独立终端。所有无线网卡连接到信道仿真器上，这个信道仿真器能够在所有的收发机之间加载随机信道模型。同时，信道特征参数也可以根据先前记录的真实信道轨迹进行调整。

在主干网络端，通过路由器，我们将概念验证演示器连接到我们的研究机构基础设施。在网络中设置一个扮演着 UDP 数据包的源主机/目的端主机，并且同终端进行通信，这里 UDP 流量将用于计算网络切换的性能。

10.5 性能评估

10.5.1 度量标准

为了评估系统的性能，包括适用于快速切换的协议，IEEE 测量了切换过程中的接入点迁移时间（APTT）（Bangolae 等，2005）。迁移时间是指原接入点最后一次成功传输数据帧与目的接入点第一次成功传输数据帧之间的时间间隔（IEEE 802.11.2 2008，Cls.6.7.2），如图 10.11 所示。因此，APTT 包含了 MAC 层建立工作链路的所有时间。

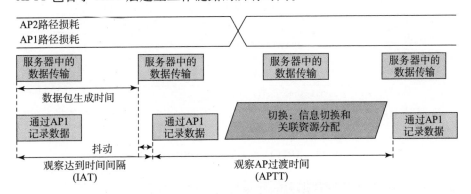

图 10.11　接入点传输时间性能度量

很明显，最小的 APTT 下界就是终端的信道切换时间（$t_{switchF}$），这是因为移动终端需要将自己的无线收发器从起始接入点的频率调整到目标单元的频率。此外，由于用数据帧的成功传输间隔来测量 APTT，其准确性取决于没有进行网络切换的数据帧成功传输间隔，因此，我们得出以下 APTT 理论最小值和最大值。

$$\varepsilon := \max\{\mu_{IAT}\} - \min\{\mu_{IAT}\} \quad (10.2)$$

$$\min\{\mu_{APTT}\} = E\{\mu_{IAT}\} - \varepsilon$$
$$\max\{\mu_{APTT}\} = 2E\{\mu_{IAT}\} + \varepsilon \quad (10.3)$$

随机变量 μ_{IAT} 和 μ_{APTT} 代表数据包到达的间隔时间（没有网络切换状况

下)和接入点切换时间。$E\{\cdot\}$，$\max\{\cdot\}$ 和 $\min\{\cdot\}$ 分别代表均值、最大值和最小值。

由于网络切换是随机发生的(如从旧的传输频率切换到新的)，当移动终端正处于接收机频率调谐状态时，如果开始网络切换以后立即传输消息，那么切换期间的数据包可能丢失。假设原接入点和新接入点的数据包是同步的，我们得出 APTT 的理论最大值和最小值，如图 10.12 所示。

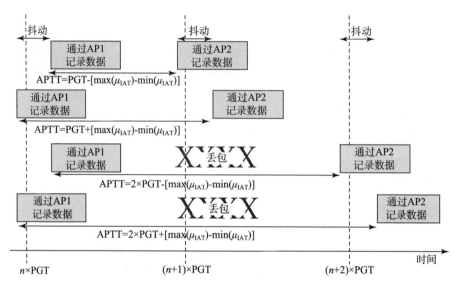

图 10.12　APTT 的最大值和最小值的理论推导

对于不同接入点间数据包的异步传输，由于网络切换可以恰恰发生在原接入点发现数据包之后和目的接入点传输下一个数据包之前，所以式(10.2)简化为

$$\min\{\mu_{APTT}\} = t_{switchF} \tag{10.4}$$

我们基于最差情况得出了 APTT 的上限和下限，那么可以认为测量的 APTT 值会介于两者之间。

除了度量标准 APTT 外，我们还定义了度量标准平均切换时延(HOD)，含义是网络切换所带来的数据包时延。

$$HOD := E\{\mu_{APTT}\} - E\{\mu_{IAT}\} \tag{10.5}$$

10.5.2 经验评估

10.5.2.1 概念验证的实验平台搭建

我们通过改变收发器之间的信号衰减来模拟移动终端的运动,比如从 RBS 1_3 经由 RBS 1_4 移动到 RBS 2_1,反之亦然。信号衰减的模式基于测量磁悬浮列车与其周边的无线基站之间的信号强度变化如图 10.13 所示,信号受到短期信号衰落影响,如图 10.14 所示。由于信道仿真器需要以 dB 为单位的衰减模型作为输入,所以我们测量的 RSSI 值近似转化为 10 个等级,如图 10.15 所示。我们所选择的近似函数对于 0.5~1.5 区间的切换决策相关的 RSSI 值可以达到小于 1% 的误差。而且几乎完美地逼近了接收器灵敏度等级下的功率,因此较好地平衡了高度近似的准确性和计算复杂度。信道模拟器采用这个近似函数来转化测量的 RSSI 值,而且当其值小于

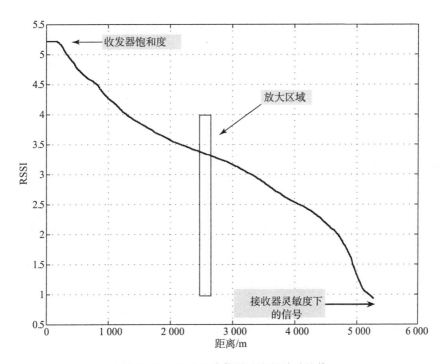

图 10.13 经验无线信号强度的移动均值

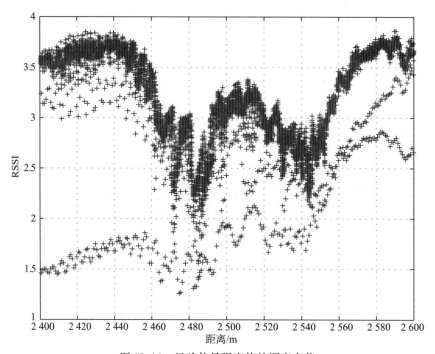

图 10.14　经验信号强度值的深度衰落

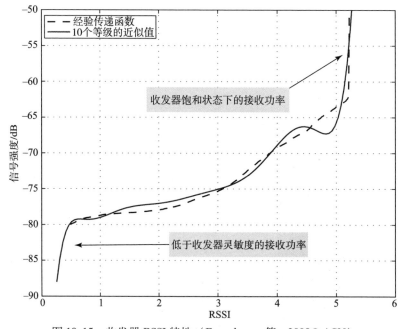

图 10.15　收发器 RSSI 特性（Emmelmann 等，2008© ACM）

80 dBm 时，不再向其转发消息；当其值小于 - 77 dBm 时，终端便初始化一个新的切换过程，这里使用了 3 dBm 的滞后余量。通过 Emmelmann（2005a，c）文中方法可以获得邻近宏蜂窝之间重叠区域的大小，然而宏蜂窝内部的 RBS 重叠区域应刚好足够大，以使得切换触发大于 - 77 dbm 时可以正确收发。

10.5.2.2 测量结果

当移动终端仅在蜂窝网络组内时，第一次测量量化了 IAT 值的大小。请注意：静止终端和在蜂窝网络组内活动的移动终端状况是相同的，这里不分别讨论。虽然期望均值（$E\{\mu_{IAT}\} = 5.01$ ms）和服务器产生数据包的时间间隔 5.00 ms 相差不大，但是 IAT 的累积分布函数有两个异常现象，如图 10.16 所示：一个是中值为 5.36 ms，另一个是连续的数据包在 0.03 ms 内到达的概率为 8%。可以这样解释这两个现象：所有概念验证演示器的协议组件都运行在用户空间，其中包括 RBS 主干网的以太网接口和无线接口之间的桥接，以及 RBS 主干网和 RCU 分布式系统之间的桥接。我们注意到已经达到了系统实现的能力上限，即每秒钟转发 200 个数据包。进一步

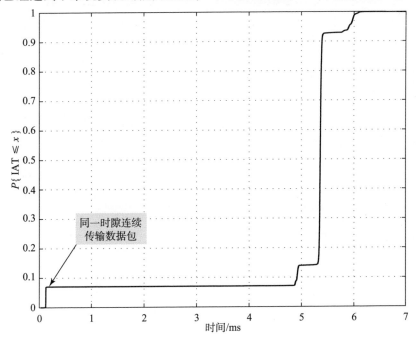

图 10.16 数据包内部到达时间（CDF 经验值，无切换，目标 PGT = 5ms）

增加系统负载,可能导致无法预估的丢包现象。结果,内核线中断 MAC 进程,因此不能够提供数据包的"实时调度",也不可能以 5 ms 的稳定速率转发数据包。由于数据包到达速率比 MAC 层调度传输时隙的速率快,可以发现每 10 个发送的数据包中,有两个属于传输队列。由于每个移动终端的 MAC 传输时隙能够装载很多数据包,MAC 层就在同一时隙内转发两个数据包,因此,这两个数据包的 IAT 值会记录为 0.03 ms。图 10.17 中 108/109 号数据包和 122/123 号数据包都描述了这个问题。由于一个 MAC 帧(在这种特定的情况下装载两个数据包)要么完整地被接收,要么被完全丢弃,所以在蜂窝组切换时无法察觉这些短的 IAT,在计算 APTT 理论最大值和最小值时也会忽略它们。表 10.2 总结了记录的原始数据,以及忽略了相同 MAC 时隙接收数据包的 IAT 相关统计特性。

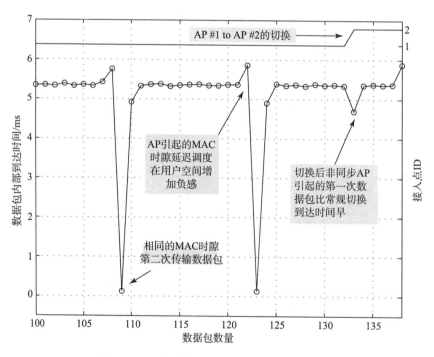

图 10.17 切换之前和之后数据包内部到达时间

表 10.2　数据包内部达到时间的统计特性

	原始数据	删除的对应于在相同的 MAC5.01 时隙内发送的报文的 IAT
$E\{\mu_{IAT}\}$	5.01 ms	5.37 ms
$\min\{\mu_{IAT}\}$	0.03 ms	4.86 ms
$\max\{\mu_{IAT}\}$	6.27 ms	6.27 ms

基于对 IAT 的评估，我们根据式（10.3）和式（10.4）得出可以应对最坏情况下误差传播的理论 APTT 的上限和下限。由于宏蜂窝的数据传输 MAC 时隙是异步的，我们得到 $\max\{\mu_{APTT}\} = 12.15$ ms 和 $\min\{\mu_{APTT}\} = 1.70$ ms。这里 $t_{switchF}$ 是一个基于测量的值，它是从指示 MAC 组件更换频段到成功接收到切换信息并准备接收新的用户数据传输的时间间隔。

图 10.18 是 APTT 的经验累积分布函数。样本在 1.88 ~ 10.04 ms 内均匀分布，这与我们的预计相符，因为两个相邻的宏蜂窝在 MAC 层传输时隙上不是同步的。理论下限仅相差 0.18 ms，而最坏情况下，误差传播的上限设置过于保守。因为下限是通过终端切换频率的时间间隔决定的（包

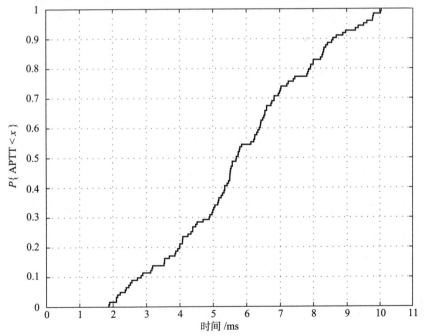

图 10.18　接入点转换时间

括固件和操作系统运行的处理开销），而且终端在这期间不能接收和发送数据包，因此会有数据包丢失的现象。我们发现丢失一个数据包的概率为22%，如图 10.19 所示。显然，频段切换时间和观察的最大 APTT 是相同数量级的（$\min\{\mu_{APTT}\}/\max\{\mu_{APTT}\} = 19\%$）。同时，一个数据包可以接收两次的概率为 10%，第一次接收来自切换前的原始接入点，第二次接收来自目的单元。正如预计，保证丢包率小于等于 1 的可能性为 100%。

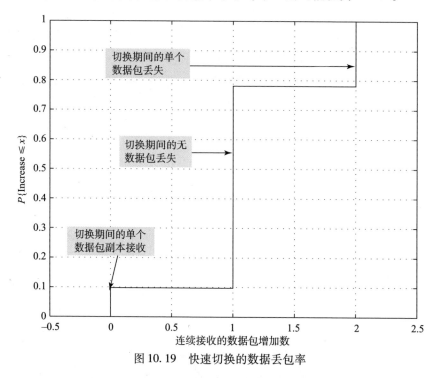

图 10.19　快速切换的数据丢包率

最后，根据式（10.5），我们利用实证结果计算切换时延：

$$\text{HOD}:= E\{\mu_{APTT}\} - E\{\mu_{IAT}\}$$
$$= (5.84 - 5.37)\,\text{ms} = 0.47\,\text{ms}$$

即使概念验证演示器的实现没有采用改善系统性能的优化代码，CBTC 系统实时通信服务的延迟也远远低于要求。

10.6　结论

从 IEEE 802.11 标准的理论限制来看，IEEE 802.11 可以很好地支持实时遥测应用的快速切换技术，如 CBTC。在未来的 802.11p 草案中，可能会移除终端和接入点之间利用握手机制建立链路连接的过程。然而，在 DS 和无线信道之间利用 802.11 网卡建立桥接会带来一定的开销：切换过程所需要的一切信息必须在没有暂停当前任何通信的条件下完成。近期的研究工作表明这是可行的，只是会增加一些开销，而且这个开销随着系统需求的增加而增加，或者随着接入点密度的减小而增加。将来，在传统车辆环境外可能也需要快速切换机制，而且未来的 WLAN 会利用更高的频段如 60 Hz，进一步缩小接入点的覆盖范围，导致更频繁的网络切换。由于未来系统将频繁发生网络切换，研究者们需要探索认知的切换机制，能够动态组合不同的快速网络切换机制，满足服务质量需求的短暂服务中断时间，同时还能保持较小的系统开销。这样的系统能够智能选择切换机制和算法，最好的方法是采用最小的系统开销刚好满足上层需求。这样认知的动态系统具有吸引力，因为它能够允许系统根据不同的需求动态调整自身能力和配置，而且在系统生命周期内使得系统的配置动态变化。例如，在终端数量非常多的时候，一个较低可靠性的切换系统能够在紧急情况下将自己调整为事件区域网络（Incident Area Network，IAN），以保证少量军事及紧急救助人员的实时通信。

参考文献

[1] Amir, Y, Danilov, C, Hilsdale, M, Musǎloiu-Elefteri, R. and Rivera, N. (2006) Fast handoff for seamless wireless mesh networks. MobiSys '06: Proceedings of the 4th International Conference on Mobile Systems, Applications and Services, pp. 83 – 95. ACM, New York, NY, USA.

[2] Bangolae, S, Wright, C, Trecker, C, Emmelmann, M. and Mlinarsky, F. (2005) Test methodology proposal for measuring fast bss/bss transitiontime. doc. 11 – 05/537, IEEE 802.11 TGt Wireless Performance Prediction Task Group, Vancouver, Canada. Substantive Standard Draft Text. Accepted into the IEEE P802.11.2 Draft Recommended Practice.

[3] Carvalho, M. and Garcia-Luna-Aceves, J. (2003) Delay analysis of IEEE 802.11 in single-hop networks. Proceedings of the 11th IEEE International Conference on Network Protocols, pp. 146 – 155.

[4] Chen, Y. S, Chuang, M. C. and Chen, C. K. (2008) Deucescan: Deuce-based fast handoff scheme in IEEE 802.11 wireless networks. Vehicular Technology, IEEE Transactions on57 (2), 1126 – 1141.

[5] Chittester, C. and Haines, Y. (2004) Risks of terrorism to information technology and to critical interdependent infrastructure. Journal of Homeland Security and Emergency Management 1 (4), Berkley Electronic Press.

[6] Chui, S. K. and Yue, O. C. (2006) An access point coordination system for improved VOIP/WLAN handover performance. Vehicular Technology Conference, 2006. VTC 2006 – Spring. IEEE 63rd 1, 501 – 505.

[7] Dutta, A, Das, S, Chiba, T, Yokota, H, Idoue, A, Wong, K. D. and Schulzrinne, H. (2006) Comparative analysis of network layer and application layer IP mobility protocols for IPv6 networks. Wireless Personal Multimedia Communications (WPMC), pp. 6 – 10.

[8] Emmelmann, M. (2005a) Influence of velocity on the handover delay associated with a radio-signal-measurement-based handover decision. Vehicular Technology Conference (VTC) Fall 2005, Proc. Of IEEE 62nd, vol. 4, pp. 2282 – 2286 IEEE, Dallas, TX, USA. Extended version.

[9] Emmelmann, M. (2005b) Influence of velocity on the handover delay associated with a radio-signal-measurement-based handover decision. Technical Report TKN – 05 – 003, TU Berlin, Berlin, Germany.

[10] Emmelmann, M. (2005c) Velocity effects on RSM-based handover decision. doc. 11 – 05/233, IEEE 802.11 TGt Wireless Performance Prediction, Plenary Session, Atlanta, GA, USA.

[11] Emmelmann, M, Langgärtner, T. and Sonnemann, M. (2008) System design and implementation of seamless handover support enabling real-time telemetry applications for highly mobile users. Proc. of the 6th ACM International Symposium on Mobility Management and Wireless Access (MobiWac 2008), pp. 1 – 8, Association for Computing Machinery (ACM).

[12] Emmelmann, M, Rathke, B. and Wolisz, A. (2007a) Mobile WiMAX: Toward Broadband Wireless Metropolitan Area Networks. Auerbach Publications, CRC Press chapter Mobility Support for Wireless PAN, LAN, and MAN. ISBN: 0849326249.

[13] Emmelmann, M, Wiethölter, S, Koepsel, A, Kappler, C. and Wolisz, A. (2006) Moving towards seamless mobility: State of the art and emerging aspects in standardization bodies. WPMC 2006, San Diego, CA, USA. Invited Paper.

[14] Emmelmann, M, Wiethölter, S, Koepsel, A, Kappler, C. and Wolisz, A. (2007b) Moving towards seamless mobility—state of the art and emerging aspects in standardization bodies. Springer's International Journal on Wireless Personal Communication-Special Issue on Seamless Handover in Next Generation Wireless/Mobile Networks.

[15] Emmelmann, M, Wiethölter, S. and Lim, H. T. (2009a) Influence of network load on the performance of opportunistic scanning. IEEE Conference on Local Computer Networks (LCN), Zurich, Switzerland.

[16] Emmelmann, M, Wiethölter, S. and Lim, H. T. (2009b) Opportunistic scanning: Interruption-free network topology discovery for wireless mesh networks. International Symposium on a World of Wireless, Mobile and Multimedia Networks (IEEE WoWMoM), Kos, Greece.

[17] Festag, A. (2003) Mobility support in IP cellular networks-a multicast-based approach. PhD thesis, Technical University Berlin.

[18] Fettweis (Ed.), G. (2007a) Wireless gigabit with advanced multimedia support-system concept evaluation part 4: Medium access layer. Project report, Dresden University of Technology.

[19] Fettweis (Ed.), G. (2007b) Wireless gigabit with advanced multimedia support-system concept final version part 1: Overview. Project report, Dresden University of Technology.

[20] IEEE 1588 (2002) IEEE 1588 – IEEE standard for a precision clock synchronization protocol for networked measurement and control systems.

[21] IEEE 802.11 (2007a) IEEE standard for information technology—Telecommunications and information exchange between systems-Local and metropolitan area networks—Specific requirements—Part 11: Wireless LAN Medium Access Control MAC and Physical Layer PHY Specifications. IEEE Std 802.11 – 2007 (Revision of IEEE Std 802.11 – 1999).

[22] IEEE 802.11 (2007b) Wireless LAN Medium Access Control (MAC) and Physical Layer (PHY) Specifications.

[23] IEEE 802.11.2 (2008) IEEE 802.11.2—Recommended practice for the evaluation of 802.11 wireless performance.

[24] IEEE 802.11e (2005) Std 802.11 Information technology telecommunications and information exchange between systems, local and metropolitan area networks, specific requirements, Part 11: Wireless LAN medium access control (MAC) and physical layer (PHY) specifications. IEEE Press chapter Amendment 8: Medium access control (MAC) quality of service (QoS) enhancements.

[25] IEEE 802.11k-2008 (2009) IEEE 802.11k-2008—Radio resource measurement, draft amendment to standard for information technology—Telecommunications and information exchange between systems—LAN/MAN specific requirements—Part 11: Wireless Medium Access Control (MAC) and physical layer (PHY) specifications.

[26] IEEE 802.11p (2009) Wireless access in vehicular environment, draft amendment to standard for information technology—Telecommunications and information exchange between systems LAN/MAN specific requirements—Part 11: Wireless medium access control (MAC) and physical layer (PHY) specifications.

[27] IEEE 802.1ak (2007) IEEE standard for local and metropolitan area networks—Virtual bridged local area networks-Amendment 7: Multiple registration protocol.

[28] IHP Microelectronics (2008) Homepage of the institute for innovations for high performance microelectronics. http://www.ihp-microelectronics.com/.

[29] Kannisto, J, Vanhatupa, T, Hannikainen, M. and Hamalainen, T. (2005) Software and hardware prototypes of the IEEE 1588 precision time protocol on wireless LAN. The 14th IEEE workshop on local and metropolitan area networks, LANMAN 2005.

[30] Kim, H. B, Emmelmann, M, Rathke, B. and Wolisz, A. (2005) A radio over fiber network architecture for road vehicle communication systems. Proc. of IEEE Vehicular Technology Conference (VTC 2005 Spring), vol. 5, pp. 2920 - 2924, Vol. 5, Stockholm, Sweden.

[31] Langgärtner, T. V. F. (2007) Design of a software development environment

for the IHP MAC prototyping development board. Master's thesis, Technical University Berlin.

[32] Lewis, T. (2006) Critical infrastructure protection in homeland security: defending a networked nation. John Wiley & Sons, Ltd.

[33] Miller, L. E. (2009) Wireless technologies and the SAFECOM SoR for public safety communications. http://www.antd.nist.gov/wctg/manet/docs/WirelessAndSoR060206.pdf.

[34] Mishra, A, Shin, M. and Arbaugh, W. (2003) An empirical analysis of the IEEE 802.11 MAC layer handoff process. SIGCOMM Comput. Commun. Rev. 33 (2), 93–102.

[35] Mitola, J. I. (2000) SDR architecture refinement for JTRs. Proc. 21st Century Military Communications MILCOM 2000, vol. 1, pp. 214–218.

[36] Nijkamp, P. (1995) From missing networks to interoperable networks: The need for European cooperation in the railway sector. Transport Policy 2 (3), 159–167.

[37] Ramani, I. and Savage, S. (2005) Syncscan: practical fast handoff for 802.11 infrastructure networks. INFOCOM 2005. 24th Annual Joint Conference of the IEEE Computer and Communications Societies. Proceedings IEEE 1, 675–684, vol. 1.

[38] RSAC (1999) Report of the railroad safety advisory committee to the federal railroad administrator, implementation of positive train control systems. Federal Railroad Administrator, US Department of Transportation, Washington, DC.

[39] Shin, M, Mishra, A. and Arbaugh, W. A. (2004) Improving the latency of 802.11 hand-offs using neighbor graphs. MobiSys '04: Proceedings of the 2nd International Conference on Mobile Systems, Applications, and services, pp. 70–83. ACM, New York, NY, USA.

[40] Singh, G, Atwal, A. P. S. and Sohi, B. S. (2006) An efficient neighbor information signaling method for handoff assistance in 802.11 wireless. Mobility '06: Proceedings of the 3rd International Conference on Mobile Technology, Applications & Systems, p. 14. ACM, New York, NY, USA.

[41] Telelogic TAU (2008) Rational Tau: A standards-based, model-driven

development solution for complex systems. www. telelogic. com/Tau.

[42] Velayos, H. and Karlsson, G. (2004) Techniques to reduce the IEEE 802. 11b handoff time. IEEE International Conference on Communications 7, 3844 – 3848, Vol. 7.

[43] Virtual Automation Networks Consortium (2006) Real time for embedded automation systems including status and analysis and closed loop real time control. Deliverable D04. 1 – 1, EC Information Society Technology.

[44] Zhang, N. and Holtzman, J. (1994) Analysis of handoff algorithms using both absolute and relative measurements. Vehicular Technology Conference, 1994 IEEE 44th 1, 82 – 86, vol. 1.

[45] Zhang, N. and Holtzmann, J. (1996) Analysis of handoff algorithms using both absolute and relative measurements. IEEE Transactions on Vehicular Technology 45 (11), 174 – 17.

11 新的技术范式

Bernd Bochow
弗劳恩霍夫开放式通信系统研究所

可以预见，车载网络与一般多功能无线网络的融合在不远的将来便会发生：具有通用无线网络的车载网络的交互操作或集成通用无线网络能提供特定的网络服务的车辆。在此过程中，车载网络的演进与一般无线网络的联系将比目前更加紧密，并且可以同时推动彼此的发展。例如，无线通信领域的新成果如高级国际移动通信（IMT-Advanced）、未来的动态频谱接入（DSA）和电视空白频段接入都将在车载网络中得到应用，开始以混合或覆盖作为解决方案，而后逐步互相融合。相反地，专用的应用及服务则将由目前的车载网络发展而来，如受益于车辆的移动性，基于位置的服务从应用程序的角度上统一了个人和车辆的移动性。

本章将讨论仍有巨大发展空间的车载网络领域即将迎来的技术挑战。主要讨论包括如认知方法在内的车载通信技术的演化、整合以及融合。在讨论车载网络发展的关键问题之后，文章将会概括本领域在未来所面临的挑战。鉴于针对未来车载网络的研究课题范围较广，故在本章，有关技术方面的挑战将只做概括而不做详述。相对地，本章会给出与所讨论主题相关的一些参考文献。接下来，本章将集中讨论车载通信的一些特定的未来课题，给出人们为迎接挑战而应用新范式的动机。而本章的最后，将会展望车载网络在未来因特网中的作用与地位。

11.1 车载网络的演进与融合

无线网络的演进一般由以下因素推动：用户对增强型或新型应用的需求以及对网络的带宽、连通性和可用性的需求。因此，无线网络的发展主要是由用户的利益与能力间的平衡、网络运营商、服务提供商、设备制造商以及监管机构［关于射频（RF）频谱的可用性］来决定的。

对车载网络而言，情况则稍有不同，因为车载网络的主要目的在于控制运输系统。网络能否可靠地运行通常取决于利益相关者对生命及货物的安全是否抱有责任感，取决于是否能清楚地将技术的可靠性而不是新颖性放在第一位。因此，利益相关者将通信系统视为运输系统必需的一部分，以它们的特定范围、视角以及需求推动网络的发展。

当下，网络、服务和运输系统的运营商往往有相同的处境，必要时也要担当网络使用者和管理者的角色。因此通信系统也为专门的用途做了专门优化（其特性和能力由运输系统的运营商定制），导致不同类型的运输系统的专用和潜在的不同的特定的应用程序的网络发展。与一般用途无线网络的有限互用性便是这种分歧的写照。例如，通用无线分组业务技术（GPRS）对初期 GSM-Rail（GSM-R）规范的支持力度不够现在限制了 GPRS 与 GSM-R 的并行使用，因此当终端工作在 GPRS 模式下时便无法发挥 GSM-R 的先进特性。自 GPRS 和 GSM-R 共同被用来实现欧洲铁路控制系统（ETCS）中第 2 级的基于 IP 的服务（Aitken 等，2003；RailXperts，2009；UIC，2008）以来，GSM-R 的先进性已备受重视。

在任何可行的领域，车载通信都正在增加对乘客或第三方通信需求的车载网络资源共享的支持，如车载通信与因特网的连接。这促进了网络利用率的提高以及技术设施所需费用的均摊，同时也可以创造额外的商业机会，这超过了智能交通系统（ITS）可创造的固有经济利益（参见 EUNET/SASI 联合会，2001；Jraiw，2005）。

与支持车载通信的一般多用途无线网络相比较，车载网络拥有独有的安全性和独立性的设计。向乘客通信开放这些网络进一步弱化了利用专有通信系统所带来的有限的保护，甚至可以令基础设计中意料之外的漏洞显露出来。所以，车载通信网络的运营商所关心的是对乘客的通信支持绝不能引入无法控制的、非侵入式的安全威胁。车载网络明确地以关键任务为先，乘客被视为它的二级用户，如它严格地将乘客通信中与安全相关的功能划分出来。此外，随着与外部网络的连接性和交互性的增强，车载网络易受到恶意使用和攻击（专门针对车载通信或基础设施），这可通过互联网发生。

另外，车载网络的发展与由乘客通信需求所推动的一般无线网络的技术革新紧密相连，对乘客通信的支持潜在地推动了车载网络的进一步发展。例如，利用增强的端对端安全性以应对一般无线网络中日益严重的安全问题，便可使车载网络立即从中获益。未来的动态频谱接入法（DSA）将车辆与基础设施通信无线接入扩充到电视空白频段（参见数字红利吧，如 Ofcom，2009），这能显著提高车载网络的可靠性和独立性，但首先将在一般用途无线通信中部署。高级国际移动通信（IMT-Advanced）（超LTE的3G，见3G美洲，2009；UMTS论坛，2009）在其规划中也已考虑了对高速移动性及电视空白频段运营的支持。

作为一种有效处理同步无线用户数量增加的方法，加强一般网络的无线接入（例如基于情景发射功率控制，或者利用灵活定向天线）能够有助于解决无线节点数目密集情况下的扩展性和干扰问题。例如，路由层以及针对城市中车辆与车辆以及基础设施（V2X）高普及率场景的鲁棒性和可靠性可以通过无线覆盖的空间适应装置来改进［可参见 Eichler 和 Schroth（2007），Ho 等（2008），Kosch 等（2006）对于车载自组织网络（VANET）中信息传播问题的可扩展性的讨论］。

因此，我们可以期待，车载网络与一般用途无线网络的融合可以提高车辆通信的鲁棒性和扩展性，同时潜在地促进应用程序之间融合。未来的基于定位的应用将得益于网络物理流动性的收集，以及沿着车辆路径信息的分布和呈现。车对车（C2C）网络将首先受益于地理寻址、地域性群播信息的传送以及保持信息发布的地方性。

面对未来应用程序需求的增大、用户的不断增加、带宽需求增加的情况，同时为了能够更加有效地利用稀缺的频谱资源，无线通信正经历着一次范式的转变。例如通过应用认知方法实现有效性、灵活性、自主性以及可进化性（针对能源消耗、降低辐射功率、灵活性的频谱接入及协议支持，网络的自主配置、自主管理及自主学习），特别是对于无线自组网，已成为相当重要的课题。对于车载通信也是如此，这些都将构成下一代车载网络的挑战。

11.2 未来的挑战

11.2.1 处理网络增长

这个问题对商用公共 V2X 通信（如 C2C VANET）而言，某种程度上较为特殊，因为有大量的无线节点在有限的地理区域竞争共享的严格有限（授权）的射频（RF）频谱。由于节点的数量与占据的地理区域面积、无线电设备作用范围以及分配给每个节点的通信带宽有关，所以，即便是节点数量不多，在给定的区域内也可能使所划分的频谱饱和。因此，这个问题与资源的有效管理关系密切，也因此可以应用于任何非托管的、分散化的或是移动自组网拓扑。资源管理可以解决频谱稀缺的问题（11.2.2 节），但无法解决所有的相关问题。

未来的车载网络将面临大量通信节点的情况。例如，VANET 要在车辆和路边单元的数量方面发展，在密集城市的情形下，这些车辆和路边单元的数量很容易就在它们的短程无线通信的理论范围内累加至数百个［参见如 Hu 等（2009，2008）对城市道路的容量预估，以获得此种场景下节点的粗略数量］。

下面给出了特别是密集场景下我们所面临的挑战：
(1) 处理由附近车辆引起的射频视距（LoS）障碍；
(2) 为定位和时间同步提供更高的精度；
(3) 实现依赖于环境的往返时间（RTT）信息的优化。

11.2.2 自组网下的资源管理

相比于一般用途的无线网络，车载网络的资源管理对网络运营显得更加重要。在给定限制条件下分配无线通信资源的需求——信息必须在严格时限内经网络传输——具有产业网络而并非目前无线网络的特性。针对蜂窝和基于基础设施拓扑，这个需求可以通过资源的保留和预分配来解决。此外，我们已熟知该网络拓扑，同时激活的无线用户可以在某种程度上得到控制，并最终限制在一定程度。对此，我们拥有一些易于理解的算法

(参见 Stanczak 等，2006）。

对于分散的或自组网拓扑结构，仅依靠本地可用网络状态信息细节，通常无法预计并行用户的数量，而资源管理也是分散式的。这一领域的研究还处在相当初级的阶段，且至今所研究的算法高度重复（例如基于遗传算法、粒子群算法或是博弈论——参见 Fang 和 Bensaou，2004；Kennedy 等，1995；Xue 等，2003），且其中的大多数依赖于观测地理上（如无线电资源）或拓扑上（如网络资源）其他节点的当前资源利用情况。

无线网络中，资源的有效管理问题基本上是在时间、空间及光谱维数中识别有效资源的问题，也是资源用户间协调协作的能力问题。此外，消息也需要与时俱进，以应对拥有极高动态性的自组网拓扑。一般来说，消息的时效性是集中拓扑和分散拓扑都必须面临的问题，但是在集中拓扑结构中问题的影响由于已知消息和不断增加的可预见性得到减轻（例如使用已知的时间帧，如 TDMA 或 TDD 方案）。因此，只有在十分有限的地理区域内由所需知识的通信延迟确定，动态拓扑中有效的资源管理才是可以实现的，该时间帧内的拓扑和资源可用性我们认为是准稳态的。

综上，动态拓扑中针对分布式资源管理所面临的挑战如下：

（1）获取并传播在时间、空间和光谱维数上的拓扑和资源有效性的认识。

（2）无线节点的有效协作和资源利用的有效合作。

11.2.3 实现互通、集成和融合

车辆网络受益于可用的无线接入方法的多样性，为专用需求进行了优化。例如，给定坐落在附近的车辆一个足够高的密度，短距离通信允许低延迟的车辆之间在无线自组网多跳结构中通信。但是短程通信没有为低密度、大跳数、高速或大范围场景提供充分的可靠性，如 V2X 的乡村场景（参见 Aguado 等，2008；Ashida 和 Frantti，2008；Costa 等，2008）。混合无线接入结合了车辆自组织网络（VANET）和 V2X 的特性，可以在一定程度上缓解这种情况，但是潜在地引入了额外的通信延迟、系统的复杂性以及基础设施的费用。

目前，互通是基于常用的 IP 协议实现的。而由于集成和融合包括了基础设施（包括基础设施服务）和无线接入的融合，所以我们尚有待解决的问题。后者我们可以通过利用多个无线接口或可重构射频接口实现，可在

不同无线链路之间以透明的方式实现切换，其对资源受限且任务优先的车载通信来说更为必要。

因此，如果想要满足信息的关联和限制、车辆及应用环境、通信链路的连接性及可靠性的需求，那么集成和融合便是高效管理多个并行接口方法的首要议题。在自组网多跳结构中，如果需要，每个节点将基于本地策略（如频谱使用）和情境（如邻居节点对的资源利用），自主决定下一跳合适的通信路径（参见 Bochow 和 Bechler，2005；Kutzner 等，2003；Wu 等，2008）。

综上，实现互通、集成及融合所面临的具体挑战有：
（1）同时处理多频道和多接口接入技术；
（2）实现基于情景的决策以优化多接口接入技术；
（3）无论通信路径如何选择，都能提供应用的透明性。

11.2.4 提供集成的车载及临近通信

若干个车辆可以认为是一种移动网络，它能为车载乘客提供无线接入，同时也可以提供给条件合适的非车载但在该车附近的用户。使用车辆作为互联网路由器向车内网络提供无线接入是车载网络众多应用中的首个应用（Cisco Systems，Inc.，2009）。此外，远程维护作为一种"经典"的 V2X 应用同时涉及远距离和附近不同使用目的的顾客。

车载通信通常是在乘客信息和娱乐应用的背景下被提及的，或是在向公共交通的乘客提供互联网接入的情况下被考虑到的，与此同时，车载通信对某些安全相关的应用如 eCALL（欧洲委员会，2009）或者是入射区域网络（IAN）中的应用（Delaney，2005；Refaei 等，2008）也十分重要。这里提到的车辆能自动提供环境信息（例如位置信息和附近车辆信息），同时能在不依赖乘客支持的情况下提供无延迟的通信服务。车辆对附近通信开放使得服务区域增大，但也增加了安全和共存问题，同时也存在要求支持额外无线标准的问题。

因此，接入的控制、车载服务的授权功能和车载网络的授权功能都是强制性的。由此看来，邻近通信的可靠管理是必要的，因为攻击者可能利用车辆的邻近通信能力来危害车载网络的隐私保护特性（例如通过跟踪未加入网络的车辆）。这引出了一个设想，即邻近通信应该是以按需方式而并非常开方式工作。

与无线车载通信相比,邻近通信扩大了地理区域覆盖面积,增加了潜在的使用车辆通信的用户数以及可支持的无线标准数。必须采取防范措施来防止针对V2X无线链路的性能、可靠性及其他关键功能的危害。要保证非接触操作、无线介质上的及协议层上的共存。

综上,提供集成车载及邻近通信所面临的挑战有:
(1)所支持的标准及协议日益增加的复杂度;
(2)邻近通信的自我管理及自组织;
(3)融合共存及避免与V2X通信相干扰的安全机制。

11.3 新的范式

通过将车载自组织网络(VANET)引入车载网络的主要范式变化是从集中式的、管理良好的基于基础设施的网络转变为开放的、自组织且灵活的自组织结构,它可能会依赖于固定的基础设施,也可能会与之协作。随着这种范式的变化,许多新的研究课题指向了车载网络,比如如何自组织、协作、学习及认知。这可以视为另一种范式变化,因此,从网络的角度来看,车辆不再仅仅是无线网络的终端,更能够进行学习、决策并自动执行操作。在这个过程中,它们收集并共享知识,同时也扮演着无线移动传感器网络的角色。

车载网络的发展和成长将进一步增长对分布式资源管理和信息的获取及传播的合作计划的需求。对邻近车辆进行观测,从其行为中学习并共享所获取的信息,这是有效减少协作干扰、关联估计及转发信息优先级的先决条件。下面我们将讨论上文所定义的各种挑战并完善针对范式改变的讨论。

11.3.1 由紧邻的其他车辆引起的射频视距障碍

在密集场景下,虽然接收器和发射器距离很近,但是视距条件并不容易匹配,这是因为总是有车辆在菲涅尔区(Fresnel Zone)进出。衰落情况与不良的多路径衰落情况相似,同时需要注意通信平台的射频接收器和天线部分。控制发射器的每包功率可以减少干扰的状况,但如果视距被阻滞,也将减少间接接收信号的机会。通过此途径最小化干扰(如Li等,

2004）来优化通信范围的建议尚未考虑短距离链路固有的丢包，而且其假定了所有节点只要在合适的通信距离内都能接收信息。视距障碍是一种物理频道特性，可通过使用以下方式来减小：利用智能天线，在通信平台使用天线多样性和或空间多样性，或者通过协议层的协作，探测并通知隐藏节点，例如即使是短距离的情况也利用多跳转发。

11.3.2 对定位的准确性和时间同步的需求增加

大量的协作应用程序（例如合作防撞系统，或中国社会科学院网络主动安全）依赖于车辆的位置及事件和反应之间的时间间隔（潜在地应用到不同的车辆），这些应用程序相应的操作所需的精确度（例如对于事件排序、相关估计和随后的信息分布）取决于车辆的速度及车辆间距。例如一个 C2C 车辆自组网，Shladover 和 Tan（2006）给出了定位精度要求为 0.5 m，位置更新频率为 10 Hz。考虑到需要使用商业级设备和现行的全球导航定位系统（GNSS），则需要使用辅助 GNSS 如差分 GPS（DGPS）或基于通信的协作定位方法。但两种方法都有缺点（GNSS 卫星的能见度和基于消息的协作定位的带宽限制），需要将二者结合来满足所需的精确度［参见 Efatmaneshnik 等（2009）有关协作定位的信道容量要求的讨论］。

11.3.3 消息往返时间优化

根据车辆及应用程序的环境、转发信息的相关性，这个问题与提升的介质访问效率紧密相关［参见例如 Delot 等（2008）关于在 VANET 信息分发中信息相关性的估计方法］。在密集情景下，这个问题是十分重要的，因为车辆在竞争可用频道带宽时将引发衰减、冲突或堵塞，这将导致丢包数的增加或消息重复（无论它们是否联结着通信系统或应用程序）。例如，上文所给出的协同 C2C 应用中位置信息的最小更新速率只在一条消息传输的时间明显缩短时才有效，也就是说，由应用程序转送的信息在其到达接收器以前就已经过时了，这对于某些应用程序来说是无法接受的。这种情况下无线链路上的消息的优先次序均具有强制性（例如 Torrent-Moreno 等，2004），但如果邻近车辆在方案上不协同也有可能导致失败。因此优化消息往返时间需要依靠环境配置和保留带宽资源来最小化接入延迟及所传输信息的传输延迟。

11.3.4 增加并传播在时间、空间和谱维数上的拓扑与资源有效性的相关知识

这包括节点本地传感和探测策略及能实现所获得的背景信息交换的通信策略。感应（专注于观察）和声音（专注于探测）包含无线信道估计及无线场景分析，还包括链路层及流量采集方面。高度移动环境如车辆自组织网络的射频信道估计，（因此信道均衡器的设计和多普勒补偿射频接口）本身就是一个复杂的问题，与信息传输相比，考虑到信道参数可能在一个时间帧内会快速变化。Klenner 等（2009）和 Peiker 等（2009）解决了多输入多输出（MIMO）背景下的高速列车与沿线间通信的高移动性应用这个课题。无线场景分析（参见 Haykin，2005）使课题向观测完整的无线环境的方向发展，在聚焦抑制射频干扰（如通过智能天线的波束控制和调零）的同时观测、估计附近节点的资源利用情况。

针对自组多跳方案（Neely 和 Urgaonkar，2009；Scheuermann 等，2007），在机会路由和拥塞路由方案中所使用的背压算法可以视为探测网络状态、适应路由和数据包速率的一种途径。详细的流量分析及用户在协议层上的建模（OSI 链路层及以上）可以增加观测节点的资源利用的可预见性（参见 Riihijarvi 等，2009）。节点间的协作是很必要的，因为流量分析也被认为是一种攻击方式。未来的协议可能会杜绝恶意的流量分析（参见 Deng 等，2005），这潜在地妨碍了使用流量分析作为一种手段来优化资源利用。

环境信息的分配是基于通信的协作的一部分，涉及内层传感信息交换的跨层问题，也是跨层环境通信和环境聚合的优化问题。它的目的是尽可能地降低协议开销，因为描述网络状态的环境信息的量是十分巨大的。

11.3.5 在资源利用中有效地合作协同

基于通信的协同被视为是显著提高一般无线通信的推动者，同时由于网络拓扑和无线场景的快速变化，它也是一个复杂的问题。可以预见，将会出现能减少无线信道接入冲突（如通过协作传输）、信道的投机性使用、协同信道估计的应用程序。后者与宏观 MIMO 及自组织多跳结构相关（Shin 和 Yun，2008；Tila 等，2003）。节点协同可以选择合适的邻居车辆

进行转播以执行宏观 MIMO。

11.4 展望：车载网络在未来的互联网中所扮演的角色

车载网络从最初的以命令和控制为目的的低速率数据和声音通信发展到多用途的移动网络。虽然畅销的应用程序如公共 V2X 通信的大面积配置时代尚未到来，但是可以预见，在几年之内这将成为现实。

车载网络正在摆脱作为共存的专门用途网络的角色，成为未来互联网的一部分。Paul 等（2009）和 Hourcade 等（2009）向我们提供了目前的研究动态以及未来互联网构架的简单概述。例如，强调了未来互联网的内容分发网络（CDN）的观点、C2C 网络不会有特殊的作用的观点以及应用层和服务层的无缝融合的观点。Paul 等（2009）为了实现这一愿景而讨论的中断和延迟容忍网络（Delay Tolerant Network，DTN）的研究领域与未来车载网络的设计和车载自组织网络的发展都有相当大的关系。

从未来互联网是服务型的视角来看（Chandrashekar 和 Zhang，2006），车载网络可以发挥多重作用。可以认为它们是多个面向服务的覆盖网络，能同时为提高安全性和能源效率提供机对机通信服务，为车内用户和应用程序提供无线网络接入，也能获取传感器数据，如从道路交通、环境及射频频谱传感器获取数据。在第二种作用中，车载网络在某些方面还和物联网有所关联（例如视为一个网络化智能对象的动态集合，Orefice 等人，2010；Sekkas 等人，2010），本书的 8.4.2 节讨论了车载网络背景下的无线传感器网络（WSN）。

服务层和应用层的角色、网络角色以及网络基础设施层的角色之间的相互隔离在车载网络中变得越来越重要。也就是说，发展车载网络的恢复力和独立性受共享平台、无线链路和基础设施成本降低的影响。如果车载网络自身与其他外联网络协作共生，那么这种影响将更加明显（参见 Brownfield 和 Davis，2005；De Poorter 等，2008）。

复杂的方法即将被用于探测无线链路的恶意利用并保证网络的可靠性、安全性和隐私性。例如本书 5.7.1 节简单地讨论了基于预先从无线接收器获得的信息探测 GNSS 信号的问题，5.5 节则讨论了针对无线链路的主动攻击，如使用中继攻击。

应该注意到，即便恶意攻击给车载通信带来了巨大的挑战（从 6.5.1

节的讨论中可以看出），但对无线通信系统的完整性最大的威胁仍是无法探测的设备缺陷。虽然如此，对基础设施和无线链路本身的无线接入会在可靠的车载通信中保留薄弱环节。

军事领域中所使用的软件无线电（Software Defined Radio，SDR）和认知无线电（Cognitive Radio，CR）的发展，通过提供一种支持经 DSA 频谱切换的无线链路上的冗余，打开了通往实现增加鲁棒性和恢复性的途径。作为增加无线接入的通信带宽、共存水平及无线覆盖度的能源效率和频谱效率的方法之一，DSA（参见 Akyildiz 等，2006）也能够通过规避受影响频带对恶意干扰做出反应。此外，如果网络的完整性受到影响，协同式射频感应能定位干扰并采取网络层级的对策（Noguet 等，2009）。

关于未来互联网，研究界进行的讨论认为，目前的 IP、UDP 和 TCP 协议越来越陷入"瓶颈"，不能充分灵活地使大量现存的和即将推出的应用有效利用通信链路的潜在能力。目前车载自组织网络的发展已清楚地呈现出其中的一些短板，特别是在高动态的 C2C 通信的情况下的不足（Chandran 等，2001；Holland 和 Vaidya，2002；Lim 等，2003）。正如未来互联网社区所讨论的提议，车载网络将首先在 OSI 网络上和与 IP、UDP、TCP 共存的传输层上执行优化的协议。本书的 3.8 节和 8.4 节从不同角度讨论了 VC 中基于 IP 的协议和车载环境下无线接入（WAVE）协议栈的共存。

这些概念并不是无缝融合般地被开发，其目的是分离安全相关通信和用户通信。如果这种分离不能以一种控制良好的方式弱化，未来的应用，例如需要监测车辆附近与安全相关的 V2X 数据流量的应用，将很难实现。本书的第 1 章和第 2 章着重于应用和用例场景，同时给出了不同领域车载网络目前或即将推出的应用程序的简单综述和分类。将车载网络的驱动式融合需求定义为未来互联网时，本书第 1 章给出的应用程序分类方法将十分有帮助。

车载网络的发展催生了基于通信的车辆间协同的一个全新视角，诸如 Kognimobil（2009）的研究活动开始尝试利用 V2X 通信来协同感应车辆的周边情况，并分享、传播在此过程中获取的知识。这个长期研究活动的概念是非常苛刻的，同时这种方法远远超出了认知网络的范围。

尽管自主性的适宜性和针对日益增加的网络复杂性的认知并非无可置疑（Stavrakakis 和 Panagakis，2006），但人们普遍认同这将是未来互联网的关键推动者，同时也是未来车载网络的必要元素。这方面的研究开发仍处于初级阶段,其中潜力并未被充分开发。目前我们可以清楚地看到,多种自主特征,从通过自我修复实现的自主组织到自主管理和自主学习等,将分布在网络及整个协议栈中(一种跨层/跨网络的方案)。

在非常实际的意义下,为了避免潜在地引起优化冲突,在车载网络中这些自主特征的协同将成为挑战。本地网络节点(垂直分布)及普通网络节点(水平分布)的认知功能的协同合作变得十分重要。因为协作通常伴随着显著性控制和管理协议开销,所以认知车载网络可能会面临资源稀缺(如通信带宽)、传输延迟或者比未来有线或无线的互联网其他领域所观测的更加严重的通信损失。

总之,以上的讨论旨在指出,尽管仍有大量的技术挑战有待解决,乃至有的尚未着手,车载网络毋庸置疑将会成为未来互联网的一部分。因此,车载网络仍将长期作为一种专用网络而非一般性网络。本书也许可以从车辆通信的多个方面为您提供此课题更为广阔的视野,并帮助您认识技术同应用领域的联系及其潜力和协同效应。

参考文献

[1] 3G Americas (2009) The mobile broadband evolution: 3GPP release 8 and beyond. http://3gamericas.org/documents/3GPP_Rel-8_Beyond_02_12_09.pdf.

[2] Aguado, M. Matias, J. Jacob, E. and Berbineau, M. (2008) The WIMAX ASN network in the V2I scenario. IEEE VTC 2008 – Fall.

[3] Aitken, J. Lehrbaum, M. and Owen, G. (2003) GSM-R, advanced, approved, available and applicable. http://www.jja.com.au/index.php/technical-papers-/21-gsm-r-advanced-approvedava-ilable-and-applicable.

[4] Akyildiz, I, Lee, W, Vuran, M. and Mohanty, S. (2006) NeXt generation/dynamic spectrum access/cognitive radio wireless networks: a survey. Computer Networks 50 (13), 2127–2159.

[5] Ashida, M. and Frantti, T. (2008) System architecture for C2C communications based on mobile WiMAX, pp. 558–567.

[6] Bochow, B. and Bechler, M. (2005) Internet integration. InInter-Vehicle-Communications Based on Ad Hoc Networking Principles-The FleetNet

Project (ed. Franz, W, Hartenstein, H. and Mauve, M.) Universitätsverlag Karlsruhe, pp. 175 – 211. ISBN 3 – 937300 – 88 – 0.

[7] Brownfield, M. I. and Davis, N. J. (2005) Symbiotic highway sensor network. Proc. VTC – 2005 – Fall Vehicular Technology Conference 2005 IEEE 62nd, vol. 4, pp. 2701 – 2705.

[8] Chandran, K. Raghunathan, S. Venkatesan, S. and Prakash, R. (2001) A feedback-based scheme for improving TCP performance in ad hoc wireless networks. IEEE Personal Communications 8 (1), 34 – 39.

[9] Chandrashekar, J. and Zhang, Z. (2006) Towards a service oriented Internet. IEICE Transactions on Communications 89 (9), 2292 – 2299.

[10] Cisco Systems, Inc. (2009) Cisco mobile network solutions for public safety. http://www.cisco.com/en/US/prod/collateral/routers/ps272/prod _ white_paper0900aecd806220af_ps6591_Products_White_Paper.html.

[11] Costa, A. Pedreiras, P. Fonseca, J. Matos, J. Proenca, H. Gomes, A. and Gomes, J. (2008) Evaluating WiMax for vehicular communication applications. IEEE Conference on Emerging Technologies and Factory Automation, pp. 1185 – 1188.

[12] De Poorter, E. Latré, B. Moerman, I. and Demeester, P. (2008) Symbiotic networks: Towards a new level of cooperation between wireless networks. Wireless Personal Communications 45 (4), 479 – 495.

[13] Delaney, W. J. (2005) (wo/2005/119972) Mobile temporary incident area network for local communications interoperability.

[14] Delot, T. Cenerario, N. and Ilarri, S. (2008) Estimating the relevance of information in inter-vehicle ad hoc networks. IEEE Int. Conf. on Mobile Data Management-Workshops.

[15] Deng, J. Han, R. and Mishra, S. (2005) Countermeasures against traffic analysis attacks in wireless sensor networks. Proceedings of the First International Conference on Security and Privacy for Emerging Areas in Communications Networks, pp. 113 – 126 Citeseer.

[16] Efatmaneshnik, M. Balaei, A. and Dempster, A. (2009) A channel capacity perspective on cooperative positioning algorithms for VANET. ION GNSS 2009.

[17] Eichler, S. and Schroth, C. (2007) A multi-layer approach for

improving the scalability of vehicular ad-hoc networks. Kommunikation in Verteilten Systemen-KiVS 2007.

[18] EUNET/SASI Consortium (2001) Eunet socio-economic and spatial impacts of transport. Final Project Report ST – 96 – SC037, European Union.

[19] European Commission (2009) eCall-saving lives through in-vehicle communication technology. http://ec. europa. eu/information _ society/doc/factsheets/049_eCall_august 09_en. pdf.

[20] Fang, Z. and Bensaou, B. (2004) Fair bandwidth sharing algorithms based on game theory frameworks for wireless ad hoc networks. IEEE INFOCOM, vol. 2, pp. 1284 – 1295 Citeseer.

[21] Fette, B. (2006) Cognitive radio technology. Newnes. (Communications Engineering Series).

[22] Haykin, S. (2005) Cognitive radio: brain-empowered wireless communications. IEEE Journal on Selected Areas in Communications 23 (2), 201 – 220.

[23] Ho, Y. H. Ho, A. H. and Hua, K. A. (2008) Routing protocols for inter-vehicular networks: A comparative study in high-mobility and large obstacles environments, vol. 31. Elsevier. Mobility Protocols for ITS/VANET.

[24] Holland, G. and Vaidya, N. (2002) Analysis of TCP performance over mobile ad hoc networks. Wireless Networks 8 (2), 275 – 288.

[25] Hourcade, J. C. Saracco, R. Neuvo, Y. Wahlster, W. Posch, R. and Sharpe, M. (2009) Future Internet 2020-visions of an industry expert group. Technical report, European Commission, DG Information Society and Media Directorate for Converged Networks and Service.

[26] Hu, M. Jiang, R. Wang, R. and Wu, Q. (2009) Urban traffic simulated from the dual representation: Flow, crisis and congestion. Physics Letters A373 (23 – 24), 2007 – 2011.

[27] Hu, M. B. Jiang, R. Wu, Y. H. Wang, W. X. and Wu, Q. S. (2008) Urban traffic from the perspective of dual graph. The European Physical Journal B-Condensed Matter and Complex Systems 63 (1), 127 – 133.

[28] JPEO JTRS (2009) Joint tactical radio system website. http://jpeojtrs.mil/.

[29] Jraiw, K. (2005) Socioeconomic impact of sustainable road transport system-case study. Technical report, Transport Division (EATC), East Asia Department, Asian Development Bank (ADB), Philippines.

[30] Kennedy, J. Eberhart, R. et al. (1995) Particle swarm optimization. Proceedings of IEEE International Conference on Neural Networks, vol. 4, pp. 1942–1948, Piscataway, NJ: IEEE.

[31] Klenner, P. Reichardt, L. Kammeyer, K. and Zwick, T. (2009) MIMO-OFDM with doppler compensating antennas in rapidly fading channels. Multi-Carrier Systems and Solutions 2009: Proceedings from the 7th International Workshop on Multi-Carrier Spread Spectrum, May 2009, Herrsching, Germany, p. 69, Springer.

[32] Kognimobil (2009) Transregional collaborative research center 28 - cognitive automobiles. http://www.kognimobil.org/index.php.

[33] Kosch, T. Adler, C. J. Eichler, S. Schroth, C. and Strassberger, M. (2006) The scalability problem of vehicular ad hoc networks and how to solve it. IEEE Wirel Commun 13 (5), 22–28.

[34] Kutzner, K. Tchouto, J. Bechler, M. Wolf, L. Bochow, B. and Luckenbach, T. (2003) Connecting vehicle scatternets by Internet-connected gateways. MMC '2003.

[35] Li, X. Nguyen, T. and Martin, R. (2004) An analytic model predicting the optimal range for maximizing 1 - hop broadcast coverage in dense wireless networks. Lecture Notes in Computer Science, pp. 172–182.

[36] Lim, H. Xu, K. and Gerla, M. (2003) TCP performance over multipath routing in mobile ad hoc networks. Proc. of IEEE ICC, Anchorage, Alaska.

[37] Mitola, J. I. (2000) SDR architecture refinement for JTRS. Proc. 21st Century Military Communications MILCOM 2000, vol. 1, pp. 214–218.

[38] Neely, M. and Urgaonkar, R. (2009) Optimal backpressure routing for wireless networks with multireceiver diversity. Ad Hoc Networks 7 (5), 862–881.

[39] Noguet, D. Demessie, Y. A. Biard, L. Bouzegzi, A. Debbah, M. Haghighi, K. Jallon, P. Laugeois, M. Marques, P. Murroni, M. Palicot, J. Sun, C. Thilakawardana, S. and Yamaguchi, A. (2009) Sensing techniques

for cognitive radio-state of the art and trends. White paper, IEEE SCC41 – P1900. 6 Working Group.

[40] Ofcom (2009) Digital dividend: cognitive access-statement on licence-exempting cognitive devices using interleaved spectrum. http://www.ofcom.org.uk/consult/condocs/cognitive/state-ment/statement.pdf.

[41] Orefice, P. Paura, L. and Scarpiello, A. (2010) Inter-vehicle communication qos management for disaster recovery. 20th Tyrrhenian International Workshop on Digital Communications.

[42] Paul, S. Pan, J. and Jain, R. (2009) Architectures for the future networks and the next generation internet: A survey. Wustl technical report, wucse – 2009 – 69.

[43] Peiker, E. Teich, W. and Lindner, J. (2009) Windowing in the receiver for OFDM systems in high-mobility scenarios. Multi-Carrier Systems and Solutions 2009: Proceedings from the 7th International Workshop on Multi-Carrier Spread Spectrum, May 2009, Herrsching, Germany, p. 57, Springer.

[44] RailXperts (2009) ETCS Technology. http://www.etcs.eu/en/zielsetzungen.htm.

[45] Refaei, M. T. Souryal, M. R. and Moayeri, N. (2008) Interference avoidance in rapidly deployed wireless ad hoc incident area networks. Proc. INFOCOM Computer Communications WorkshopsIEEE Conference on, pp. 1 – 6.

[46] Riihijarvi, J, Wellens, M. and Mahonen, P. (2009) Measuring complexity and predictability in networks with multiscale entropy analysis. Proc. INFOCOM 2009. The 28th Conference on Computer Communications. IEEE, pp. 1107 – 1115.

[47] Rybicki, J. Scheuermann, B. Kiess, W. Lochert, C. Fallahi, P. and Mauve, M. (2007) Challenge: peers on wheels-a road to new traffic information systems. MobiCom '07: Proceedings of the 13th Annual ACM International Conference on Mobile Computing and Networking, pp. 215 – 221. ACM, New York, NY, USA.

[48] Scheuermann, B. Transier, M. Lochert, C. Mauve, M. and Effelsberg, W. (2007) Backpressure multicast congestion control in mobile ad-hoc

networks. CoNEXT, p. 23.

[49] Sekkas, O. Piguet, D. Anagnostopoulos, C. Kotsakos, D. Alyfantis, G. Kassapoglou-Faist, C. and Hadjiethymiades, S. (2010) Probabilistic information dissemination for MANETs: the IPAC Approach. 20th Tyrrhenian International Workshop on Digital Communications.

[50] Shin, O. and Yun, S. (2008) Apparatus and method for operating relay link in relay broadband wireless communication system.

[51] Shladover, S. E. and Tan, S. (2006) Analysis of vehicle positioning accuracy requirements for communication-based cooperative collision warning. Journal of Intelligent Transportation Systems 10 (3), 131 – 140.

[52] Stanczak, S. Wiczanowski, M. and Boche, H. (2006) Resource allocation in wireless networks theory and algorithms. Lecture Notes in Computer Science.

[53] Stavrakakis, I. and Panagakis, A. (2006) Panel 1 Report: Autonomicity versus complexity. Autonomic Communication, Second International IFIP Workshop, WAC 2005, Athens, Gr-eece, October 2 – 5, 2005, Revised Selected Papers, pp. 286 – 292, Lecture Notes in Computer Science. Springer, Berlin/Heidelberg.

[54] Tila, F. Shepherd, P. and Pennock, S. (2003) Theoretic capacity evaluation of indoor micro-and macro-MIMO systems at 5 GHz using site specific ray tracing. Electronics Letters 39, 471.

[55] Torrent-Moreno, M. Jiang, D. and Hartenstein, H. (2004) Broadcast reception rates and effects of priority access in 802.11 – based vehicular ad-hoc network. Proceedings of the 1st ACM International Workshop on Vehicular Ad Hoc Networks (VANET 2004), Philadelphia, PA, USA.

[56] UIC (2008) GPRS for ETCS test cases. http://uic.asso.fr/IMG/zip/GPRSforETCS – 3.zip.

[57] UMTS Forum (2009) Mobile broadband evolution: the roadmap from HSPA to LTE. http://www.umts-forum.org/component/option, com_docman/task, doc_download/gid, 2089/Itemid, 12/. UMTS Forum White Paper.

[58] Wu, M. tao Yang, L. yi Li, C. and Jiang, H. 2008 Capacity, collision and interference of VANET with IEEE 802.11 MAC. International

Workshop on Intelligent Networks and Intelligent Systems 0, 251 –254.

[59] Xue, Y. Li, B. and Nahrstedt, K. (2003) Price-based resource allocation in wireless ad hoc networks. Lecture Notes in Computer Science pp. 79 – 96.

[60] Yang, X. and Recker, W. (2005) Simulation studies of information propagation in a self-organizing distributed traffic information system. Transportation Research Part C: Emerging Technologies 13 (5 – 6), 370 –390.

首字母缩写词和缩略语

3G, Third Generation：第三代移动电话

3GPP, Third Generation Partnership Project：第三代合作伙伴项目

4CIF, 4×CIF (four times the size of a CIF image)：四倍的 CIF 图像大小

8-PSK, 8 level PSK (modulation with 3 bits per symbol)：8 相移键控（用每符号 3 比特调制）

A

AAR, Association of American Railroads：美国铁路协会

ACC, Adaptive Cruise Control：自适应巡航控制

ACELA, Amtrak's Express Train Service：美国铁路公司的特快列车服务

ACK, Acknowledge：确认

ACSES, Advanced Civil Speed Enforcement System：先进的民用速度执行系统

ADA, Advanced Driver Assistance：高级驾驶辅助

AF, Audio Frequency：音频

Amtrak, National Passenger Rail Corporation：美国全国铁路客运公司

AODV, Ad hoc on Demand Distance Vector Routing：Ad hoc 按需距离矢量路由

AP, Access Point：接入点

API, Applications Programming Interface：应用程序编程接口

APSC TELEMOV, Advisory Panel for Standards Cooperation on Telecommunications Related to Motor Vehicles：和机动车辆相关的电信标准合作咨询小组

APTT, Access Point Transition Time：接入点过渡时间

AR, Access Router：接入路由器

ARIB, Association of Radio Industries and Businesses：无线电工业和商业协会

ARP, Address Resolution Protocol：地址解析协议

ARQ, Automatic Repeat Request：自动重复请求

ASL, Application Sub Layer：应用子层

ASN, Access Service Network：接入服务网络

ASTC, Automatic Self-Time-Correcting：自动时间校正

ASTM, American Society for Testing and Materials：美国材料与试验协会

ATC, Automatic Train Control：列车自动控制

ATP, Automatic Train Protection：列车自动保护

ATS, Automatic Train Stop：列车自动停车

B

BA, Binding Acknowledgment：绑定确认

BID, Binding Identifier：绑定标识符

BNSF, Burlington Northern Santa Fe：北伯林顿圣达菲铁路公司

BoF, Birds of a Feather：一个非正式的讨论群组

BPA, Baseline Pseudonymous Authentication：基线匿名认证

BPSK, Binary Phase-Shift Keying：二进制相移键控

BS, Base Station：基站

BSM, Basic Safety Message：基本的安全信息

BSS, Basic Service Set：基本服务集

BU, Binding Update：绑定更新

C

C2C, Car-to-Car：车到车

C2C-CC, CAR-2-CAR Communication Consortium：车到车通信协会

CA，Certification Authority：认证机构

CAB Radio，In-train GSM-R Mobile Station：机车列车内 GSM-R 移动站

CACC，Cooperative Adaptive Cruise Control：协作自适应巡航控制

CAD，Computer Aided Dispatch：计算机辅助调度

CALM，Communications Access for Land Mobiles：陆地移动通信接入

CAN，Controller Area Network：控制器区域网络

CAS，Collision Avoidance System：防撞系统

CBTC，Communications-Based Train Control：基于通信的列车控制

CBTM，Communications-Based Train Management：基于通信的列车管理

CC，Cruise Control：巡航控制

CCH，Control Channel：控制信道

CCTV，Closed Circuit TV：闭路电视

CCW，Cooperative Collision Warning：协同冲突警告

CDF，Cumulative Distribution Function：累积分布函数

CDMA，Code Division Multiple Access：码分多址接入

CDN，Content Distribution Network：内容分发网络

CEN，European Committee for Standardization：欧洲标准化委员会

CENELEC，European Committee for Electrotechnical Standardization：欧洲标准化委员会

CEPT，European Conference of Postal and Telecommunications Administrations：欧洲邮电管理会议

CFR，Code of Federal Regulation：联邦法规代码

CM，Configuration Management：配置管理

CMDD，Content Map or Database Download：内容地图或数据库下载

CN，Correspondent Node：通信节点

CO，Colorado：科罗拉多州

CoA，Care-of Address：转交地址

COMeSafety，Communications for eSafety：通信电子安全系统

COOPERS，Cooperative Systems for Intelligent Road Safety：智能道路安全合作系统

CR，Correspondent Router（in IP mobility）：对应的通信路由器（在移动 IP 中）

CR，Cognitive Radio（in advanced wireless communications）：认知无线

电（在高级无线通信中）

CRC，Cyclic Redundancy Code：循环冗余码

CRL，Certificate Revocation List：证书吊销列表

CRN，Congested Road Notification：拥挤道路通知

CSI，Channel State Information：信道状态信息

CSIBS，Channel-Switching-Induced Broadcast Synchronization：信道切换引起的广播同步

CSMA，Carrier Sense Multiple Access：载波侦听多路访问

CSMA/CA Carrier Sense Multiple Access Collision Avoidance：载波侦听多址接入/冲突避免

CSXT，CSX Transportation：CSX 传输

CTC，Centralized Traffic Control：集中式流量控制

CVIS，Cooperative Vehicle-Infrastructure Systems：车路协同系统

CVW，Cooperative Violation Warning：协同违规警告

CW，Continuous Wave：连续波

D

DHAAD，Dynamic Home Agent Address Discovery：动态家乡代理地址发现

DAC，Discretionary Access Control：自主访问控制

DC，District of Columbia：华盛顿哥伦比亚特区

DCF，Distributed Coordination Function：分布式协调功能

DCH，Dedicated Channel：专用通道

DCS，Data Communication System：数据通信系统

DCS，Digital Control Systems（in railway traffic control）：数字控制系统

DDOS，Distributed Denial of Service：分布式拒绝服务

DGPS，Differential GPS：差分 GPS

DHCP，Dynamic Host Configuration Protocol：动态主机配置协议

DIC，Driver Information Center：驾驶员信息中心

DiffServ，Differentiated Services：区分服务

DIFS，Distributed Interframe Space：分布式帧间间隔

DL，Downlink：下行链路

DMCC，DSRC Multi-Channel Coordination：DSRC 多信道协调

DOD，United States Department of Defense：美国国防部

DOS，Denial of Service：拒绝服务

DOT，United States Department of Transportation：美国交通运输部

DS，Distribution System：分布式系统

DSA，Dynamic Spectrum Access：动态频谱接入

DSP，Digital Signal Processor：数字信号处理

DSL，Digital Subscriber Line：数字用户线路

DSR，Dynamic Source Routing：动态源路由

DSRC，Dedicated Short Range Communications：专用短程通信

DSSS，Direct Sequence Spread Spectrum：直接序列扩频

DTC，Direct Traffic Control：直接流量控制

DTN，Disruption/Delay Tolerant Network：容断/容迟网络

DTV，Digital Television：数字电视

E

EAN，Extended Area Network：扩展区域网

EC-DSA，Elliptic Curve Digital Signature Algorithm：椭圆曲线数字签名算法

EDGE，Enhanced Data Rates for GSM Evolution：对 GSM 演进的增强型数据传输速率

EEBL，Emergency Electronic Brake Light：紧急电子刹车灯

EFC，Electronic Fee Collection：电子收费系统

EIRENE，European Integrated Railway Radio Enhanced Network：欧洲铁路无线增强集成网络

EIRP，Equivalent Isotropic Radiated Power：等效全向辐射功率

EMS，Emergency Medical Service：紧急医疗服务

ERM，Electro-Magnetic Compatibility and Radio Spectrum Matters：电磁兼容性和无线电频谱管理

ERTMS，European Rail Traffic Management System：欧洲铁路交通管理系统

ETC，Electronic Toll Collection：电子不停车收费系统

ETCS，European Train Control System：欧洲列车控制系统

ETMS，Electronic Train Management System：电子列车管理系统

ETSI，European Telecommunications Standards Institute：欧洲电信标准学会

EUL，Enhanced Up Link：增强型上行链路

F

FC，Foreigner Certificate：外来认证

FCC，Federal Communications Commission：联邦通信委员会

FDD，Frequency-Division Duplexing：频分双工

FFT，Free Flow Tolling：免费流量

FIPS，Federal Information Processing Standards：美国联邦信息处理标准

FPGA，Field-Programmable Gate Array：现场可编程门阵列

FR，Fixed Router in a moving network：移动网络的固定路由器

FRA，Federal Railroad Administration：联邦铁路管理局

FTP，File Transfer Protocol：文件传输协议

G

GAO，Government Accountability Office/Government Accounting Office：美国政府问责局/政府会计办公室

GARP，Generic Attribute Registration Protocol：通用属性注册协议

GCOR，General Code of Operating Rules：操作规则的通用代码

GI，Guard Interval：保护间隔

GMRP，Multicast Registration Protocol：组播注册协议

GMSK，Gaussian Minimum Shift Keying：高斯最小频移键控

GNSS，Global Navigation Satellite Systems：全球导航卫星系统

GPRS，General Packet Radio Service：通用分组无线业务

GPS，Global Positioning System：全球定位系统

GPSR，Greedy Perimeter Stateless Routing：贪心法边界无状态路由

GS，Group Signature：群签名

GSM，Global System for Mobile Communication：全球移动通信系统

GSM-R，GSM-Rail：铁路数字移动通信系统

H

HA，Home Agent：家庭代理

HAZMAT,Hazardous Materials：危险品
HDLC,High-Level Data Link Control：高级数据链路控制协议
HGCW,Highway Grade Crossing Warning System：公路道口预警系统
HMI,Human-Machine Interface：人机界面
HMIPv6,Hierarchical Mobile IPv6：分层移动IPV6
HoA,Home Address：家庭地址
HPA,Hybrid Pseudonymous Authentication：混合匿名认证
HR/DSSS,High Rate Direct Sequence Spread Spectrum：高速率直接序列扩频
HSDPA,High Speed Downlink Packet Access：高速下行链路分组接入
HSM,Hardware Security Module：硬件安全模块
HSUPA,High Speed Uplink Packet Access：高速上行链路分组接入
HTTP,Hyper Text Transfer Protocol：超文本传输协议

I

IAGO,Informatisation et Automatisation par Guide d'Onde（Waveguide transmission system for computer and automation applications）：计算机及自动化应用波导传输系统
IAN,Incident Area Network：事件区域网络
IAT,Inter-Arrival Time：到达时间间隔
IATF,Information Assurance Technical Framework：信息保障技术框架
IATFF,Information Assurance Technical Framework Forum：信息保障技术框架论坛
ICT,Information and Communications Technology：信息和通信技术
IEC,International Electrotechnical Commission：国际电工技术委员会
IEEE,Institute of Electrical and Electronics Engineers：美国电气和电子工程师协会
IETF,Internet Engineering Task Force：互联网工程任务组
IGMP,Internet Group Management Protocol：因特网组管理协议
IL,Illinois：伊利诺伊州
IMT,International Mobile Telecommunications：国际移动通信
IP,Internet Protocol：互联网协议
Ipsec,Internet Protocol Security：互联网安全协议

IPv4，Internet Protocol Version 4：互联网协议第四版

IPv6，Internet Protocol Version 6：互联网协议第六版

IRSA，Integrated Full-Range Speed Assistant：综合全方位高速辅助

ISM，Industrial，Scientific，and Medical：工业、科学和医学频段

ISO，International Organization for Standardization（Organisation internationale de normalisation）：国际标准化组织

ISP，Internet Service Provider：互联网服务提供商

ITCS，Incremental Train Control System：加强型列车控制系统

ITS，Intelligent Transportation System：智能交通系统

ITS-RS，Intelligent Transportation System Radio Service：智能交通系统无线服务

ITU，International Telecommunication Union：国际电信联盟

ITU-R，International Telecommunication Union-Radiocommunication Sector：国际电联无线电通信部门

ITU-T，International Telecommunication Union-Telecommunication Standardization Sector：国际电信联盟电信标准部

J

JAN，Jurisdictional Area Network：管辖区域网络

K

KVB，Controle de Vitesse par Balise（Transponder/beacon（balise）based speed control system used on French trains）：基于标签/信标的法国列车速度控制系统

L

LCD，Liquid Crystal Display：液晶显示器

LED，Light Emitting Diode：发光二极管

LFN，Local Fixed Node：本地固定节点

LMR，Land Mobile Radio：陆地移动无线电通信

LoS，Line-of-Sight：视线；视距

LSAP，Lower Layer Service Access Point：底层服务接入点

LTE，Long-Term Evolution：长期演进

M

MA, Massachusetts: 马萨诸塞州

MAC, Medium Access Control: 媒体访问控制

MAC, Mandatory Access Control (in railway traffic control): 强制访问控制

MANEMO, MANET and NEMO: 移动自组织网络和移动网络

MANET, Mobile Ad hoc Network: 移动自组织网络

MARS, Multi-Agent Real-time Simulator: 多代理的实时仿真

MCG, Mobile Communication Gateway: 移动通信网关

MCS, Modulation and Coding Scheme: 调制和编码方案

MEA, Monitor – Evaluate – Act: 监测—评估—实施

METRA, North East Illinois Commuter Railroad: 伊利诺伊东北通勤铁路

MEXT, Mobility Extensions: 移动扩展

MI, Michigan: 密歇根

MIB, Management Information Base: 管理信息库

MIMO, Multiple-Input Multiple-Output: 多输入多输出

MIO, Most Important Object: 最重要目标

MITRAC, Train computer product family made by Bombardier: 庞巴迪列车计算机产品系列

MLD, Multicast Listener Discovery: 组播监听发现

MLME, MAC sublayer management entity: MAC 子层管理实体

MN, Mobile Nod: 移动节点

MNN, Moving Network Node: 移动网络节点

MNP, Mobile Network Prefix: 移动网络前缀

MODCOMM, MODURBAN Communication System: MODURBAN 通信系统

MODURBAN, Modular Urban Guided Rail System: 城市轨道系统引导模块

MP-89, Matériel roulant sur pneumatique (Commuter train rolling stock on tires designed in 1989, used on lines 1 and 14 in Paris): MP-89 通勤列车

MPEG, Moving Picture Experts Group: 运动图像专家组（一种压缩比率较大的活动图像和声音的压缩标准）

MR,Mobile Router：移动路由器

MS,Mobile Station：移动站点

MSC,Message Sequence Chart：消息序列表

MVB,Multifunction Vehicle Bus：多功能车辆总线

N

NACK,Negative Acknowledge：否定应答

NAJPTC,North American Joint Positive Train Control System：北美联合精确列车控制系统

NAT,Network Address Translatio：网络地址转换

NEC,North East Corridor：东北走廊

NEMO,Network Mobility：网络移动性

NIC,Network Interface Card：网络接口卡

NIST,United States National Institute of Standards and Technology：美国国家标准与技术研究院

NORAC,Northeast Operating Rules Advisory Committee：东北操作规则咨询委员会

NOW,Network On Wheels：车载网络

NS,Norfolk Southern：诺福克南方铁路公司

NSA,United States National Security Agency：美国国家安全局

NSTAC,National Security Telecommunications Advisory Committee：国家安全电信顾问委员会

NTSB,National Transportation Safety Board：美国国家运输安全委员会

O

OBDII,On-Board Diagnostic systems：车载诊断系统

OBU,On-Board Unit：车载单元

OCRS,Ohio Central Railroad System：俄亥俄州中央铁路系统

OEM,Original Equipment Manufacturer：原始设备制造商

OFDM,Orthogonal Frequency Division Multiplexing：正交频分复用

OFDMA,Orthogonal Frequency Division Multiple Access：正交频分多址接入

OH,Ohio：俄亥俄州

OS, Operating System：操作系统

OSI, Open Systems Interconnection：开放系统互连

OTC, Optimized Train Control：优化列车控制

P

PA, Public Address：公共地址

PA-BF, Pilote Automatique Basse Fréquence（Automatic Pilot based on Low Frequency communication）：基于低频通信的自动驾驶

PACK, Piggy backed implicit ACK：捎带回来的隐式 ACK

PAN, Parking Availability Notification：可停车通告

PATH, Port Authority of New York and New Jersey：纽约与新泽西港务局

PCN, Post Crash Notification：事故后通告

PD, Process Data(in communication protocols)：过程数据

PDA, Personal Digital Assistant：个人数字助理

PD, Proportional-Differential(in ACC)：比例—微分控制

PDCCH, Physical Downlink Control Channel：物理下行控制信道

PER, Packet Error Rate：分组误码率

PET, Privacy Enhancing Technologies：隐私增强技术

PHY, Physical：物理层

PIM-SM, Protocol Independent Multicast-Sparse Mode：稀疏模式协议无关组播协议

PIS, Passenger Information System：乘客信息系统

PLCP, Physical Layer Convergence Protocol（see also：Physical Layer Convergence Procedure）：物理层汇聚协议

PNP, Pseudonym Provider：匿名供应商

PPDU, Physical Layer Protocol Data Unit：物理层协议数据单元

PSDU, Physical Layer Service Data Unit：物理层服务数据单元

PSK, Phase Shift Keying：相移键控

PSL, Parking Spot Locator：停车位定位器

PTB, Post Transmission Backoff：传输后的退避

PTC, Positive Train Control：列车控制系统

Q

QAM，Quadrature Amplitude Modulation：正交振幅调制

QoS，Quality of Service：服务质量

QPSK，Quadrature Phase-Shift Keying：正交相移键控

R

RATP，Régie Autonome des Transports Parisiens（Paris Area Transport Authority）：巴黎交通管理局

RBAC，Role-based Access Control：基于角色的访问控制

RBS，Remote Base Station：远程基站

RCU，Radio Control Unit：无线控制单元

RER，Le Réseau Express Régional(Paris Area Rapid Transit System)：区域快速运输系统

RF，Radio Frequency：射频

RFID，Radio Frequency Identification：射频识别

RFN，Road Feature Notification：道路特征通知

RHCN，Road Hazard Condition Notification：道路危险状况通知

RMS，Root Mean Square：均方根

RL，Revocation List：吊销列表

RO，Route Optimization：路由优化

ROI，Region-of-Interest：感兴趣区域

ROLL，Routing Over Low Power and Lossy Networks：低功耗有损网络路由

RRC，Regional Radio communication Conference：区域无线通信会议

RSIA 2008，Rail Safety Improvement Act of 2008：2008年的铁路安全改进法案

RSSI，Receive Signal Strength Indication：接收信号强度指示

RSU，Road-Side Unit：路侧单元

RT，Railway Telecommunication：铁路通信

RTCP，Real-Time Control Protocol：实时控制协议

RTS/CTS，Request to Send/Clear to Send：请求发送/清除发送

RTT，Round Trip Time：往返时间

RTVR, Real-time Video Relay：实时视频中继

RVP/D, Remote Vehicle Personalization/Diagnostics：远程车辆个性化/诊断

S

SA, Service Announcement：服务公告

SACEM, Système d'aide à la conduite, à l'exploitation et à la maintenance (Automated assistance system for train driving, exploitation and maintenance used on RER line A in Paris)：列车驾驶、开发及维护自动辅助系统

SAE, Society of Automotive Engineers：美国汽车工程师学会

SAET, Système Automatisé d'Exploitation des Trains (Automated Train Exploitation System used on Paris metro line 14)：巴黎地铁14号线上使用的自动列车开发系统

SAFECOM US, Homeland Security Office for Interoperability and Compatibility (OIC) Communications Program：美国国土安全部互操作性与兼容性通信程序

SAFESPOT, Cooperative Vehicles and Road Infrastructure for Road Safety：道路安全车路协同基础设施

SAM, Scalable Adaptive Modulation：可扩展自适应调制

SAP, Service Access Point：服务接入点

SC, South Carolina：南卡罗来纳州

SCADA, Supervisory Control and Data Acquisition：监视控制与数据采集系统

SCH, Service Channel：服务信道

SDL, Specification and Description Language：规范与描述语言

SDMA, Spatial Division Multiple Access：空分多址接入

SDO, Standards Development Organization：标准开发组织

SDR, Software Defined Radio：软件无线电技术

SDU, Service Data Unit：服务数据单元

SeVeCom, Secure Vehicular Communication：安全车载通信

SOFDMA, Scalable Orthogonal Frequency Division Multiplex Access：可扩展正交频分复用接入

SoR, Statement of Requirements：需求报告

SRD, Seat Reservation Display: 座位预订显示

STA, Terminal Station: 终端站

STB, Surface Transportation Board: 美国地面运输委员会

STRACNET, Strategic Rail Corridor Network: 战略铁路通道网络

SUMMITS, Sustainable Mobility Methodologies for Intelligent Transport Systems: 智能交通运输系统可持续移动方法

SVA, Stopped or Slow Vehicle Advisor: 刹车或减速顾问

SZ, Service Zone: 服务区域

T

TBTT, Target Beacon Transmission Time: 目标信标帧传输时间

TC, Technical Committee in Standardization: 标准化技术委员会

TC, Trusted Component in Security: 可信安全组件

TCN, Train Communication Network: 列车通信网络

TCP, Transmission Control Protocol: 传输控制协议

TCS, Traffic Control System: 交通管理系统

TDD, Time-Division Duplexing: 时分双工

TDMA, Time Division Multiple Access: 时分复用

TFT, Thin Film Transistor liquid crystal display: 薄膜晶体管液晶显示器

TG, Task Group: 任务组

TGV, Train à grande vitesse (French high-speed train): 法国高速列车

TIA, Telecommunications Industry Association: 电信工业协会

TICS, Transport Information and Control System: 交通信息和管理系统

TIH, Toxic by Inhalation: 吸入有害

TNO, Netherlands Organization for Applied Scientific Research (Nederlandse Organisatie voor Toegepast Natuurwetenschappelijk Onderzoek): 荷兰应用科学研究组织

TORNAD, Token Ring Network Alsthom Device: 阿尔斯通的令牌环网络设备

TP, Traffic Probe: 交通探测器

TS, Time Slot: 时隙

TS, Train Sentinel (in railway traffic control): 列车前哨

TSF, Timing Synchronization Function: 定时同步功能

TTC, Transportation Technology Center：运输技术中心
TTC, Time-to-Collision (in ACC)：碰撞时间
TTL, Time-to-Live：生存时间
TWC, Track Warrant Control：跟踪授权控制
TX, Texas：得克萨斯州

U

UAV, Unmanned Aerial Vehicle：无人驾驶飞机
UDP, User Datagram Protocol：用户数据报协议
UHF, Ultra High Frequencies：超高频
UIC, Union Internationale des Chemins de Fer：国际铁路联盟
UL, Uplink：上行链路
UMTS, Universal Mobile Telecommunications System：通用移动电信系统
UP, Union Pacific：联合太平洋公司
USB, Universal Serial Bus：通用串行总线

V

V2I Vehicle-to-Infrastructure：车辆与道路基础设施间的通信技术
V2V, Vehicle-to-Vehicle：车辆与车辆间的通信技术
V2X, Vehicle-to-Vehicle/Infrastructure：车辆与车辆及其与基础设施之间的通信系统
VANET, Vehicular Ad hoc Network：车载自组织网络
VANEMO, VANET and NEMO：车载自组织网络与网络移动性
VC, Vehicular Communication：车载通信
VeHIL, Vehicle Hardware in the Loop：车辆硬件回路
VHF, Very High Frequencies：甚高频
VII, Vehicle Infrastructure Integration：车路协同
VoIP, Voice over IP：IP 语音（IP 电话）
VSC, Vehicular Safety Communication：车辆安全通信
VTMS, Vital Train Management System：重要列车管理系统

W

WAVE, Wireless Access in Vehicular Environments：车载环境中的无线

接入

  WCDMA，Wideband Code Division Multiple Access：宽带码分多址

  WG，Working Group：工作组

  WiMAX，Worldwide Interoperability for Microwave Access：全球微波互联接入，无线宽带接入

  WLAN，Wireless Local Area Network：无线局域网

  WMAN，Wireless Metropolitan Area Network：无线城域网

  WRC，World Radio communication Conference：世界无线电通信大会

  WSA，WAVE Service Advertisement：WAVE 服务广告

  WSM，WAVE Short Messages：WAVE 短消息

  WSN，Wireless Sensor Network：无线传感器网络

  WSMP，WAVE Short Message Protocol：WAVE 短消息协议

  WTB，Wire Train Bus：绞线式列车总线

  WY，Wyoming：怀俄明州